Theodor Lerner · **Polarfahrer**

Theodor Lerner

Polarfahrer

Im Banne der Arktis

Erlebnisse eines deutschen Polarforschers

Herausgegeben von Frank Berger

oesch verlag
kontra•punkt

Der vorliegende Text folgt Theodor Lerners Originalmanuskript von 1930 wortgetreu; Orthographie und Zeichensetzung wurden behutsam an die heutigen Regeln angepaßt

1. Auflage 2005

Satz: Oesch Verlag
Druck und Bindung: Ebner & Spiegel, Ulm
Printed in Germany

ISBN 3-0350-2014-0

Gern senden wir Ihnen unser Verlagsverzeichnis:
oesch verlag, kontra•punkt, Jungholzstraße 28, 8050 Zürich
E-Mail: info@kontrapunkt-buch.ch
Telefax 0041/44 305 70 66 (CH: 044 305 70 66)

Der deutschen Jugend und
meiner lieben Frau, als treuen
Mitkämpferin, gewidmet

Inhaltsverzeichnis

Vorwort

Warum ich mein Buch schrieb

Die Geschichte meiner langjährigen Polarfahrertätigkeit ist in vielen hundert Aufsätzen, in Tageszeitungen und illustrierten Zeitschriften behandelt worden. Wie es so zu gehen pflegt, zerflatterten diese Veröffentlichungen in alle Winde und wurden vergessen. Im Buche würden sie fortleben.

Die wenigsten Menschen wissen etwas von meiner zweijährigen Hilfeleistung für Andrées Ballonfahrt zum Pole in den Jahren 1896/97, von meiner »Helgoland«-Expedition rund um Spitzbergen 1898 und von den vielfachen energischen Versuchen, im Eismeer Stützpunkte für deutschen Walfang, Kohlenbergbau und Touristenverkehr zu errichten. Sogar die 1909 mit dem Grafen Zeppelin geplante Nordpolexpedition, deren Vorarbeiten durch bedeutungsvolle Ereignisse in den Hintergrund gedrängt wurden, scheint dem Gedächtnis der Zeitgenossen entschwunden zu sein.

Über meine Hilfsexpedition für die verunglückten Schröder-Stranz-Leute im Jahre 1913 schrieb einer der jungen Teilnehmer kürzlich ein ganzes Buch.

Daß alle diese zäh und opferfreudig vollbrachten Arbeiten infolge des unglücklichen Krieges zunichte wurden, soweit sie praktischen Wert hatten, ahnten damals weder ich noch meine mich unterstützenden Freunde. Ob aber nicht unsere privaten Unternehmungen, gleich dem norwegisch-amerikanischen Bergbau, unversehrt vom Kriege existenzfähig und gewinnbringend geworden wären, wenn gewisse deutsche offiziöse Eifersüchteleien und Widerstände unserer Initiative ferngeblieben wären, diese Fragen mögen spätere Geschichtsschreiber entscheiden.

Jedenfalls steht es fest, und es wird auch durch ausländische Forscher und Unternehmer bestätigt, daß wohl in keinem Lande privaten und der Heimat nützlichen Bemühungen solche Schwierigkeiten von amtlicher oder halbamtlicher Seite bereitet wurden wie mir im deutschen Vaterlande.

Dieser anormale Zustand kann auch dadurch nicht entschuldigt werden, daß andere amtliche deutsche Stellen meinen Unternehmungen Wohlwollen und Förderung entgegenbrachten, denn die divergierenden Anschauungen der Großen wurden auf meinem Rücken ausgefochten. Der Gipfelpunkt des offiziösen Gebarens war der allerdings vergebliche Versuch, mich zu hindern, die in Bedrängnis geratenen deutschen Landsleute durch eine Hilfsexpedition zu befreien.

Auf meinen zahlreichen arktischen Reisen bin ich mit einer Reihe ausländischen Gelehrten und privaten Unternehmern zusammengetroffen. Die einfache Pflicht der Dankbarkeit gebietet wegen vielfach bewiesener Gefälligkeiten und geleisteter Dienste ihrer zu gedenken, wie sie auch in ihren Veröffentlichungen anerkennend meiner gedacht haben. Sie alle hier aufzuzählen würde zu weit führen.

Ich nenne hier an erster Stelle die Hamburg-Amerika-Linie, deren Kapitäne im Laufe von 20 Jahren, wenn sie in irgendeinem Winkel Spitzbergens mit meinem Forschungsschiff zusammentrafen, durch Überlassung von Heizmaterial, Proviant und Ausrüstungsgegenständen mir große Dienste erwiesen haben. Mit ganz besonderer Freude erwähne ich den österreichischen Konsul in Tromsö, Andreas Aagaard, der mir ebenfalls in der ganzen Zeit meines Polarfahrerlebens wertvolle Unterstützung bei Schiffscharterung, Anheuerung von Mannschaften und Verwertung des mitgebrachten Fanges zukommen ließ. Dasselbe gilt auch von den norwegischen Dampfergesellschaften, die ihre Schiffe in Spitzbergen anlaufen ließen.

In schwieriger Lage, als die Russen den Versuch machten, mir das für deutsche Interessen auf der Bäreninsel in Besitz genommene Land auf herrenlosem Boden wegzunehmen, fand ich Hilfe und Freundschaft einer schwedischen Expedition unter Leitung des jetzigen Professors in Stockholm J. G. Andersson.

Mein bester Freund und Berichterstatter meiner Unternehmungen in der großen norwegischen Presse war der verstorbene Oberlehrer Carl Christensen, dessen glänzende Feder nicht müde wurde, den oftmals angegriffenen und in seinen Absichten verdächtigten Freund zu verteidigen. Er war besonders deswegen geneigt dazu, weil er während mehrerer Reisen und eines längeren Aufenthalts Spitzbergen gründlich kennengelernt und wertvolles Material aus seiner Geschichte gesammelt hat.

Carl Christensen

Die Form meines Buches hält sich gleich fern von trockener Berichterstattung wie von anspruchsvoller Wissenschaftlichkeit. Was ich in den vielen Jahren erlebt habe, ist mit einem Zusatz von Optimismus und Situationskomik wahrheitsgetreu geschildert. Rührselige Betrachtungen über erlittenes Ungemach oder ausgestandene Entbehrungen wird man kaum finden. Sollten sie sich einmal hervorgewagt haben, werden sie sofort vom rheinischen Humor verdrängt. Möge das Wunder Spitzbergen, dem norwegische Sprachfanatiker heute wieder den Urnamen »Svalbard« geben, den deutschen Forschern, Sportsleuten und Touristen stets ein Dorado ihrer Sommerreisen sein, möge dieses Buch ihr Interesse und ihre Reiselust steigern!

März 1931 Th. L.

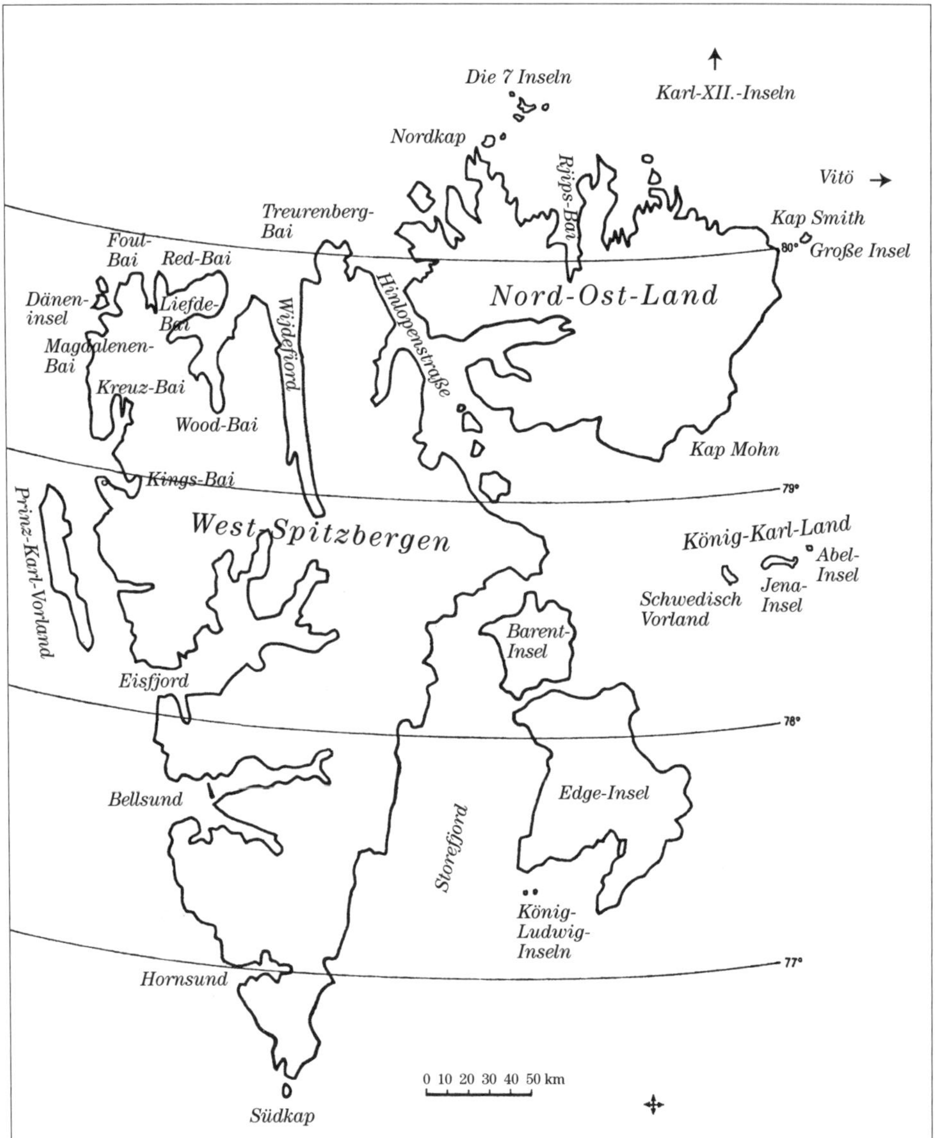

SPITZBERGEN

Kapitel 1

Die Ballonfahrt des Schweden Andrée zum Nordpol (1896/1897)

Vorbereitungen zum Start. Kein Südwind. Sang- und klanglos zurück. Im nächsten Jahr mit selbst gechartertem Schiff zu Andrée. Andrée zum Start bereit. Abschiedsfeier im Zelt. Andrées Abflug. Erkundungsfahrten und Anlagen von Proviantstationen für die schwedische Expedition.

Welche Flut von Erinnerungen weckt der Name des schwedischen Nordpolforschers Andrée. Seine kraftvolle sympathische Persönlichkeit mit den kühnen und doch so freundlich strahlenden Augen sehe ich heute noch deutlich vor mir. Seine Stimme, deren Wohllaut entzückte, einerlei, ob er schwedisch, deutsch, englisch oder französisch mit seinen Besuchern sprechen mußte, klingt noch immer in meinem Ohr, heute, wo ich nach so langer Zeit diese Zeilen schreibe. Und wie konnte Andrée sprechen, begründen und überzeugen.

Dieser Mann war schuld daran, daß ich mich fast zwanzig Jahre meines Lebens der Polarforschung gewidmet habe mit allen ihren erhabenen Augenblicken, aber auch mit ihren Sorgen und Kämpfen.

Vorweg will ich anmerken, daß ich in den Jahren 1896 und 1897 die Vorbereitungen Andrées zum Nordpolflug beobachten, unterstützen und schließlich den Start miterleben durfte;[1] daß ich ferner im darauffolgenden Jahr eine deutsche Nachforschungsexpedition mit dem Dampfer »Helgoland« leitete, die mich auch in die Gegenden führte, wo 1930 die Leichen gefunden wurden.

Die Abfahrt Andrées mit dem Frachtdampfer »Virgo« aus dem Hafen von Göteborg im Frühjahr 1896 sah ein ganzes Volk in

Einigkeit und Begeisterung. Andrée wollte auf dem außergewöhnlichen Wege einer Ballonfahrt die schwedische Flagge zum Nordpol tragen, in voller Erkenntnis, daß das Unternehmen gefährlich sei und besten Falles eine mehrjährige Rückwanderung über das Treibeis bis zu bewohnten Stätten im Norden Asiens oder Amerikas mit sich bringen würde. Andrée, seines Berufes Oberingenieur beim schwedischen Patentamt, hatte dem Freiballon mit Schlepptau und Segel eine Einrichtung gegeben, die eine gewisse Lenkbarkeit gewährleistete, und wohlvertraut mit dem Schrecken der Polarnacht durch eine Überwinterung, war er von dem endgültigen Erfolg überzeugt.

Anfang Juni 1896 kamen die Schweden zur Däneninsel im Nordwesten Spitzbergens, und der Virgokapitän, ein außerordentlich tüchtiger Seemann namens Hugo Zachau, brachte das Expeditionsschiff durch das Eis der Dänenstraße sicher in einen kleinen Hafen, den man »Virgohafen« taufte. In dem Hafen stand ein solides ehemaliges Überwinterungshaus des Engländers Pike, das sofort in Besitz genommen wurde und treffliche Dienste leistete.[2]

Jetzt galt es, teilweise über das schwankende und vielfach brüchige Eis das ganze Material für das hölzerne Ballonhaus, für die Wasserstoff-Fabrikation sowie den Ballon und die Ausrüstung an Land zu bringen. Eine emsige Tätigkeit entwickelte sich an dieser abgelegenen Stelle, und die Eisbären und Seehunde verzogen sich schleunigst, als ihre Ruhe so rücksichtslos gestört wurde. Nur eine Eisbärenmutter mit ihren beiden Jungen mußte die Neugier büßen und die ganze Gesellschaft wanderte portionsweise in den Kochtopf oder in die Bratpfanne, den Schwerarbeitern eine willkommene Abwechslung.

Nach einigen Wochen betrat ich mit einer englischen Jagdgesellschaft, die den kleinen, 65 Fuß langen, 12 Fuß breiten und 7 Fuß tiefen Dampfer »Expres« gechartert hatte, die Däneninsel, wo uns Andrée freundlich willkommen hieß, zumal wir eine Menge Post mitgebracht hatten.

Mit tiefem Interesse verfolgten wir die Vorbereitungen zum Aufstieg und die wissenschaftlichen Beobachtungen der mit Andrée hinaufgekommenen Gelehrten, unter denen der berühmte Physiker Prof. Svante Arrhenius und der Meteorologe Prof. Nils Ekholm waren, der die Nordpolfahrt mitmachen sollte.

Zur Erkundung der Eisverhältnisse fuhren wir mehrfach mit dem »Expres« nach Norden und Osten, soweit es die mit fortschreitendem Sommer zurückweichende Treib- und Packeisgrenze zuließ, lagen der Jagd ob und mußten endlich, als die Charterzeit der »Expres« abgelaufen war, resultatlos zurückkehren, das heißt, ohne den für 1896 angesetzten Aufstieg miterlebt zu haben.

Dieser unterblieb aber sowieso im ersten Jahre, weil trotz aller Anstrengungen die Arbeiten nicht fertig wurden und der sehnsüchtig erhoffte Südwind nach Beendigung der Vorbereitungen auf sich warten ließ. Außerdem war der Herbst herangekommen, die Tage nahmen ab, und so entschloß sich Andrée schweren Herzens zur

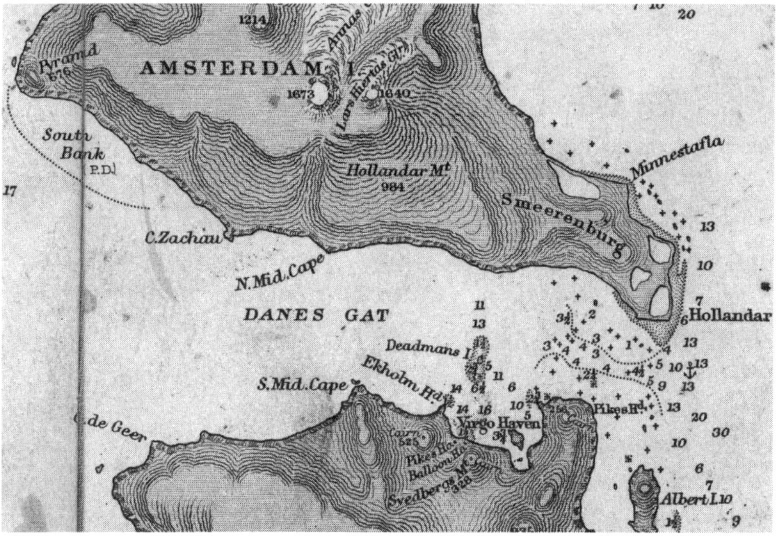

Der Virgohafen zwischen Amsterdaminsel und Däneninsel, von der Karte Theodor Lerners.

Verschiebung der Fahrt auf das nächste Jahr. Er war sich darüber klar, was ihm nach seiner Rückkehr seitens berufener und unberufener Kritiker blühen würde.

So kam er eines Tages sang- und klanglos in den schwedischen Heimathafen zurück, von dem er, umrauscht von dem begeisterten Jubel eines ganzen Volkes, die Ausreise angetreten hatte. Die Rückschläge ließen nicht auf sich warten.

Den Dampfer »Virgo« aufs neue zu chartern, erlaubten die spärlichen Geldmittel nicht mehr, sein Kamerad Prof. Ekholm trat aus wissenschaftlichen Gründen von der Teilnahme an der nächstjährigen Fahrt zurück, und der Streit in den Zeitungen und den Luftschiffervereinigungen wollte kein Ende nehmen. Ich erinnere mich noch eines Andrée tief kränkenden Artikels des österreichischen Sportmannes und Schriftstellers Viktor Silberer, der mit nicht zu überbietender Anmaßung Andrées Vorhaben kurzerhand als Humbug und Schwindel bezeichnete und überhaupt an dem Willen zum Aufstieg zweifelte. Andrée sagte nach erhaltener Kenntnis dieses Angriffes: »Herr Silberer mag sich beruhigen, ich werde aufsteigen.« Und es klang wie ein Gelöbnis.

In dieser nicht leichten Zeit blieb Andrée das unwandelbare Vertrauen seines alten Königs Oskar II. erhalten. Der König bewirkte, daß im folgenden Jahr das kleine schwedische Kanonenboot »Svensksund« die Expedition hinausbrachte.[3] Ballonhaus und das meiste Material waren unter Bewachung auf der Däneninsel geblieben, so daß man in erheblich kürzerer Zeit als im Jahre vorher startbereit sein konnte. An die Stelle von Prof. Ekholm war der tüchtige schwedische Ingenieur Fraenkel getreten.

Das Jahr 1897 kam, und nun mußte gehandelt werden. Im Banne der Persönlichkeit Andrées und der Arktis mit Haut und Haar verfallen, setzte ich alle Hebel in Bewegung, um mit einem eigenen Schiff den kommenden Ereignissen nahe zu sein und, soviel in meinen Kräften stand, mithelfen zu können. Es gelang u. a., den Verlag eines großen Berliner Blattes für die Expedition zu interes-

Der »Expres«, Lerners Expeditionsschiff

sieren, und so konnte ich mit drei Begleitern nach Tromsö reisen, wo das gecharterte Schiff, der aus dem vorigen Jahr bekannte »Expres«, den man inzwischen auseinandergeschnitten und um ganze sieben Fuß verlängert hatte, uns erwartete.

Beim Anblick dieses »Schiffsriesen«, der im Tromsöer Hafen auf- und niederschaukelte, machte ein Expeditionsmitglied entschlossen kehrt und fuhr nach den lieblichen Ufern der Spree zurück. Die beiden anderen Herren, ein Berliner Oberlehrer, Dr. Violet, zugleich Mitberichterstatter, und ein Münchner Heldengreis, Herr Meisenbach, der in Kanada bereits Wapiti geschossen und sich auf einen Eisbären zum würdigen Abschluß seines Jägerlebens kapriziert hatte, boten zusammen mit dem neugebackenen Expeditionsführer den kommenden Ereignissen die Stirn, und sie brauchten es nicht zu bereuen.

Wir hatten zwei kleine Schiffsboote an der Davits hängen und ein funkelnagelneues Fangboot mit vollständiger Ausrüstung im

Schlepp. So traten wir die Reise über das Nordpolarmeer nach Nordspitzbergen an, wo Andrée bereits zwei Wochen vorher eingetroffen sein mußte. Bei der Bäreninsel gerieten wir in einen richtigen Sturm, der aber die Seetüchtigkeit unseres Schiffchens glänzend veranschaulichte.

Doch schlug eine See das Backbordboot aus dem Davits heraus und in Stücke. Gleichzeitig schloß sie die Tür des mittschiffs aufgesetzten Steuerhauses so unsanft, daß der sich nach den Bootstrümmern umschauende Norweger Hansen wider den Kartentisch geschleudert und durch den eben gekochten Kaffee von außen schmerzhaft erwärmt wurde. Glücklicherweise war die voluminöse Kanne aus Blech und blieb ganz. Eine halbe Stunde später gab es einen Ruck, und unser schönes Fangboot ging ebenfalls zum Teufel. Die Schleppleinen hatten gehalten, aber den Vordersteven herausgerissen, der an Bord geholt werden mußte. Damit war es genug, der Sturm legte sich, und wir kamen nach fünf anstatt nach drei Tagen ziemlich mitgenommen zur Däneninsel.

Um Mitternacht liefen wir in den Virgohafen ein und fanden alles im tiefsten Schlaf, der uns aber auch nottat. So verzichteten wir auf das Abbrennen der Kanonenschläge zur Begrüßung, wohl auch der Gasfabrik wegen. Aber die Post brachten wir still an Land und konnten uns beim flüchtigen Umschauhalten überzeugen, daß die Vorbereitungen fast zu Ende waren.

Es mußte sehr intensiv in den wenigen Wochen gearbeitet worden sein, und das in der Nähe liegende schwedische Kriegsschiff mit seiner auf die Minute geregelten Zeiteinteilung und seiner in der Hauptsache aus Freiwilligen bestehenden Besatzung dürfte dies illustrieren.

Am anderen Morgen erfolgte eine kurze, aber herzliche Begrüßung, und während am Heck der »Svensksund« und »Expres« die schwedische bzw. norwegische Flagge hochging, sah man im Vortopp des letzteren die deutsche Flagge sich lustig im Winde blähen. Die erstaunte Frage Andrées beantwortete ich mit dem Hinweis auf mein im Jahre vorher gegebenes Versprechen, wiederzukommen und mit eigens gechartertem Schiff ihm jede mögliche Unterstützung zu leisten. Ein freundlicher Händedruck war mir genügende Anerkennung.

»So ein frischer Wind mit einer Sekundengeschwindigkeit von 10–12 Metern«, meinte André, »das würde 20–25 Kilometer in der Stunde geben, und wenn man durch die Reibung des Schlepptaus über Wasser und Eis etwa ein Drittel abzöge, könnte man in 48 Stunden am Pol sein.«

Zu dieser Äußerung Andrées sei noch bemerkt, daß Schleppleine und Segel eine Abweichung von je 30 Grad von der Windrichtung gestatteten. Also eine ganz respektable Steuerfähigkeit.

Gar oft drehte sich nach Feierabend das Gespräch um die Aussichten der Polfahrt. »Wenn ihr nun,« fragte ein Neugieriger, »anstatt auf dem Eise zu landen, ins Meer fallt?«

»Nun«, meinte Andrée lächelnd, »einen kleinen Vorgeschmack davon habe ich schon bekommen, denn ich bin bereits zweimal mit meinem Freiballon in die Ostsee gefallen.«

Ein Gedankenanalytiker erkundigte sich auch einmal, ob Andrée den Pol erreichen und binnen vier Wochen wieder heimkehren zu können glaubte. Dieser sagte darauf: »Es gibt ein altes Sprichwort: Nichts fällt so schlimm aus, wie man fürchtet, und nichts so gut, wie man hofft; daran halte ich mich. Ich habe keine Angst und keine Hoffnung, ich nehme mein Schicksal, wie es fällt.«

Es war uns nun die ehrenvolle Aufgabe zugefallen, in regelmäßigen Zwischenräumen nach dem Treibeis im Norden Spitzbergens Umschau zu halten und schon jetzt geeignete Pläne zur Niederlegung von Proviantstationen ausfindig zu machen. Der Ersatzmann der Nordpolexpedition, Premierleutnant Svedenborg, übrigens ein naher Verwandter des alten Nordenskjöld, gab uns da die Spezialinstruktionen.

Wir gingen mit Feuereifer daran und fuhrwerkten, was Kessel

Andrées Ballonhalle, teilweise abmontiert, damit die Fahrt ungehindert angetreten werden kann.

und Maschine halten konnten, im Treibeise herum. Wenn wir keine Kohlen mehr hatten, machten wir einen Abstecher nach der Advent-Bai, wo wir uns aus unserem von einem norwegischen Dampfer niedergelegten Depot aufs neue versorgten. Vorsichtigerweise, um ja nichts zu versäumen, ließen wir den Mitberichterstatter mit einer norwegischen Hilfskraft im Zelt auf der Däneninsel, in dem er sich äußerst wohl fühlte.

Andrée war startbereit, und ein norwegisches Touristenschiff hatte auch uns Nachrichten aus der Heimat mitgebracht, aus denen wir das allgemeine tiefe Interesse an der schwedischen Nordpolarexpedition ersehen konnten.

Am 9. Juli schien sich eine Wetteränderung vorzubereiten, und so beschlossen wir, die Nordpolfahrer mitsamt den Herren vom »Svensksund« zu uns ins deutsche Zelt zu bitten, um vorsorglicherweise Abschied zu feiern. So überzeugt waren wir vom nahen Start. Es war ein unvergeßlicher, herrlicher Abend, die Stimmung gehoben, und die Reden und Trinksprüche atmeten Begeisterung

Kameradschaftliche Gruppe um Mitternacht des 9. Juli 1897 beim deutschen Zelt. Die Mitglieder der deutschen und schwedischen Polarexpedition von links nach rechts:
Oberlt. Svedenborg, Ingenieur Stake, Dr. Violet (vom Expres), Oberstabsarzt Dr. Lemcke, Lt. Celsing, Ing. Strindberg, Kapitän Graf Achsenswaerd, Machurion, Paris, Theodor Lerner, Andrée, Ing. Fraenckel, Meisenbach (vom Expres), Stadling, Aftonbladet

und Vertauen. Punkt 12 Uhr im Schein der Mitternachtssonne wurden wir, damit nur ja keiner auf der Platte fehlte, von einem meiner Matrosen fotografiert. Andrée, seine beiden Begleiter Strindberg und Fraenkel, Svedenborg, die Offiziere des »Svensksund« und die drei Deutschen der »Expres«-Expedition, alle wurden verewigt.

Dann fuhren wir zur Erfüllung der uns überwiesenen Aufgabe ab, der Südwind traf ein und wehte ununterbrochen zwei Tage lang. Am anderen Tage erfolgte der Start, und wir sahen den Ballon nordwärts fliegen.[4] Unser Berliner Berichterstatter trat die Rückreise mit dem schwedischen Kriegsschiff an und konnte die ersten Meldungen nach Deutschland übermitteln.

Der Start war nicht so glatt vor sich gegangen, wie erwartet.

Andrées Aufstieg. Eine Minute nach der Abfahrt. An der Seite das noch zusammengezogene Segel. Die Schleppleinen in Unordnung. Die dicke Leine löst sich gleich darauf. Die dünnen Leinen sind Reserveleinen.

Durch einen unglücklichen Zufall hatte sich gleich das große Schlepptau vom Ballon gelöst und war an Land liegen geblieben. Andrée warf aber sofort Reserveleinen aus, um die Schleppfahrt in Gang zu bringen; das gelang, verursachte aber Verlust an kostbarem Ballast und minderte die Fahrtdauer erheblich herab.[5]

Der alte Norweger Klaus Thue, der bei unserem abgereisten Kameraden geblieben war, vergoß Tränen der Rührung, als er dies immer und immer erzählte, und das so manchem Norweger so eigene dramatische Talent feierte wahre Triumphe. Dieses Original hat mich übrigens noch zehn Jahre lang auf meinen Expeditionen begleitet, bis ihm die Kräfte und vor allem die Sehschärfe versagten.

Jetzt ging es ohne Zögern, nachdem der fertiggemachte und in eisenbebänderten Kisten verstaute Notproviant für Andrée an Bord genommen war, wieder ins Eis hinaus, wo ich dem Andrée

Der Ballon »Ornen« Adler etwa 2 Minuten nach Verlassen des Landes, von einer Bö fast bis auf das Wasser herabgedrückt.

gegebenen Versprechen gemäß bis zum Schluß des Monats Juli umherkreuzte.

An Schlaf dachte niemand, und die scharfen Ferngläser kamen nicht mehr von den Augen. Der Aufstieg war bekanntlich am 11. Juli in den Mittagsstunden erfolgt. Am 14. Juli vormittags früh ertönte ein furchtbares Geschrei. Ich stürzte auf Deck und sah die Mannschaft wild gestikulierend und nach Norden weisend. »Der Ballon, der Ballon«, schrie man. Wahrhaftig, ganz deutlich, etwa 20 Seemeilen im Nordosten der sieben Inseln, schwebt der Ballon.

Wir steuerten sofort auf ihn zu, und die Begeisterung überschlägt sich. Nachdem wir über eine halbe Stunde bereits gefahren waren, beginnt die Erscheinung zu verblassen und allmählich zu verschwinden. War es eine der häufigen arktischen Luftspiegelungen des irgendwo schwebenden Ballons, war es ein Wolkengebilde, wer vermag es zu entscheiden? Ich neigte mich der letzteren Annahme zu, aber ich stand allein gegen die gesamte Besatzung. Nie wieder wurde noch etwas von dem Ballon gesehen.[6]

Die Welt wartete je länger, je dringender auf ein Lebenszeichen Andrées, zumal er ja Brieftauben an Bord hatte. Interessant ist die Geschichte mit der einzigen gefundenen Brieftaube Andrées, von denen er insgesamt 30 mitgenommen hatte. Am 20. Juli begegnete uns die Hammerfester Fangjacht »Alken«, deren Mannschaft meinen Norwegern folgendes erzählte:

In der Nähe der sieben Inseln sei etwa am 15. Juli ein ganz unbekannter Vogel auf die Gaffel des Großsegels geflogen und habe trotz aller Verscheuchungsversuche nicht mehr fortgewollt. Die hauptsächlich aus Quänen, d. h. Mischlingen zwischen Lappen und Norwegern, bestehende Besatzung habe den Kapitän Nilsen aufgefordert, diesen »Zaubervogel«, der dem Schiff nur Unglück bringen könne, zu erschießen, was der Kapitän nach längerem Zögern auch getan habe. Das Tier sei auf das Eis gefallen und man sei fort gefahren. Inzwischen habe der Kapitän ein Gespräch mit einem Berufsgenossen von einem anderen Fangschiff gehabt, der diesen »Zaubervogel« als eine Brieftaube Andrées angesprochen habe. Nilsen fuhr den Weg wieder zurück, und ein glücklicher Zufall will es, daß er diese Taube auf dem Eise noch findet.

Bekanntlich war in der unter den Flügeln befestigten Hülse eine Botschaft Andrées an die Redaktion des *Aftonblad,* Stockholm, worin er die Erreichung von 82 Grad 2 Min. Nordbreite und 15 Grad 5 Min. Ostlänge bei guter Fahrt nach Osten meldete. Dieses war die dritte abgesandte Brieftaubenpost, sonst ist aber keine gefunden worden. Allerdings behaupten die Fangschiffer, daß sie noch verschiedene Tauben gesehen haben, die von Raubmöven gejagt wurden und diesen wahrscheinlich zum Opfer gefallen sind. – Übrigens dürfte die Brieftaubenpost Andrées sich ganz gut mit Zeit und Standort des von meiner Mannschaft angeblich gesichteten Ballons vereinigen lassen.

Wir hatten nun in der kommenden Zeit noch sehr viel zu tun,

zuerst mußten wir an den nach Norden vorspringenden Landzungen der Nordseite Spitzbergens bis Kap Platen hin weit nach Osten Signalstangen errichten, an deren Fuß eine Flaschenpost mit der Mitteilung unseres Standortes und der genauen Bezeichnung der von uns niedergelegten Proviantstationen vergraben war.

Die Proviantstationen enthielten außer der schon erwähnten Lebensmittelkisten mit Zinkeinsatz ein eisernes Faß mit Brennstoff für den Kochapparat, da Andrée nach gefallenem Schnee kaum genügend sibirisches Treibholz als Brennmaterial finden konnte.

Auf unserer Fahrt konnten wir auch mehrfach erfolgreich der Jagd nachgehen, und der 69jährige Herr Meisenbach kam, ebenfalls wie der Expeditionsführer, noch zu seinem Eisbären.

Unsere Aufgabe aber war in diesem Jahr erfüllt; mein alter Kamerad trat von der Advent-Bai aus mit einem Touristendampfer die Heimreise an, während der getreue »Expres« mich diesmal in angenehmer Fahrt nach Norwegen brachte. Meine Heimreise erfolgte über Stockholm, wo ich den offiziellen Persönlichkeiten Bericht erstattet und dabei erklärt habe, daß, falls keine Spur von Andrée gefunden würde, im nächsten Jahre eine große deutsche Nachforschungsexpedition unter meiner Führung hinaufgehen würde.

Kapitel 2

Die deutsche Forschungsreise der »Helgoland« rund um Spitzbergen (Juni–August 1898)

Spitzbergenumseglung. Auf der Suche nach Andrée auf der weißen Insel, wo 1930 die Leichen gefunden wurden. Eismeerjagden. Wissenschaftliche Ergebnisse und Karte von Spitzbergen.

Als Hilfsexpeditionen kamen ein Jahr nach Andrées Todesflug, also im Jahre 1898, nur die schwedische des Professors Nathorst mit dem Seehundsfänger »Antarktik« und die deutsche von mir geleitete »Helgoland«-Expedition in Betracht, die dank der Unterstützung des Reichsmarineamtes, des bereits erwähnten Berliner Zeitungsverlages und deutscher wissenschaftlicher Institute ermöglicht und deren ursprüngliche Aufgabe noch durch geographische, ozeanographische und zoologische Arbeiten erweitert werden konnte. Die »Helgoland« wie auch die »Antarktis« hatte einen Stab von ausgezeichneten Gelehrten an Bord, was schon durch die Namen der beiden Zoologen Schaudinn und Römer gewährleistet ist. Ersterer war damals Privatdozent und Assistent am zoologischen Institut in Berlin, während Dr. Römer, Assistent am königlichen Museum für Naturkunde in Berlin, später Direktor des Senckenbergmuseums in Frankfurt am Main wurde. Schiffskommandant und zugleich Geograph war Korvettenkapitän Rüdiger, und Dr. med. L. Brühl amtierte als Schiffsarzt. Ein Jägertrio, das von dem königl. Forstassessoren Brüning und v. Krosigk und dem großherzogl. Mecklenburgischen Jagdjunker v. Strahlendorf gestellt wurde, der Tiermaler Prof. Friese und der Spezialberichterstatter des Berliner Lokalanzeigers R. Cronheim vervollständigten die Schar der Passagiere an Bord der »Helgoland«.[7]

Die »Helgoland«

Das von der Oldenburgischen Hochseefischereigesellschaft in Geestemünde gecharterte Schiff war ursprünglich zu Hochseefischereizwecken verwendet worden und daher für die beabsichtigten Tiefseeforschungen wie geschaffen. Eine Dampfwinde mit dem nötigen Zubehör war bereits an Bord vorhanden, und so bedurfte es nur einer 2500 m langen Stahldrahttrosse, um Lotungen und Schleppnetzzüge ausführen zu können. Als Laboratorium wurde der im Vorderschiff gelegene sogenannte Fischraum, sonst der Aufbewahrungsort der Fisch- und Eisvorräte, eingerichtet, der mit Schiebladen, Tischchen und Gestellen reichlich versehen worden war.

Unsere Reise ging von Bremerhaven aus, und schon auf der Nordsee konnte unser kleiner, etwa 30 m langer Stahldampfer zeigen, was er konnte. Unaufhörlich kamen die Seen über Deck, als ob

Die Besatzung der »Helgoland«: Römer (1), Schaudinn (2) und Lerner (3)

sie untersuchen wollten, was für ein Eindringling sich wieder in ihren Bereich hinausgewagt hatte. Sogar in den Kajüten schnüffelte sie umher, und bald schwammen Schuhe, Strümpfe und sonstige Toilettengegenstände in traulichem Nebeneinander in der schmutzig grauen Brühe.

Wir hatten auch bereits den ersten Seekranken an Bord: Zwar war es kein zweibeiniger Teilnehmer, aber unser Hund, der in Bremerhaven mit jubelnden Sprüngen und freudigem Bellen die Abschiedsgrüße erwidert hatte, lag jetzt mit gramdurchfurchtem Gesicht in einer Ecke und strafte uns mit tiefster Verachtung.

Wir aber standen beim Steuermann auf der Kommandobrücke und sahen dem Kampf mit Wind und Wellen zu. Plötzlich entsann sich ein allzu Pflichtgetreuer seiner »vielen Arbeit«, die seiner wartete, und mit verbindlichem Lächeln und schwankendem Schritt ging er die Treppe hinab. Das Losungswort war gegeben. Einem nach dem anderen fielen seine »Verpflichtungen« ein und er zog sich von dem eben noch bewunderten Naturschauspiel zurück zur »Arbeit«, über die er zwei Tage lang das Essen und Trinken vergaß.

Am Morgen des dritten Tages, als von Fern die Küste Norwegens in Sicht kam, tauchte möglichst unauffällig hier und da wieder einer auf, um sich in der frischen Luft von den Strapazen vergangener Tage zu erholen. Spät abends liefen wir unter Sturm und Regen in Bergen ein, wo sich die Mannschaft mit großem Eifer an das Reparieren bereits entstandener Schäden und die Verstärkung der auf Deck angebrachten Kajüten machte. Wir gingen an Land, um uns nach der gründlichen äußeren auch einer inneren Anfeuchtung zu unterziehen, was aber in dem soliden Lande Norwegen mit einigen Schwierigkeiten verbunden war.

Nach einem weiteren Aufenthalt in Tromsö, wo der äußerst tüchtige Eislotse Johannesen und der Harpunier Klaus Thue an Bord kamen, ging es am 8. Juni unter herrlichem Sonnenschein weiter, ins Eismeer hinaus.

Bevor wir die Bäreninsel erreichten, statteten wir der Walstation auf der Insel Rolfsö im Troldfjord einen Besuch ab, und schon bei der Einfahrt in die rings von Bergen eingeschlossene Bucht kündete ein intensiver Trangeruch die bevorstehenden Genüsse an. Am anderen Morgen schleppte der Dampfer drei große Finnwale heran, von denen als erstes ein 22 m langes Weibchen kunstvoll seziert wurde. In hohen Stiefeln und trandurchtränkten Anzügen kletterten die Abspecker auf dem Körper des Wales umher und schnitten mit meterlangen Messern große Speckseiten heraus, die mittels Handwinden und Ketten auf einer schrägen Holzbahn in den Trankessel befördert wurden.

Dann wurde der Wal geöffnet, und man konnte unsere Zoologen mit gerümpfter Nase und vor Eifer glänzenden Augen in dessen Bauch umhersteigen und Präparate anfertigen sehen, nicht achtend der Düfte, die sie ständig umgaben.

Beim Abspecken des Wales

Auf der Weiterfahrt gab es abends an Bord der »Helgoland« deutsches Beefsteak, das allgemein mit großem Appetit verspeist wurde. Als ich nach der Mahlzeit aber mitteilte, daß der Beef ein Wal gewesen sei, da tauchten die Wohlgerüche Arabiens so deutlich in der Erinnerung meiner Kameraden auf, daß sie einer nach dem anderen von der Tafel aufstanden und mit bleichen Gesichtern davonliefen. Die Fischlein im Meere aber schwammen satt und froh von dannen.

Schon mehrere Jahre ließ mich die große Rentabilität einzelner an bevorzugten Plätzen wie Skaarö, Rolfsö usw. errichteter Walfangstationen mit dem Plane umgehen, eine ebensolche den deutschen Unternehmungsgeist zugänglich zu machen. Ich hielt die Bäreninsel für den allein noch in Frage kommenden Platz, der um so wertvoller zu werden versprach, als erfahrungsgemäß die schwersten und ergiebigsten Wale weit ab von der norwegischen Küste, wo sie durch eine Reihe von Stationen seit einiger Zeit beunruhigt wurden, sich mehr nördlich aufhalten. Meine bisherigen Erfahrungen wurden noch durch die jetzige Expedition bestätigt, wo wir auf der Hinreise 23 und auf der Rückreise mindestens 12 Blauwale bemerkten.

Nachdem ich mich mit Kapitän Rüdiger über die Art des Vorgehens zur wirkungsvollen Sicherung eines Stützpunktes auf dem Lande informiert hatte, hielten wir nun, als die »Helgoland« in den Südhafen der Bäreninsel eingelaufen war, den Zeitpunkt für gekommen. Wir maßen auf der Südostseite der Insel, wo es zwei vorzügliche Häfen gibt, ein Stück Land mit dem Flächeninhalt von 60 Hektar aus, bezeichneten es mit Grenzpfählen und Tafeln und ergriffen förmlich davon Besitz. Sofort mit der nächsten von uns erreichten Post ging ein Schreiben an den deutschen Reichskanzler ab mit der Bitte, gegebenenfalls uns den Schutz des Reiches zu gewähren. Vor etwa zwei Jahren war mir auch das reichliche Kohlenvorkommen auf der Insel bekannt geworden, und da ich einen sachgemäßen Abbau derselben von größter Wichtigkeit für mein deutsches Vaterland hielt, glaubte ich im nächsten Jahre meine ganze Kraft einem bergmännischen Versuchsbetrieb auf der Bäreninsel widmen zu müssen, wobei mir aber die größten Schwierigkeiten in den Weg gelegt wurden.

Während mein Freund Rüdiger und ich mit der Vermessung des Landes beschäftigt waren, unternahmen die anderen Streifzüge in das Innere der Insel, und zwar kletterten die Zoologen auf den ihnen reichliches Material liefernden Vogelberg, während die Jäger auf dem Elendsberg der Insel die praktische Seite abzugewinnen suchten; leider nur mit sehr spärlichem Erfolg, denn während unseres ganzen Aufenthaltes konnte an Säugetieren nur ein Polarfuchs erlegt werden.

Nachdem die auf der Bäreninsel liegenden Süßwasserteiche abgefischt waren, ging es am 15. Juni weiter dicht am Südkap Spitzbergens vorbei in den Storfjord hinein, wo uns bereits die Vertreter der arktischen Tierwelt begrüßten. Elfenbeinmöven umkreisten unser Schiff, hier und da guckte eine Robbe neugierig aus dem Eisloch hervor, und der erste Eisbär kletterte eilfertig auf eine Scholle, um uns seine Aufwartung zu machen, mußte aber leider seine Liebenswürdigkeit mit dem Leben bezahlen.

Wir fuhren kreuz und quer im Storfjord umher und machten oft Halt, um das Plankton, d.h. die im Wasser umherschwimmenden Tiere, und mit dem Schleppnetz die am Meeresgrund sitzende Fauna zu Tage zu fördern. Im Norden versperrte uns aber das Eis den Weg und wir mußten zum Südkap zurück. Es war die allerhöchste Zeit gewesen, denn bei der Ausfahrt sahen wir ein riesiges Eisfeld heranziehen, das bald den Eingang zum Storfjord besetzt hätte.

Unser Reiseplan mußte also geändert werden, und so fuhren wir zuerst zur Westküste Spitzbergens, um Prinz-Karl-Vorland herum und gingen nach glatter Überwindung eines gehörigen Südsturmes in der Kings-Bai vor Anker. Zugleich machten wir dort eine interessante Beobachtung.

Der Vogelfelsen auf der Bäreninsel

Das ausgeworfene Schleppnetz hatte gerade den Grund erreicht, als die Dampfwinde plötzlich rapid zu laufen begann und das Netz weiter in die Tiefe versank. Die Lotungen ergaben, daß wir auf ein 395 m tiefes kraterförmiges Loch gestoßen waren, aus dem wir vulkanisches Gestein heraufholten. Diese Feststellung stimmte mit der Aussage des Eislotsen Johannesen überein, der, ohne unser Resultat zu kennen, folgendes erzählte: Er habe hier vor Jahren gerade bei einem vorzüglichen Bärenkotelett gesessen, da sei die sonst ruhige See plötzlich heftig aufgebraust, habe Strudel gebildet und das Schiff gehörig umhergeworfen. Wir deuteten diese Erscheinung als ein Seebeben, das am Eingang der Kings-Bai stattgefunden haben und von dem der von uns entdeckte Krater herrühren müßte.

Nachdem der Sturm sich gelegt hatte, fuhren wir an den sieben Eisfeldern vorbei, die sich in Gestalt von gewaltigen Gletschern vom Inlandeis zum Meere hinabziehen.

Wir besuchten den Virgohafen, der im vergangenen Jahr Zeuge der hellen Begeisterung war für den Mann, den wir bis jetzt vergeblich gesucht. Nun war es still hier oben. Das Ballonhaus Andrées war in Trümmer gefallen, vielleicht ein Hinweis auf das Schicksal des kühnen schwedischen Luftschiffers.

Nach einer Inspektion der Überwinterungshütte fuhren wir mit Volldampf über den 80. Breitengrad hinaus zur Roß- und Kleinen Tafelinsel, den beiden nördlichsten Inseln des Spitzbergen-Archipels. An ein Ankern des Schiffes war bei dem dichten Treibeis nicht zu denken, und so zwängte sich unser kleines Schiffsboot bis zur Küste hindurch, konnte aber bei dem dichten Nebel den Rückweg nur beschwerlich finden, besonders, da die »Helgoland«, dem Druck des Eises nachgebend, nach Westen ausgewichen und unser einziger Wegweiser das Tuten der Dampfpfeife war. Meine im vorigen Jahr hierher gebrachten Proviantkisten waren nicht mehr vorhanden. Leider hatten sich aber nicht Andrée und seine Begleiter, sondern norwegische Fangschiffer ihren Inhalt gut schmecken lassen.

Bevor wir einen weiteren Vorstoß nach Osten versuchten, wurde ein Ruhetag in der Rijps-Bai von allen mit Freude begrüßt. Das Schiff wurde am Eise festgemacht, über dessen großer, weißer Fläche die Luft von den heißen Sonnenstrahlen zu flimmern schien. Dahinter lag das blaue Meer, von keiner Welle gekräuselt und ringsum eine feierliche Stille, die selbst die Mitteilsamsten unter uns für einige Zeit zu Schweigen veranlaßte. Eine sommerliche Wärme ließ uns die hohe Breite fast vergessen, maßen wir doch im Schatten 11,5 Grad Celsius, eine der höchsten Temperaturen, die in Nordspitzbergen jemals beobachtet worden sind.

Die Mannschaft benutzte die Gelegenheit, um auf dem Eise Speck zu braten, dessen lieblicher Duft die Eisbären anlocken sollte. Noch keine Viertelstunde war vergangen, als auch schon eine Bärenmutter mit zwei Jungen die Freundlichkeit hatte zu erscheinen, aber noch bevor sie nähere Bekanntschaft mit den ihnen dargebotenen Köstlichkeiten schließen konnten, wanderten sie gemeinschaftlich in die Küche der »Helgoland«.

Am nächsten Tage drangen wir östlich bis Kap Platen vor, wurden aber auch hier vom Eise zur Rückkehr gezwungen. Wir machten einen Abstecher bis zum Südeingang der damals zoologisch noch wenig erforschten Hinlopenstraße, und als wir wieder in Nordspitzbergen angelangt waren, konnten wir eine ansehnliche Beute an Meerestieren aufweisen. Nach einem Ausflug bis in den innersten Teil der Wijde-Bai, der aber auch keine Gewißheit über Andrées Schicksal brachte, fuhren wir zur Advent-Bai zurück, wo wir verabredungsgemäß mit dem Vergnügungsdampfer »Auguste Viktoria« zusammentrafen. Dort verlebten wir einige schöne Tage im Kreise liebenswürdiger Touristen, und nach Ergänzung des Kohlenvorrates dampfte die »Helgoland« wieder um Südspitzbergen herum, dem Hauptziel der Reise, dem König-Karl-Land, zu.

Am 23. Juni sahen wir nach stürmischer Fahrt endlich Land voraus. Zunächst wurde eine kleine Insel bestiegen, um über die

Lage Klarheit zu gewinnen, denn nach dem Besteck müßten wir mitten durch Schwedisch Vorland hindurchgefahren sein. Des Rätsels Lösung war, daß Kap Hammerfest, der südlichste Punkt von Schwedisch Vorland, etwa 15 Meilen nördlicher liegt als auf der Karte und die Insel selbst um die Hälfte zu lang gezeichnet ist.

Unseren Beobachtungspunkt tauften wir zu Ehren des braven Schiffes »Helgolandinsel« und fuhren dann um die ganze Inselgruppe herum, von der Kapitän Rüdiger eine fliegende Aufnahme machte. Wie Kükenthal schon 1889 richtig vermutete, sind nur drei größere Inseln vorhanden, von Westen nach Osten gezählt: Schwedisch Vorland, Jena-Insel, Abel-Insel.[8]

Wir fuhren zuerst nach der Südseite der Jena-Insel. Das im Westen liegende Hochplateau ist mit dem flachen, eisbedeckten östlichen Teil der Insel durch ein Schwemmland verbunden, was wir anfangs seiner Niedrigkeit halber für einen Sund hielten. Um die Sache näher zu untersuchen, ruderten wir mit den Booten ans Land, wo uns eine Eisbärenmutter mit ihren beiden Jungen empfing. Sie und ein Junges fielen unserer Büchse zum Opfer, während wir das andere lebend fangen wollten. Wir konnten jedoch eine gewisse Rührung nicht verbergen, als das kleine Vieh nicht von der Alten wegzubringen war und ihr Blut aufleckte, als ob es dasselbe stillen wollte. Leider stellte sich später heraus, daß unsere Gefühlsregungen verfrüht gewesen waren, denn bald darauf mußten wir zusehen, wie das kleine ungeheuer behaglich schmatzend das Fleisch seiner Mutter verzehrte.

Es wurde mit noch drei seiner Artgenossen in starken, gegen überkommende Seen vorsorglich festgezurrten Kisten auf Deck untergebracht. So ein Brecher bewies sich übrigens als ein probates, wenn auch nur zeitweise wirkendes Beruhigungsmittel für unsere unkultivierten Gäste, die trotz reichlicher Verpflegung die Luft mit ihrem Gebrüll erfüllten und unsere nicht voll befahrenen Passagiere im Schlafe störten. In Archangel sollten wir sogar ein Strafmandat wegen ruhestörenden Lärms erhalten, und in Tromsö

Lebender Eisbär in der Transportkiste

schimpften die Zeitungen. Der einzige, der die Eisbären besänftigen konnte, war der Zweite Steuermann. Er spuckte in bestimmten Zwischenräumen seinen Schützlingen eine saftige Priem in den aufgesperrten Rachen. Dann verging eine geraume Zeit, bis der so freundlich Bedachte sich über die Beschaffenheit dieses Leckerbissens klar wurde, und beim Nachdenken vergaß er das Brüllen.

Nachdem wir die Boote an Land gezogen hatten, durchquerten wir die Insel fast bis zur Nordküste und unternahmen einen Aufstieg auf das Hochplateau, das uns einen herrlichen Rundblick gewährte. Vor uns in der Tiefe lag die braune Ebene mit zahlreichen, von der Widerspiegelung des Himmels blau gefärbten Teichen und Bächen. Dahinter eine glitzernde, sanft aufsteigende Schneedecke, die von dem braunen, pyramidenförmigen Johnsenberg überragt wird. Rechts und links das weite Meer mit unzähligen Eisbergen und Eisschollen.

Im Schnee fanden wir zahlreiche Eisbärenspuren, und bei unserer Rückkehr hatten wir das Glück, deren Inhaber persönlich anzutreffen und drei derselben im Schlepptau unseres Bootes zum Schiffe zu befördern. Hier erinnere ich mich eines gefährlichen, allerdings der Komik nicht entbehrenden Abenteuers, das einer meiner Kameraden mit solch einem Inselbewohner bestehen mußte. Er hatte seiner Mutter das einzige Junge weggeschossen und sie selbst verwundet, was ihr erklärlicherweise Veranlassung gab, gegen den Schützen Front zu machen. Dieser hatte nun das Pech, dicht bei der wütenden, wenn auch durch den Blutverlust etwas geschwächten Bärin in einem Eisloch zu versinken und dabei sein Gewehr zu verlieren. Verächtlich betrachtete sie das zappelnde und sich mühsam emporarbeitende Geschöpf zu ihren Füßen und mit einem wuchtigen Prankenschlag half sie nach, so daß man den Jägersmann durch die Luft und wieder auf das Eis nieder fliegen sah, von wo er sich schleunigst unter lautem Wehklagen und Reiben der mißhandelten Stelle davonmachte. Das verwundete Tier blieb bei seinem Jungen stehen, bis es, von der Büchse der herbeieilenden Gefährten getroffen, tot neben ihm niederfiel.

Wir waren hier, wegen der wenigen Schiffe, die an diese Küsten herankommen, in ein richtiges Bärenparadies geraten. Allein an einem Nachmittag konnten wir 14 dieser wertvollen Tiere erlegen. Überhaupt war unsere Beute wegen der günstigen Eisverhältnisse, die wir angetroffen hatten, über alles Erwarten gut ausgefallen. So konnten wir am Schluß unserer Reise eine Gesamtstrecke von 44 Eisbären, 54 Rentieren, 43 Robben, 3 Polarfüchsen, 24 Schneegänsen und zahlreichen anderen Vögeln verzeichnen. Auch fünf Walrosse hatten wir geschossen, die aber entweder untergesunken oder durch das Eis weggetrieben waren.

Um so mehr interessierte es uns natürlich, ob die beiden Fangschiffe, die wir im Norden der Inselgruppe trafen, in dieser Beziehung mehr Waidmannsheil gehabt hatten, und wir kamen gerade recht, um ein mit vier Mann besetztes Boot der Spur eines Walrosses nachrudern zu sehen. Vorn auf einer kleinen Plattform kniet der Harpunier, der, sobald sich der fette Rücken aus dem

Ein Eisbär wird an Bord gezogen

Wasser erhebt, schießt. Hoch springt das verwundete Tier auf, um dann für längere Zeit unterzutauchen. Das Boot folgt der roten Blutspur, und sobald der Riesenleib wieder an die Oberfläche kommt, um Atem zu holen, fährt ihm die Harpune ins Fleisch, deren Leine am Fahrzeug befestigt wird, und so rast das gequälte Tier mit dem Boot im Schlepptau davon, bis seine Kräfte erlahmen und es mit der Lanze zu Tode gestochen wird. Schlimmer noch als die gefangenen Walrosse sind die Eishaie dran, deren Leber zu Tran verdampft wird. Mit diesen armen Burschen wurde damals noch à la Eisenbarth verfahren. Sie wurden an Bord des Schiffes hochgezogen, ein gräßlicher Schnitt mit einem fußlangen Messer öffnete den Bauch. Die Leber fiel in eine auf Deck bereitgestellte Tonne und der wieder ins Meer geworfene Eishai mußte sehen, wie er ohne Leber fertig wird. Heute verwendet die Fischindustrie fast sämtliche Teile, vor allem auch die Haut der Haie.

Am anderen Tag besuchten wir die östlichste der drei Inseln, die Abel-Insel. Sie besteht fast nur aus einem großen Steinhaufen, den wohl noch kaum eines Menschen Fuß betreten hatte. Von den Zoologen wurde dieser Fleck Erde mit Jubel begrüßt, denn wir fanden zahlreiche Brutstätten der Elfenbeinmöven und konnten eine stattliche Anzahl ihrer Eier, die bisher nur selten nach Europa gekommen waren, mit heim nehmen.

Auf Schwedisch Vorland, das wir als letztes bestiegen, konnten wir Kükenthals Beobachtungen auch wieder bestätigen. Die Ostküste besteht aus einem moorigen, von Schmelzwasserbächen durchzogenen Flachland, aus dem hie und da kleine Dünen hervorragen.

Wir hatten nun aber Zeit genug auf die geographische und zoologische Bestimmung dieser drei Inseln verwendet und fuhren

Ein Eishai wird an Bord gezogen

daher in nördlicher Richtung weiter an der Ostküste von Nordostland entlang, die sich in Gestalt eines einzigen großen Gletschers von Kap Mohn bis Kap Smith erstreckt, und wir brauchten fast zwei Tage, um das Ende derselben zu erreichen. Ununterbrochen sahen wir zur Linken eine zerklüftete und gespaltene weiße Wand, die oft von 50–60 Meter Höhe steil ins Meer abfällt. Oberhalb derselben dehnt sich, soweit das Auge reicht, das Inlandeis. Von dort her kommt dem Gletscher immer neue Nahrung zu, so daß er fortwährend Eisblöcke abstößt, die mit lautem Gepolter ins Meer fallen und dasselbe hoch aufspritzen lassen.

Zeitweise fuhren wir in undurchdringlichem Nebel, und plötzlich sahen wir hoch über uns die steile Wand herausragen, und noch wenige Meter, und die »Helgoland« wäre mit dem Bug voran an den Gletscher angefahren. Mit energischem Rückwärtssteuern gelang es uns, der Gefahr auszuweichen, und nur gelegentlich malten wir uns noch mal aus, welche Dimensionen wir und das Schiff wohl genommen hätten, wenn solch ein wuchtiger Eisblock von der Höhe herab auf uns niedergesaust wäre.

Im Wasser schwamm eine Menge von dieser Sorte, manche bis zu 30 Meter Höhe und 800 Meter Länge, andere wieder kleiner, die phantastischsten Gebilde darstellend. Durch das ständige Nagen von Sonne und Wasser verlieren die Eisblöcke öfters das Gleichgewicht, stürzen um und wälzen sich geraume Zeit im Meere hin und her, was sie bei dieser Gelegenheit in starke Bewegung bringen. Schon oft sind Schiffe, die solchen umstürzenden Eisriesen zu nah kamen, mit Mann und Maus untergegangen.

Unser tüchtiges Schiff wand sich aber geschickt hindurch, und am 7. August konnten wir an der Ostseite der Großen Insel, die wir 20 Seemeilen nördlicher konstatierten, als auf den englischen Seekarten angegeben war, vor Anker gehen. Während unseres kurzen Aufenthaltes fiel bei der Schiffsleitung die Entscheidung, von Süden aus eine Umschiffung des Nordostlandes zu versuchen, ein Wagnis, über dessen Schwierigkeiten wir uns vollauf im klaren waren.

Im Meer schwimmende Eisbrocken

Zunächst kamen wir an die Weiße Insel, also an die Stelle, wo 1930 die Leichen Andrées und seiner zwei Gefährten gefunden wurden.[9] Es bot sich aber keine Möglichkeit, an Land zu gehen, denn ein Sturm aus nördlicher Richtung hatte die großen Eisfelder in kleine Stücke zerschlagen, die in der Brandung auf- und niedertanzten und ein Näherkommen von Schiff oder gar Boot vereitelten. Mit unseren stark vergrößerten Fernrohren suchten wir die Küste genau ab, bemerkten aber keine Notsignale oder sonstige Anzeichen, die auf den Aufenthalt der schwedischen Luftschiffer hätten deuten können.

Die Brandung verriet, daß nicht allzu weit im Norden offenes Wasser war, und zum ersten Mal wurde sie daher von uns mit Freude begrüßt. Zwar mußten wir uns jetzt noch durch dichtes Packeis und sägende Eisschollen hindurcharbeiten, aber gegen Mittag des 8. August erreichten wir das offene Meer bei der Karl-XII.-Insel, die bekanntlich durch das Luftschiffunglück des italienischen

Generals Nobile eine traurige Berühmtheit erlangte. Auch von dieser Expedition sind vier Mann spurlos verschwunden, den Untergang der Schröder-Stranz-Leute, etwas weiter westlich, erwähne ich noch später. Man sieht daraus, daß in dieser Gegend das Eismeerfahren keine Touristenangelegenheit ist. Es hat sich noch niemals eines der zahlreichen, Spitzbergen im Sommer regelmäßig besuchenden Touristenschiffe östlich der sieben Inseln hinausgewagt. Die verschiedenen starken Strömungen, die das Eis aus großen Entfernungen plötzlich herantreiben, wodurch das nicht scharf Ausguck haltende Schiff erdrückt oder wenigstens Wochen, sogar Monate lang besetzt wird, machen jene Gegenden so verrufen.

Schon einmal hatten wir die Karl-XII.-Insel am 4. Juli vom Kap Platen aus gesehen. Wir waren also ganz um Spitzbergen herumgekommen, die erste Umseglung dieser Inselgruppe durch ein deutsches Schiff.

Unser Bestreben war jetzt, so weit es die Eisverhältnisse zuließen, nach Norden vorzudringen, und noch am selben Abend konnten wir den 81. Breitengrad überschreiten. Langsam fuhren wir weiter, und die stündlichen Lotungen ergaben eine Tiefenzunahme von 150–650 Meter, die sich im Verlauf von weiteren 25 Minuten auf 1000 Meter steigerte. Auf 81 Grad 32 Minuten hatten wir die Festeiskante erreicht und konnten mit dem vorhandenen Lotdraht, von dem wir unterwegs verschiedene Stücke eingebüßt hatten, keinen Grund mehr erreichen. Erst etwas weiter südwestlich fanden wir mit 1130 Meter den Rand der Tiefe wieder. Die Messungen bestätigten Nansens Entdeckung, daß sich nördlich von Spitzbergen und Franz-Josephs-Land eine große Tiefe nach dem atlantischen Osten hinzieht.

Mehrere Züge mit dem Schleppnetz brachten Schwämme und sonstige typische Vertreter der Tiefseefauna zu Tage, die von der des übrigen Spitzbergen vollständig abweicht.

Nach dreitägigem Aufenthalt nahmen wir Abschied vom ewigen Eise, das uns mit seinen wild durcheinander und übereinander geschobenen und hoch getürmten Eisschollen noch einmal die ganze Schönheit der arktischen Welt darbieten wollte, und kehrten durch die eisfreie Hinlopenstraße zurück, denn die abnehmenden Kohlenvorräte und die beginnenden Herbststürme mahnten zur Heimkehr. Im Süden Spitzbergens packte uns ein solcher Sturm mit voller Wucht. Die Brecher kamen mannshoch über Deck, und das Schiff verlor zeitweise seine Steuerfähigkeit und drehte sich in einem kochenden Kreise. Unser geliebter Peter wurde von solch einer überkommenden See erfaßt und hoch im Bogen über Bord geschleudert. Das Bedauern war allgemein, aber an eine Hilfeleistung war nicht zu denken. Nach einigen Minuten kommt eine neue See über und – o Wunder! sie bringt uns Peter wieder, der schleunigst auf das Dach des Steuerhauses hinaufentert. Peter war eine Liebesgabe von zarter Hand bei der Abfahrt von Deutschland, und der Kater hatte sich durch reichlichen Genuß von Rentier-, Bären- und Robbenfleisch zu einem Prachtexemplar entwickelt.

Als endlich am 22. August die Küste Nordnorwegens in Sicht kam, befanden wir uns östlich vom Nordkap. Der Sturm hatte uns 66 Meilen nach Osten abgetrieben, und mit einer Verspätung von 10 Stunden liefen wir in Tromsö ein.

Nach 10tägigem Aufenthalt, der zur Reinigung der Maschine, Ergänzung der Kohlenvorräte und des Proviantes benutzt wurde, stachen wir wieder in See, um die östlichen Gewässer in der Nähe von Nowoja Semelja abzusuchen. Da die Jahreszeit aber schon weit fortgeschritten war, ließen die Stürme und die zunehmende Dunkelheit ein so weites Vordringen nicht mehr zu, so daß wir unsere geplante Reise wesentlich abkürzen mußten. Wir wählten daher Archangel als Ziel.

Im Katerinenhafen wurde ein zweitägiger Ausflug nach der Insel Kildin unternommen, um den dort befindlichen Reliktensee Mogilnoje, der, ursprünglich eine Meeresbucht, durch die Hebung des Strandes von demselben abgetrennt worden war, abzufischen.

Um die Halbinsel Kola herum fuhren wir in das Weiße Meer, das besonders wegen seiner Grundseen berüchtigt ist. Kaum waren wir darin, als sie uns auch schon den stärksten Schiffstanz unserer Reise erleben ließen. Die von hinten einbrechenden, haushohen Sturzseen drohten unser Schiff zu zerschmettern, so daß wir beidrehen und uns den Wellen als Spielball überlassen mußten. Nach diesen Strapazen waren die paar Tage der Erholung in Archangel um so angenehmer, zumal wir von einem deutschen Landsmann Pastor Bock in liebenswürdigster Weise bewirtet wurden und in seinem Hause Stunden echt deutscher Gemütlichkeit verlebten.

Nachdem wir bei der Heimfahrt das Weiße Meer auch von der freundlichen Seite kennengelernt hatten, fuhren wir längs der norwegischen Küste über Vardö, Hammerfest, Tromsö in die Heimat zurück.

Wir waren beinahe 5 Monate unterwegs gewesen, und die wissenschaftlichen Ergebnisse unserer Expedition waren hervorragend. Allein 86 Plankton- und 59 Dredgestationen waren im Eismeer angelegt worden, deren Ergebnisse von den späteren Professoren Römer und Schaudinn in dem von ihnen herausgegebenen Sammelwerk »Fauna Arctica« ausführlich besprochen wurden. Unsere geographischen Aufnahmen und Meereslotungen wurden bei der Herstellung einer neuen Spitzbergenkarte vom Reichsmarineamt verwertet.[10]

Auf der Suche nach Andrée waren wir an etwa ein Dutzend Plätze, wo erfahrungsgemäß sibirisches Treibholz sich sammelt, gekommen und hatten sämtliche von überwinternden, wissenschaftlichen und Fangexpeditionen errichteten Häuser und Schutzhütten abgesucht. Wir konnten jedoch immer nur den negativen Beweis bringen, d. h., daß Andrée nicht dortgewesen ist.

Mir aber war durch die Expedition und namentlich durch die Besitzergreifung auf der Bäreninsel eine neue Aufgabe erwachsen, der ich mich sofort nach meiner Rückkehr mit vollem Eifer hingab.

Kapitel 3

Pionierarbeit für den Kohlenbergbau auf Spitzbergen und der Bäreninsel (1898/1899)

Ein Konkurrenzunternehmen. Schwedische Freunde. Russischer Protest, unterstützt durch ein Kriegsschiff. Der Nebelfürst.

Der Polarfahrer, dessen Gedanken nicht ausschließlich auf Fang und Jagd gerichtet sind, findet bei seinen Reisen vielfach Gelegenheit, den spähenden Blick auf andere, nutzbringende Möglichkeiten zu werfen, besonders, wenn er in der arktischen Literatur gründlich bewandert ist. So stieß ich in den Jahren 1896 und 1897 auf das Kohlenvorkommen auf Spitzbergen und auf der Bäreninsel, das seit vielen Jahrzehnten bekannt war.[11] Praktische Aufklärungsarbeit hat aber noch keiner geleistet, viel weniger den Abbau der Kohle mit Fachleuten vorgenommen. Ein Zufall führte mir da den Bergassessor Dr. Leo Cremer in den Weg, der an der Bergschule in Bochum tätig war.

Im Jahre 1891 hatte Dr. Cremer auf einer Sommerreise die Kohlenlager auf Spitzbergen und der Bäreninsel näher besichtigt. Reichliche, mitgenommene Proben waren von der Bergakademie in Berlin untersucht worden, und ich hörte von ihrem Direktor, dem Geheimen Oberbergrat Hauchecorne, daß die Kohlen einen hohen Heizgehalt aufwiesen und mit der guten westfälischen Kohle vergleichbar seien. Die untersuchten Kohlen stammten aber von der Außenseite der Flöze, waren daher der Verwitterung jahrelang ausgesetzt gewesen. Drang man in das Flöz tiefer hinein, mußte sich der Kaloriengehalt erheblich erhöhen. Eine Analyse der chemisch-technischen Versuchsanstalt zu Berlin hatte folgendes Ergebnis:

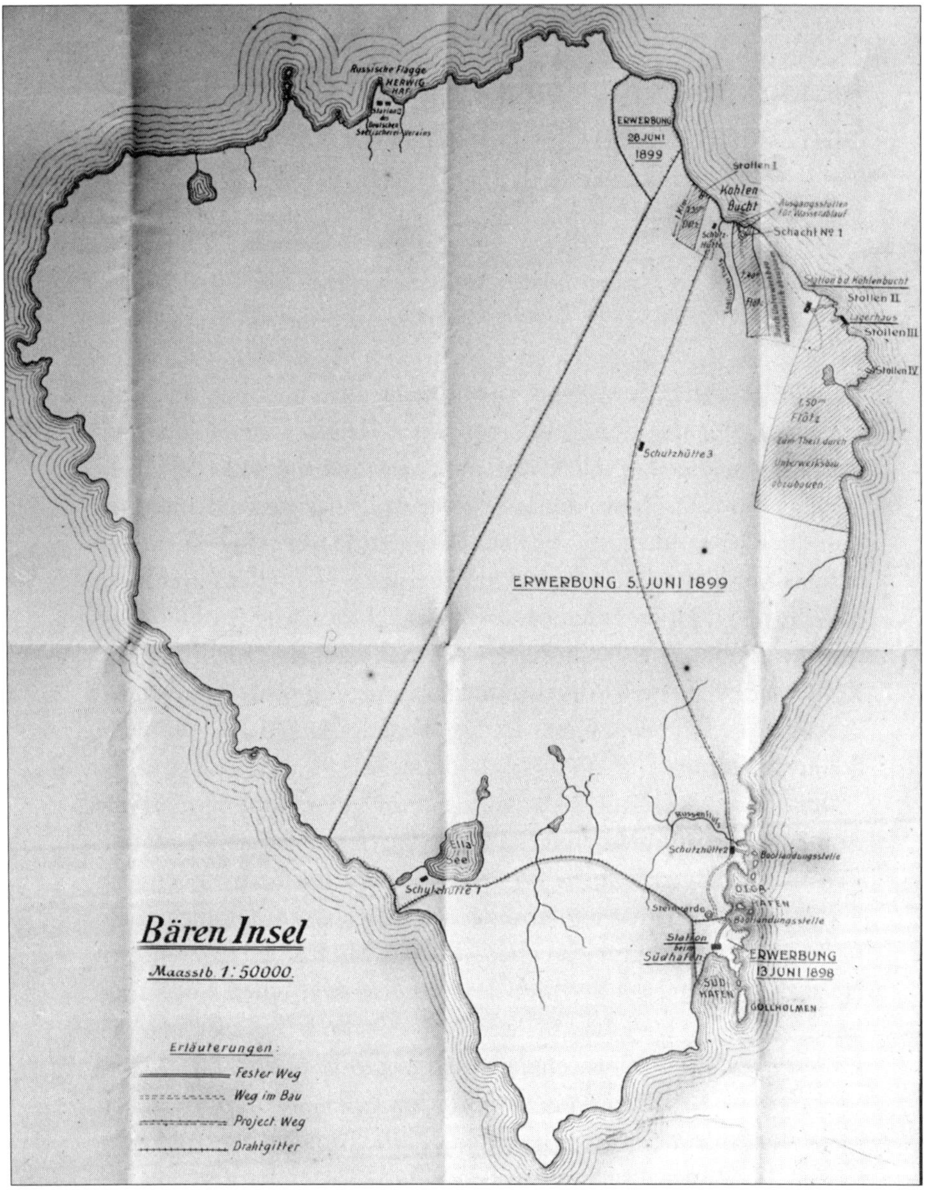

Bäreninsel. Zeichnung Th. Lerner

81,8% Kohlenstoff
5,06% Wasserstoff
0,90% Stickstoff
4,31% Sauerstoff
1,25% Schwefel, flüchtiger
6,70% Asche
0,80% Feuchtigkeit
8110 Kalorien

Nach mehrfachen Besprechungen mit Dr. Cremer, der für seine Beobachtungen sich mit voller Überzeugung einsetzte, beschloß ich, die Kohlenlager durch einen Probebetrieb bergmännisch abbauen zu lassen und die Mittel für diese Arbeiten durch Bildung eines deutschen Konsortiums aufzubringen. Es war mir klar, daß ein Bergbau hier oben große Bedeutung für die Belieferung von Touristenschiffen, Wal- und Fischdampfern und sonstigen Fangfahrzeugen nicht nur, sondern auch für die Versorgung des ganzen nördlichen Norwegens, mindestens von Trondhjem ab, sowie der russischen Murmanküste und des Weißen Meeres bis nach Archangelsk hin haben würde. Diese Gegenden waren bisher von der englischen Kohle abhängig, deren Transport den doppelt und dreifach längeren Weg erforderte. Hinzu kam, daß die englische Kohle mit Abgaben für den Bodenbesitz, mancherlei Steuern und mit mindestens einmaligen Umladungskosten bis zum Verschiffungshafen belastet war, was alles hier oben wegfiel.

Meine Erwägungen erwiesen sich als richtig, denn der seit fast einem Vierteljahrhundert betriebene und heute in voller Blüte stehende arktische Bergbau, der Sommer und Winter eine zahlreiche Belegschaft dort oben beschäftigt, liefert tatsächlich die Kohlen erheblich billiger in das vorgenannte norwegische Absatzgebiet, als es dem englischen Kohlenhandel möglich ist. Das bedeutet sowohl die glänzendste Rechtfertigung meiner so viel angefeindeten Besitzergreifung der Kohlenlager für ein deutsches, privates Konsortium, und es ist von interessierter, allerdings norwegischer und amerikanischer Seite betont und anerkannt worden, daß der arktische Bergbau von mir inauguriert worden ist.[12]

Auch der Kohlenbergbau auf Spitzbergen und der Bäreninsel bedeutet ein trübes Kapitel deutscher Kolonialpolitik, und kein geringerer als Dr. Karl Peters, dem Deutschland Ostafrika verdankte, schrieb mir damals aus England, ich möchte mich mit seinem Schicksal trösten. Der Prophet gelte eben nichts in seinem Vaterlande!

Heute sind im arktischen Bergbau hauptsächlich die Norweger tätig, denen reichliche amerikanische Gelder zur Verfügung stehen. Spitzbergen und die Bäreninsel sind durch internationale Vereinbarung der Oberhoheit Norwegens unterstellt, aber die Ausländer können ruhig dort oben ihre privaten Interessen, wie Touristenverkehr, Jagd und Bergbau, verfolgen.

Ich beschloß also zu handeln und erkundigte mich an amtlicher Stelle und bei namhaften Staatsrechtlern, was für Formalitäten hierbei beobachtet werden müßten. Die Besitzergreifung auf nachweislich herrenlosem Lande müßte durch die Errichtung von Wohnhäusern, Wegebauten, Betriebs- und sonstigen Anlagen kenntlich gemacht, das in Besitz genommene Gebiet abgegrenzt und vermessen, schließlich die Erwerbung der heimatlichen Regierung angezeigt werden. Jetzt wußte ich Bescheid.

Als im Jahre 1898 eine deutsche Gesellschaft zur Förderung der Hochseefischerei, deren Präsident Dr. Herwig über einen namhaften Reichszuschuß verfügen durfte, eine Kommission mit einem deutschen Marine-Schulschiff nach der Bäreninsel und Spitzbergen hinaufgeschickt hatte, um die Fischgründe zu untersuchen und neue Fanggebiete zu erschließen, erblickte sie auch die von meinem Freunde Kapitän Rüdiger und mir kurz vorher aufgestellten Eigentumstafeln. Der Führer dieser Kommission, Kapitän zur See Dittmer, bat mich, sobald er von unseren Absichten Kenntnis erhalten hatte, besagten Präsidenten seiner Gesellschaft aufzusuchen, der mich zweifellos mit Rat und Tat unterstützen würde. Die Kohlen seien geradezu eine Lebensfrage für die deutsche Hochseefischerei in diesen Gegenden.[13]

Nach Abschluß der »Helgoland«-Expedition folgte ich dem freundlichen Rate des Kapitäns Dittmer und fand – die denkbar schärfste Ablehnung. »Die vornehme, gemeinnützige Tätigkeit unserer Gesellschaft dürfte unter keinen Umständen mit unseren profanen Erwerbszwecken in Verbindung gebracht werden!«

Als ich dem Präsidenten vorstellte, daß auch bei mir die gemeinnützigen Dinge vorangingen und daß ich zum Beweise dessen auf jedwede weitere Besitzergreifung verzichten wolle, wenn er mit seiner Gesellschaft sich für die Kohlenlager interessiere – wurde auch diese Anregung verworfen. Sogar eine von einem heute noch lebenden russischen Gelehrten mir vertraulich zugegangene Mitteilung, daß die Kohlenlager infolge meines Vorgehens das russische Interesse erregt hätten, vermochte keine Sinnesänderung hervorzurufen. Schließlich erklärte der Herr Präsident, daß ich die volle Verantwortung für mein Handeln übernehmen müßte!

Später merkte ich, daß der hohe Herr gar nicht so uninteressiert war, denn er tat sein bestes, um weitere Finanzleute von einer Beteiligung an unserem Probebergbau abzuhalten. Ein junger befreundeter Ingenieuroffizier, dessen fachmännische Tätigkeit bei verschiedenen notwendigen Felssprengungen in Betracht kam, hatte mit Billigung seiner Vorgesetzten einen dreimonatlichen Urlaub genommen, und auch Bergassessor Dr. Cremer hatte seine Mitarbeit während eines bereits genehmigten Urlaubs zugesagt. Einige tüchtige Norweger, die bei Bahn- und Hafenbauten in Nordnorwegen tätig gewesen waren, standen zur Verfügung; es fehlte nur noch etwa ein Drittel der voraussichtlichen Expeditionskosten.

Diese waren nicht einmal sehr hoch, denn wir drei Deutsche hatten im Interesse des Unternehmens auf jedwede Vergütung verzichtet und uns nur freie Reise ausbedungen. Gegenüber den Hamburger Mitarbeitern meines Konsortiums, Inhabern einer bekannten Schiffsmaklerfirma, gab ich meiner Enttäuschung über den voraussichtlichen Fehlschlag des Unternehmens Ausdruck, der durch die Stellungnahme jenes Präsidenten verursacht würde. Außerdem hatte ich in Erfahrung gebracht, daß die beiden Schiffe der Fischereigesellschaft nicht, wie zur Irreführung in den Zeitungen gestanden habe, zu Fischereizwecken nach Island, sondern nach der Bäreninsel gefahren seien,[14] anscheinend um unsere vorjährige Erwerbung wirkungslos zu machen.

Sogar ein Markscheider, der doch nichts mit Fischerei zu tun habe, fahre mit. – Höchstes Erstaunen darob seitens meiner Geschäftsfreunde. Sie erklärten, daß sie selbst, und zwar in voller Ahnungslosigkeit, die Charterung dieser beiden Schiffe für ihre und meine Konkurrenz besorgt hätten. Jetzt müßte ich mit einem Seeschlepper so schnell wie möglich hinauf zur Bäreninsel, und ich sollte nun zeigen, was meine Energie zu leisten imstande sei. Die noch fehlenden Mittel ständen zur Verfügung.

Auf die Nachricht, daß meine Expedition gesichert war, wurde dem Bergassessor sofort der Urlaub verweigert, und der Offizier kurz vor der Abfahrt von Tromsö nach der Bäreninsel durch hohen Befehl zurückgerufen. Das mußte mich natürlich verbittern, und ich nahm mir vor, die Interessen unseres Konsortiums rücksichtslos zu waren. Glücklicherweise fand ich anfangs Juni die Bäreninsel von einem dichten, etwa 20 km breiten Eisgürtel umgeben, durch den die beiden Schiffe der Konkurrenz unmöglich durchkommen konnten.[15]

Die Expedition war daher nach dem gemütlichen Hammerfest zurückgefahren, um dort die Besserung der Eisverhältnisse abzuwarten. Wir aber begannen einen 18tägigen hartnäckigen Kampf mit dem Eise, das wir mit List und Gewalt aus verschiedenen Richtungen her angriffen. Oftmals mußten wir zurückweichen, als das Eis sich zusammenpackte und die Schiffsschraube gefährdete; aber immer wieder stießen wir vor und erzwangen uns endlich den Zugang zur Insel. Wir ankerten im Südhafen und stiegen auf den

Vogelberg, von dessen höchster Stelle wir erkennen konnten, welch tüchtige Arbeit unser kleiner Seeschlepper »Terschelling« geleistet hatte. Weit und breit war kein anderes Schiff zu sehen.

Jetzt wurde reine Bahn gemacht. Wir nahmen sämtliche Kohlenlager auf der Bäreninsel und die für unsere Zwecke brauchbaren Häfen in Besitz, steckten die Grenzen unseres Eigentums ab und legen etwa 48 km verzinkten Eisendraht um dieselben. So war der deutsche Privatbesitz, der etwa ⅖ der 185 qkm großen Insel umfaßte, gesichert, zumal wir auch noch zwei solide Wohnhäuser und vier Schutzhütten errichtet und mit vollständigen Wohnungseinrichtungen ausgestattet hatten. Der »Terschelling« fuhr, da inzwischen das Eis leichter passierbar geworden war, dauernd zwischen der Bäreninsel und Tromsö hin und her, hatte auch auf der ersten Tour einen Brief an den deutschen Reichskanzler mitgenommen, in dem unser Privateigentum genau beschrieben und um Schutz desselben gebeten wurde.

So war unsere kolonisatorische Tätigkeit auf der Insel unserem Widersacher, dem Präsidenten, zur Kenntnis gekommen. Das erste, was er tat, war, daß er durch ein energisches Telegramm seine noch immer gemütlich in Hammerfest sitzende Expedition nach der Bäreninsel hinaufscheuchte, wo sie an unseren Häfen, Kohlenflözen und Anlagen vorbei nach der Nordseite der Insel steuerte, in einer nur teilweise geschützten Bucht ihr Hauptquartier aufschlug und diese Bucht sofort auf den Namen ihres Herren und Meisters taufte.[16]

Inzwischen hatte Bergassessor Dr. Cremer einen unabhängigen tüchtigen Bergingenieur namens Möllmann aus Witten an der Ruhr und drei erfahrene deutsche Bergleute besorgt, die hier mit einem Dutzend Norweger den Versuchsbetrieb eröffneten. Eine andere Abteilung war beim Haus- und Wegebau tätig und von Zeit zu Zeit wurden die Grenzen unseres Eigentums, die durch den Draht einwandfrei festgelegt waren, von einer Patrouille abgeschritten. Als eines Tages gemeldet wurde, daß der Markscheider der benach-

Links und oben: Vor dem Kohleflöz im Süden der Bäreninsel

barten Fischereiexpedition auf unser Gebiet gekommen war und sich mit Vermessungs- und Schürfungsarbeiten beschäftigte, wurde diese Eigenmächtigkeit kurzer Hand abgestellt, und so herrschte wenigstens hier oben Ruhe zwischen Nord- und Süddeutschen. Im gemeinsamen Vaterlande aber entbrannte ein gewaltiger Zeitungskrieg, bei dem ich, wie das so zu gehen pflegt, von der Partei meines mächtigsten Gegners arg zerzaust wurde. Das focht mich aber wenig an, weil ich auf der Bäreninsel diese Zeitungen nicht erhielt und nur die wohlwollenden, sogar anerkennenden Berichte im Berliner Lokal-Anzeiger und einigen großen norwegischen und schwedischen Zeitungen zu Gesicht bekam.

Das war aber erst das Vorspiel.

Der Zeitungsspektakel wurde allgemein und sozusagen international, als die Russen ein Kriegsschiff zur Bäreninsel schickten und das russische Hetzblatt Nowoja Wremja einen wutschnaubenden

Artikel mit eindeutigen Drohungen gegen mich und leider die deutsche Regierung brachte, die doch mit meinem privaten Vorgehen nicht das geringste zu tun hatte.

Meine und meiner Leute Gewandtheit, sich in dem arktischen Nebel zurechtzufinden, ist von den norwegischen Eismeerfahrern oftmals anerkannt worden. Bei einer festlichen Gelegenheit gab mir da ein Spaßvogel den Namen »Nebelfürst«, ohne allerdings zu ahnen, was er damit angerichtet hatte. Der Beiname machte seinen Weg durch die norwegische und von dort durch die übrige Presse. Er wurde sogar in New Yorker Zeitungen und im Arizona-Wildwestblatt festgestellt. In Tromsö rief ihn mir die Schuljugend nach. Der Rektor, ein bekannter Politiker und Storthingsmann, versuchte mit Strenge dem Unwesen zu steuern, erreichte aber damit das Gegenteil, so daß ich ihn himmelhoch bitten mußte, der Sache ihren ruhigen Lauf zu lassen. Aber auf dem Turnplatz habe ich den norwegischen Jungen und Mädels meinen Dank für den ehrenvollen Namen ausgesprochen, der mich vor den Tromsöer Fangschiffern und Eismeerfahrern so auszeichnete. Da wurde man nachdenklich und ließ bald meinen bürgerlichen Namen wieder zu seinem Rechte kommen.

Fast hätten wir auch den Besuch des deutschen Kaisers, der auf seiner Yacht »Hohenzollern« um diese Zeit im nördlichen Norwegen weilte, erwarten dürfen. Die Vorbereitungen waren bereits getroffen, aber ängstliche Depeschen aus Berlin vereitelten den Plan. Was wir alle, Deutsche sowohl wie Norweger, lebhaft bedauerten.

Um in dem Streite der Meinungen eine gewisse Klärung zu schaffen, habe ich nach meiner Rückkehr auf Einladung des Berliner Centralvereins für Handelsgeographie in einem Vortrage die wirtschaftlichen Verhältnisse von Spitzbergen und der Bäreninsel geschildert und dabei auch die verschiedenen Zwischenfälle, unter anderem das Zusammentreffen mit dem russischen Kreuzer »Svetlana« erwähnt.

Aus dem Inhalt meines Vortrages seien nach dem Manuskript die folgenden Ausführungen wiedergegeben:

Im Jahre 1596 kamen die holländischen Seefahrer Jakob van Heemskerk und Willem Barents zuerst zu dieser kleinen Insel, die sie nach einem überstandenen Jagdabenteuer mit einem am Ufer umherspazierenden Eisbären Bäreninsel nannten. Die kühnen Seeleute wollten von Norden her einen Seeweg nach China finden. Nach einer Reihe von Jahren wurden englische Walfänger dorthin verschlagen, die am Lande ein silberglänzendes Metall, das sie für Silbererz hielten, gefunden hatten. Mit diesem beluden sie ihr Schiff, mußten aber in England die Entdeckung machen, daß ihre Ladung sich als ganz gewöhnlicher Bleiglanz erwies. Der norwegische Geologe Keilhau, ein Begleiter des deutschen Forschungsreisenden Barto von Löwenigk, in seinem Civilberufe Bürgermeister von Burtscheid bei Aachen, untersuchte im Jahre 1827 die Kohlenlager auf der Bäreninsel, die er indes in der vollen Ausdehnung der Flöze nicht erkannt hat. Dann überwinterten mehrfach russische Fangleute auf der Insel, um den zahlreichen Weiß- und Blaufüchsen nachzustellen. Im Jahre 1868 besuchte eine schwedische Expedition unter Leitung des nachherigen Bezwingers der Nord-Ost-Passage, Erik Nordenskjölds, die Insel und fand an ihrer Ostseite ein mächtiges Kohlenlager, ohne daß dieser Erfahrung von berufener Seite irgend welche praktische Folge von seinen Landsleuten oder anderen Unternehmern gegeben wurde. Jetzt trat ein Stillstand in der geologischen Erforschung der Bäreninsel bis zu dem Besuche des Bergassessors Dr. Cremer und auf dessen Untersuchungen fußend meinem Vorgehen im Jahre 1898 ein. In demselben Jahre besuchte auch die schwedische Antarktikexpedition unter Führung des Prof. Nathorst die Bäreninsel. Von dieser Expedition stammt eine vorzügliche Karte, die mir im folgenden Jahre gute Dienste leistete.

An meinem Unternehmen nahm auch der deutsche Bergingenieur Möllmann teil, der die Kohlenlager bergmännisch untersuchte und die Abbauwürdigkeit von drei Flözen mit einer Menge von 7 970 000 feststellte. Möllmann fand die Untersuchungen des Bergassessors Dr. Cremer bezüglich der Verwendung der Kohle für Hausbrand, Kessel- und Schmiedefeuer sowie auch für Koksfabrikation vollauf bestätigt. Im Jahre 1899 war auch eine schwedische Expedition unter Führung des Geologen I. G. Andersson auf der Bäreninsel anwesend, die uns manche wertvolle Aufschlüsse gab. Das Gesamtkohlenvorkommen auf der Bäreninsel schätzt Prof. I. G. Andersson auf etwa 70–80 Millionen Tonnen.

Erwähnt soll noch werden eine Überwinterung des norwegischen Fangschiffers Tobiessen im Jahre 1864, der während eines ganzen Jahres meteorologische Beobachtungen angestellt hatte. Nach Tobiessen ist die mittlere Jahrestemperatur 10–12 Grad höher als auf Spitzbergen, so daß also die klimatischen Verhältnisse die Arbeit im Winter durchaus gestatten würden.

Die Bäreninsel selbst stellt sich mit Ausnahme des im Süden liegenden Vogelberges, wohl des größten bis heute bekannt gewordenen, und des im Osten liegenden Mount Misery als ein Flachland mit etwa 60 Süßwasserseen dar, von denen der Ellasee im Südwesten der Insel verschiedene Lachsarten enthält. Dieser See, der etwa 700–800 m vom Meer entfernt liegt, ist insofern merkwürdig, als sein Grund im Gegensatz zu den anderen Süßwasserseen ziemlich weit unter die Meeresoberfläche hinabreicht.

An einigen Stellen der Bäreninsel ist eine üppige Gras- und Moosvegetation, die unseren mitgenommenen Schafen derart zusagte, daß sie absolut nicht mehr nach Hause zurück wollten und im Laufe von einigen Monaten ganz verwilderten. Um einen Braten zu bekommen, mußten wir daher erst auf die Schafsjagd gehen.

Von den wissenschaftlichen Arbeiten der schwedischen Expedition seien auch noch die botanischen Untersuchungen erwähnt, die unter anderem das Gedeihen von Kartoffeln und verschiedener Gartengewächse feststellten. Allerdings mußte teilweise künstliche Nachhilfe eintreten, wenn auch das Wachstum dieser Pflanzen bei der dauerndscheinenden Sonne überraschend schnell vor sich ging. Die ersten Radieschen wurden mir feierlich überreicht; sie schmeckten vorzüglich!

Überhaupt fand mit der schwedischen Expedition, an der außer dem Führer Andersson noch der Zoologe Svenander und der Meteorologe Forsberg und zwei norwegische Hilfskräfte teilnahmen, ein reger Gedankenaustausch und ein steter freundschaftlicher Verkehr statt. Dieser kam auch dadurch zum sichtbaren Ausdruck, daß die Schweden nach Beendigung ihrer Arbeit mit ihrer ganzen Ausrüstung die Heimreise auf meinem Schiffe antraten. Unser angenehmes Zusammensein auf der Bäreninsel hat später Andersson in einem Vortrag vor der schwedischen geographischen Gesellschaft, zu der ich ebenfalls eingeladen war, ausdrücklich betont.

Die anerkennenden Worte des schwedischen Gelehrten waren ein ausreichendes Gegengewicht den Witzeleien und Erzählungen eines Teiles der deutschen Presse gegenüber, die sich ihr wenig stichhaltiges Material von den Gewährsmännern der distanzierten Konkurrenzgesellschaft geholt bzw. aus ihren geschätzten Redaktionsfingern gesogen hatte. Die tragikomische Geschichte des Zusammentreffens mit dem russischen Kreuzer Svetlana war es besonders, die der Phantasie jener Presse weiteren Spielraum gab und sofort in alle Weltrichtungen telegraphiert wurde.

Der Hergang war folgender:

Eines Morgens wurde ich aus dem Schlafe durch einen Kanonenschuß geweckt und sehe von der Anhöhe des Südhafens, wo das erste Stationshaus soeben fertig geworden war, nach meinem hart am Lande liegenden Expeditionsschiff »Terschelling« hinab, auf dessen Deck die Besatzung in lebhafter Bewegung ist. Mein Fernglas entdeckt vor dem Eingang des Hafens eine graue ungeheure Masse, die ich trotz des Nebels für ein Kriegsschiff anspreche, um so mehr als gleich darauf ein zweiter Kanonenschuß ertönt. Gerade will ich mit dem Sprachrohr nach unten den Befehl zur Flaggenhissung geben, als schon mein wackerer Kapitän Lindemann von selbst den Zweck der Kanonade erkennt und solcher offiziellen Aufforderung, die Flagge zu zeigen, durch Setzen unserer funkelnagelneuen schwarz-weiß-roten Flagge nachkommt. Ich klettere den Abhang hinunter, gehe an Bord und empfange die herannahende, mit dem russischen Andreaskreuz verzierte Barkasse, deren kommandierender Offizier sich sofort nach dem Zweck der Anwesenheit meines Schiffes erkundigt.

Ich antworte ihm, das würde ich seinem geehrten Chef selber sagen, er solle mich nur ruhig mit an Bord nehmen. Das geschieht. Ich entere das Fallreep hinauf und sehe mich einem schwarzbärtigen, ernstblickenden Kommandanten gegenüber, der mich im Kreise von einem halben Dutzend Offizieren und einem lilablau gekleideten, mit einem großen silbernen Kreuze geschmückten Schiffspopen empfängt.

Ich stelle mich in militärischer Form den Herren gegenüber auf, worauf der Pope auf mich zutritt und mich zur Begrüßung auf beide Backen küßt. Das wirkt äußerst beruhigend. Dann spricht mich der Kommandant in vollendetstem Deutsch, das er in dem schönen Wiesbaden gelernt haben will, an, und erkundigt sich, woher ich kam der Fahrt und wie mein Name und Art. Ich gebe kurze Auskunft und bemerke gleich, daß sein Schiff doch viel geschützter und behaglicher im Inneren des Südhafens ankere, wo noch mehrere solcher Fahrzeuge Platz hätten. Weil ich den Südhafen vor einigen Tagen ausgelotet und vermessen hätte, würde ich ihm gerne als Lotse dienen. Das schien auch dem Kommandanten des Kreuzers, der sich als Kapitän zur See Abasa vorgestellt hatte, das nächstliegende zu sein. Er verschob daher die weiteren Erörterungen und forderte mich auf, mit ihm auf die Kommandobrücke zu kommen. Nachdem ich mein Werk zu seiner Zufriedenheit verrichtet hatte, begannen die Verhandlungen.

»Sie sind natürlich im Auftrage der deutschen Regierung hier?«

»Weit gefehlt, Herr Kapitän«, antwortete ich, »meine Regierung will nichts von mir wissen. Ich habe erst kürzlich die mit Reichsmitteln unterstützte deutsche Fischereiexpedition von unserem Privateigentum verweisen müssen, die sich daraufhin außerhalb desselben auf der Nordseite der Insel häuslich niedergelassen hat und lediglich ihre Fischereiinteressen verfolgt.«

Diese Auskunft schien den Kommandanten zu befriedigen, und er lud mich ein, mit ihm im Kreise seiner Offiziere zu Mittag zu speisen. Nach dem äußerst gemütlichen Mahle zog sich der Kommandant mit mir in das Allerheiligste, in die Kapitänskajüte, zurück, wo er mir zum Kaffee einen selbstgebrannten, 15 Jahre alten Kirsch von seinem Gute in der Nähe von Moskau vorsetzte. Dadurch wurde die Stimmung animiert, und unsere Unterredung verlief trotz aller notwendig gewordenen Verwahrungen und Proteste, die wegen der russischen Zumutungen erhoben werden mußten, in den urbansten Formen. Ihre Quintessenz ist aus meiner Eingabe an den deutschen Reichskanzler, die ich abschriftlich dem Berliner Lokal Anzeiger zugehen ließ, ersichtlich.

Kapitän Abasa erklärte, er habe die Instruktion, auf der Bäreninsel nach Spuren ehemaliger russischer Ansiedlungen zu suchen, dort die Flagge zu hissen und am Fuße der Flaggenstange eine entsprechende Inschrift niederzulegen.

Hier schalte ich ein, daß ich auf Deck des Kreuzers eine große Flaggenstange liegen gesehen habe, worüber ich mir natürlich meine Gedanken machen mußte.

Auf meine Frage, welche Konsequenzen diese Flaggenhissung nach sich ziehen würde, antwortete der Kommandant der »Svetlana«:

»Wenn wir die Flagge hissen, haben wir dadurch nicht nur das Recht auf diese Stätte, wo etwaige Wohnungen gewesen sind, sondern auch auf das umherliegende Land, Häfen usw.«

Ich fragte darauf, ob damit auch das Recht auf das, was unter der Erde liege, erworben würde, und erklärte nach Bejahung der Frage: »Ich habe die Verantwortung für den privaten Besitz von deutschen Staatsangehörigen und werde daher gegen jeden Versuch, auf unserem Eigentum die russische Flagge zu hissen, nachdrücklich protestieren.«

Als Abasa dann liebenswürdig lächelnd meinte, dem stände nichts im Wege, erhob ich mich und gab die Versicherung ab, daß ich jedes zum Zwecke der Flaggenhissung unternommene Landen von Booten und Mannschaften mit äußerster Anstrengung verhindern würde, unbekümmert um die Folgen, die darauf entstünden. Nun sagte Abasa, bei dieser meiner Stellungsnahme müßte er doch annehmen, daß ich auf geheime Instruktionen meiner Regierung hin handle. Er wolle deshalb nach Tromsö zurückfahren und seiner vorgesetzten Behörde Bericht erstatten; das weitere würde sich dann finden.

Darauf fragte ich den Kommandanten, ob er glaube, daß mein Schiff »Terschelling«, das ich heute sowieso nach Tromsö schicken würde, seinen offiziellen Brief gewissenhaft besorgen würde. Dieses wurde zugestanden, und der »Terschelling« fuhr mit den Schriftstücken – denn auch ich hatte mich zum Schreiben hingesetzt – nach Tromsö ab.

Während seiner fünftägigen Abwesenheit bestand ein angenehmer Verkehr mit den Russen, an dem auch die Schweden mehrfach teilnahmen.

Ich zeigte auf verschiedenen Bootsfahrten den russischen Offizieren zuerst den imposanten Vogelberg und hieß das Boot näher heranfahren. Die Herren waren erstaunt über die Millionen von Alken und Möven, die in den Hängen des Berges nisteten. Dann forderte ich einen Offizier auf, einen Schuß abzugeben, worauf sich eine Wolke von unzähligen Vögeln erhob, die tatsächlich die Sonne verfinsterten. Gleich darauf prasselte um uns herum und in das Boot ein Hagel nieder, zwar nicht von Erbsen, aber doch von etwas anderem – worauf sich ein furchtbares Geschrei und Gelächter erhob. Als der Kommandant sich nach mir umsah und merkte, daß ich mit übergehaltener Windjacke dasaß, drohte er mir wegen dieser Programmnummer lächelnd mit dem Finger.

Ferner wurden die von uns geschaffenen Anlagen, unsere Häuser- und Wegebau- und die bergmännischen Arbeiten in der Kohlenbucht gebührend bewundert. Am Hauptkohlenflöz hatte ich mir eine eigenartige Ehrung für den liebenswürdigen Kapitän ausgedacht, die ihm offensichtlich viel Spaß machte. Nachdem er beim Verlassen des Bootes von mir und meinem langjährigen Faktotum, dem schon von den Andrée-Expeditionen her bekannten Norweger Klaus Thue, begrüßt worden war, schritten wir zum nahen Stolleneingang des Kohlenflözes hinauf, wo Bergingenieur Möllmann mit den drei deutschen Bergleuten in strammster Haltung unter präsentiertem Gewehr wartete. Der Kommandant erfaßte die Situation, nahm den Rapport Möllmanns entgegen und schritt militärisch grüßend die Front ab. Daraufhin verwandelten sich die Krieger wieder in friedliche Bergleute, die eifrig bemüht waren, den Russen alles Wissenswerte zu erklären.

Die gemütlichen Tage erreichten ihr Ende mit einem Besuche der Anlage der Fischerei-Expedition auf der Nordseite, die bekanntlich außerhalb unseres privaten Eigentums lag. Dort haben die Russen tatsächlich, wenn auch nicht die Kriegs-, so doch ihre Handelsflagge gehißt.

Inzwischen war der »Terschelling« zurückgekehrt und hatte für beide Parteien Instruktionen mitgebracht. Ich erhielt die Zusicherung, daß die Reichsregierung das deutsche Privateigentum, wie überall, so auch auf der Bäreninsel schützen wolle, zugleich mit einer väterlichen Ermahnung im Auftrage des damaligen Reichskanzlers Fürsten Hohenlohe, mich vor irgendwelchen gewalttätigen Schritten gegen Angehörige einer fremden bewaffneten Macht zu hüten. Der russische Kreuzer verschwand plötzlich in Nacht und Nebel, so daß wir nicht einmal Abschied nehmen konnten. Als letzten Gruß des Kommandanten fanden wir im Olgahafen halb aus dem Sand hervorschauend ein Dutzend Dosen der ausgezeichneten russischen Kohlsuppe und ein halbes Dutzend silbergekapselte Flaschen, deren schäumender Inhalt von Norwegern, Schweden und Deutschen auf das Wohl der freundlichen Spender getrunken wurde.

Abasa hat übrigens noch Karriere gemacht, denn er erhielt bald eine einflußreiche Stellung in der Umgebung des russischen Zaren. Der Kreuzer »Svetlana« aber, der mich mehrere Tage gastfrei im sogenannten Admiralszimmer beherbergt hatte, fand ein trauriges Ende in der Tschusima-Straße durch die Kanonen der japanischen Flotte. Gar oft war das Thema Svetlana und Abasa noch Gegenstand der Unterhaltung mit den schwedischen Freunden, und sie erklärten mir, daß sie mit voller Anteilnahme meine überaus schwierige Stellung in diesen Tagen, aber auch meine diplomatische Geschicklichkeit bei den Verhandlungen mit den Russen bewundert hätten.[17] – Abasa schrieb mir noch:

»Nicht als Commandant S.M.S. Svetlana, sondern als Privatmann spreche ich Ihnen meine hohe Anerkennung aus für das, was Sie geschaffen haben und weiter für Ihr Vaterland erreichen wollen. Es sollte mich freuen, wenn es Ihnen dort gebührend gedankt würde.« Russischer Kapitän zur See Abasa am 20. Juli 1899 bei der Bäreninsel.

Das endgültige Schicksal unserer privaten Erwerbung in den Jahren 1898 und 1899 auf der Bäreninsel und auf Spitzbergen ist es gewesen, das mich von einem trüben Kapitel in der deutschen Kolonialpolitik sprechen ließ. Denn es brachen bald Schwierigkeiten zwischen den einzelnen Gruppen meines Konsortiums aus, wodurch meine Tätigkeit lahmgelegt, vor allem die beschlossene Probeüberwinterung auf der Bäreninsel vereitelt wurde. Zu guter Letzt gingen unsere Häuser, Anlagen usw. im Wege der öffentlichen Versteigerung in das Eigentum der Hamburger Schiffsmaklerfirma über, trotzdem ich gegen den offenbaren Scheinverkauf öffentlich protestiert und erklärt hatte, irgendeine Eigentumsübertragung nicht anerkennen zu wollen.

Da während meiner Tätigkeit auf der Bäreninsel die braven Hamburger jedem, der es hören wollte, meine arktische Erfahrung, vor allen Dingen meine Energie bei Wahrung der gemeinsamen Interessen gerühmt hatten, blieb ihnen jetzt, als sie unter dem Einflusse des ihnen nähergetretenen, vielgenannten Präsidenten eigene Wege gingen und Geldleute für die Weiterführung des Unternehmens zu interessieren versuchten, jeglicher Erfolg versagt.

Doch durften sie im Jahre darauf an einer neuen Expedition nach der Bäreninsel teilnehmen. Diese stand unter der ausschließlichen Leitung jenes Fischereivereins, dessen Präsident dadurch den Endsieg über mich und den auf meiner Seite stehenden Teil des Konsortiums errungen hatte. Seines Sieges ist er aber nicht froh geworden, denn weder deutsche Fischerei noch deutscher Bergbau haben nach meiner Kaltstellung dort oben Fuß fassen können.[18]

Ich war in den folgenden Jahren als Leiter von Expeditionen mit anders gearteten Zwecken noch mehrfach an der Stelle meiner früheren Wirksamkeit und mußte mit Bitterkeit und Wehmut daran denken, was für eine gute Gelegenheit hier verpaßt worden ist. – Die Zwischenfälle auf der Bäreninsel, die mich 1899 ganz in Anspruch nahmen, waren auch der Grund, daß die Besitzergreifung einiger Kohlenlager in Green Harbour auf Spitzbergen im Jahre vorher nicht weiter verfolgt werden konnte und daher nach internationalem Recht nicht so unanfechtbar war wie auf der Bäreninsel.

Durch die fachmännischen Arbeiten meiner Bergleute, besonders aber durch die Tatsache, daß die Kohle von uns vor aller Augen zu verschiedenen Zwecken in Gebrauch genommen worden war, wurden Norweger, Schweden, Engländer und Amerikaner aufmerksam und es begann ein Wetteifer im Besitzergreifen – nach meiner Methode –, während Deutschland untätig blieb. Als ich am Ende einsehen mußte, daß für unsere Flagge in jenen Gegenden nichts mehr zu holen war und der ganze deutsche Besitz in der Luft schwebte, habe ich mein wissenschaftliches und mein bergmännisches Material dem weitblickenden Vorsitzenden der norwegischen Kohlengesellschaft in Trondhjem zur Verfügung gestellt.

Übrigens war dieser Herr ein ehrsamer, aus Deutschland eingewanderter Schlachtermeister, der die deutsche Wurst in Norwegen zu Ehren gebracht und sich dadurch ein Vermögen erworben hatte. Seine Gesellschaft ist es, die heute mit steigendem Erfolge und einer Belegschaft von über einem halben Tausend Grubenarbeitern den Abbau der Spitzbergen-Kohle betreibt! Jahresförderung der Arktic Coal Co. 1927 rund 300 000 Tonnen. Sie durfte sich aber auch von Anfang an der Unterstützung seitens der norwegischen Regierung erfreuen.

Mir bleibt wenigstens das Bewußtsein, an einem arktischen Kulturwerk einen nicht unbedeutenden Anteil gehabt zu haben.

Kapitel 4

Das Wellman-Abenteuer, erster Teil (Juni/Juli 1906)

Vorbereitungen. Als Beobachter und Helfer bei den Amerikanern. Eisbärjagd im Kajak. Verschiebung des Aufstiegs bis zum nächsten Jahr.

An einem schönen Frühlingsmorgen des Jahres 1906, der mich zur Baumblüte in die Umgebung Berlins hinausführen sollte, erhielt ich den Rohrpostbrief meiner Zeitung, sofort zum Verlage zu kommen. Mir schwante, daß ich dem deutschen Frühling wieder einmal Lebewohl sagen müßte, und so wandelte ich mit erhöhter Andacht unter dem Blütenschnee der Kirschbäume von Werder.

Am Nachmittag meldete ich mich beim Verlage und wurde wegen der Verzögerung ziemlich ungnädig empfangen. Das mußte etwas Wichtiges sein, was man mit mir vorhatte, und ich riet in meinem Inneren auf eine neue Polarfahrt – die sechste, die ich mit Hilfe des Verlages unternehmen würde. »Was halten Sie von Wellman?« frug mich der Bevollmächtigte. Also richtig geraten.

Ich antwortete, daß Wellman ein smarter Journalist und außerdem Polarfahrer sei. Er habe einmal eine Nordpolexpedition von Spitzbergen und eine von Franz-Josephs-Land aus angetreten, sei aber jedesmal vom Pech verfolgt worden. Von Franz-Josephs-Land sei er mit gebrochenem Fuß und halberfrorenen Gliedmaßen nach Tromsö zurückgekehrt, und bei dieser Gelegenheit hätte ich die Bekanntschaft des auf Krücken einherhumpelnden gemacht.[19]

»Wissen Sie, daß Wellman auf dem Wege nach Nordspitzbergen ist, um von dort mit einem Motorluftschiff den Nordpol zu erreichen?«

Das interessierte mich natürlich sehr, und ich entwickelte sofort meinem Gegenüber den Plan einer Beobachtungsexpedition, die gleichzeitig dem Amerikaner Wellman, ebenso wie einst dem Schweden Andrée, wertvolle Hilfe leisten könne. Auch über das Schiff, das ich benutzen wollte, die Zahl meiner Begleiter und die voraussichtlichen Kosten der Expedition machte ich aus dem Handgelenk eine Aufstellung, wofür ich aber, wie gewöhnlich, das Honorar für meine Tätigkeit als Expeditionsführer und Berichterstatter dem Ermessen des Verlages anheimstellte.

»Bereiten Sie alles vor, um in 10 Tagen von Deutschland abreisen zu können. Wir werden Ihnen unseren New Yorker Korrespondenten als Sonderberichterstatter mitgeben.«

»Und wo treffe ich den Herrn?«

»Wir drahten ihm noch heute, sofort von New York abzureisen. Dann mag er Ihnen auf dem schnellsten Wege nachkommen und in Tromsö zu Ihnen stoßen; die telegraphische Berichterstattung übernehmen Sie, wie bisher.«

Halle und Wohnhaus von Wellman

Damit war die kurze, aber denkwürdige Unterredung beendet. Um unbehindert depeschieren zu können, auch für den Fall, daß ich meine Drahtnachrichten Fangschiffern zur Besorgung mitgeben mußte, wurde mit der norwegischen Telegraphendirektion ein Abkommen getroffen, daß ich von einer beliebigen Telegraphen- oder Telefonstation aus einstweilen gebührenfrei meine Telegramme senden konnte. Als Kaution mußte hierfür ein Betrag deponiert werden, für den ich mir am Rhein oder an einem märkischen See ein reizendes Häuschen mit Obstgarten, Badehaus und Motorboot hätte kaufen können.

Inzwischen spielte von Berlin aus der Telegraph, und ich erhielt die Zusage, daß mein altes Expeditionsschiff »Expres« wieder zur Verfügung stände.

Mein langjähriger Harpunier, Klaus Thue, teilte mir seine Verheiratung mit und fragte in demselben Atemzuge, wann »wir« von Tromsö abfahren würden. Daß ich ihn mitnehmen würde, hielt er für selbstverständlich. Auf Empfehlung des bekannten Marinemalers Prof. Salzmann verpflichtete ich seinen Meisterschüler Erich Riemeyer, der außer anderen Arbeiten fotografieren und malen sollte.

Nach Verlauf von fünf Tagen war unsere persönliche Ausstattung fertig, und wir fuhren mit einem Postdampfer nach Bergen, von dort mit dem Schnelldampfer nach Tromsö, wo wir auf den Sonderberichterstatter, der mit zauberhafter Schnelligkeit ankam, warteten. Der Anblick des wenig über 60 Fuß langen »Expres« bewog ihn, sofort auf das deutsche Konsulat zu gehen, um sich über die Seetüchtigkeit des Dämpferchens Gewißheit zu verschaffen. Der Herr war nämlich bisher nur auf den Riesendampfern der Hamburg-Amerika-Linie oder des Norddeutschen Lloyd gefahren. Er beruhigte sich einigermaßen, als er hörte, daß ich den »Expres« bereits auf drei früheren Eismeerfahrten benutzt hatte.

Bei der Überfahrt trafen wir übrigens gutes Wetter an. Auch die Bäreninsel war eis- und nebelfrei. Als wir auf der Däneninsel lan-

Postkarte mit der Wellmann-Station

deten, steckte Wellmans Unternehmen noch in den ersten Anfängen. Bis zum Aufstieg konnten Monate vergehen, und das amerikanische Tempo meiner Abreise wäre nicht nötig gewesen.[20]

Wellman schien angenehm berührt zu sein, daß seine Nordpolabsichten in Deutschland solches Interesse fanden, und er teilte uns ausführlich seine Pläne mit. So war der Anschluß gefunden.

Inzwischen vervollständigte ich meine Ausrüstung. Von einer Berliner Rudergesellschaft hatte ich einen Kajak aus Mahagoniholz billig gekauft, den ich für seine besonderen Zwecke einrichtete. Um auch segeln zu können, gab ich ihm einen Kiel und überzog das dünne Holz zum Schutze gegen die scharfen Ränder der Eisschollen mit starkem Zelttuch, das ich mehrfach ölte und dann mit weißer Farbe anstrich. Zur Erhöhung der Tragfähigkeit und Stabilität des Kajaks brachte ich zu beiden Seiten zwei Meter lange, sich nach den Enden verjüngende, mit Rentierhaar gestopfte Wulste an, die ihren Zweck vorzüglich erfüllten. Der Kajak wurde so steif, daß ich bequem in ihm aufrecht stehen konnte und dadurch im Treibeise einen besseren Überblick über den einzuschlagenden Weg gewann. Der Berichterstatter hatte keine große Lust, an den Erkundungs- und Jagdfahrten mit dem »Expres« teilzunehmen. Daher richtete ich das geräumige Zelt in der Nähe des Denkmals für Andrée auf, versah es mit zwei Feldbetten, Schlafsäcken, einem Schiffmannsofen, Klapptisch und zwei Schemeln und gab dem an amerikanischen Komfort gewohnten Herrn einen Norweger zum Kochen und zur Bedienung mit. Im warmen Zelt konnte er nach Belieben mit der Schreibmaschine klappern, befand sich außerdem unter dem Schutze der auf dem First lustig wehenden deutschen Flagge und hatte Gesellschaft.

Zur Montage des Motorluftschiffes, das Wellman, ehe wir es noch sahen, als »the biggest and greatest of the world« schilderte, war eine geräumige Ballonhalle notwendig, die zu errichten anfangs große Schwierigkeiten bot. Wenn der später angekommene, geniale finnländische Ingenieur Liwentaal nicht eingegriffen hätte, wäre das Ballonhaus wohl niemals entstanden. Der aber fing es,

Musikanten

dank der unbegrenzten Mittel, über die Wellman verfügte, von vornherein richtig an, und so wurde ein solides, den Winterstürmen trotzbietendes Ballonhaus gegen Ende des kurzen Sommers fertig.

Für den Aufstieg war es natürlich zu spät, und Wellman vertagte daher die Nordpolexpedition auf das nächste Jahr. Dieser Entschluß, der nach der Lage der Verhältnisse richtig war, enttäuschte die zahlreich heraufgekommenen Touristen und Globetrotter, aber auch meine Zeitung, die Wellmans kraftvollen und selbstbewußten Schilderungen in der amerikanischen Presse zu großes Gewicht beigelegt hatte. Doch muß festgestellt werden, daß bei den Amerikanern mit äußerster Anstrengung und bis zum letzten Termin gearbeitet worden war.

Inzwischen unternahm ich mit dem »Expres«, wie bereits erwähnt, verschiedene Fahrten in das Treibeis und nach einzelnen Punkten der Nordseite. Auf einer solchen kam ich in die Rote-Bai und sah zu meiner größten Freude auf einer kleinen Felseninsel einen Eisbären, der sich an den Eiern der zahlreich dort nistenden Eiderenten gütlich tat.

Die Eiderenten pflegen erst zu brüten, wenn ihre erbittertsten Feinde, die Polarfüchse, nach dem Abtreiben des Eises die Brutplätze auf Holmen und kleinen Inseln nicht mehr erreichen können. Diesmal hatten sie aber die Rechnung ohne den »Lensmand« gemacht, wie die norwegischen Fangleute nach ihrem heimatlichen Beamten, der das Amt des Bürgermeisters, Polizeikommissars und Gerichtsvollziehers in einer Person vereinigt, den Eisbären zu nennen pflegen. Es war ein ergötzlicher Anblick, diesen Lensmand beim Eierschmausen zu beobachten, und er ließ sich auch vom »Expres« nicht stören.

Nachdem er die arme Eiderente aus ihrem Nest gejagt hatte, was diese durch Hinterlassung eines pestilenzialisch duftenden, dünnflüssigen Breies über den Eiern quittierte, nahm er ein solches Ei in seine plumpe Tatze und beroch es längere Zeit. Dann klopfte er es an einem Stein entzwei und ließ den köstlichen Inhalt vorsichtig in die emporgehobne Kehre rinnen. Dieses wiederholte er so oft, bis er genug hatte, und dann erst hielt er es für richtig, seine Aufmerksamkeit dem sich ihm leise nähernden Kajak, der bei dieser Gelegenheit die Feuerprobe bestehen sollte, zuzuwenden. 50–60 Meter hinter mir fuhr Riemeyer mit zwei schwerbewaffneten Matrosen im Schiffsboot nach. Er selbst stand mit gezückter Kamera vorn im Boot, neben ihm lag griffbereit eine scharfe Walroßlanze, wenn es zum Kampf Mann gegen Mann kommen sollte. Der »Expres« fuhr in weitem Bogen um die Insel, um dem Eisbär den Rückzug nach dem Festlande zu verlegen.

Jetzt schien diesem ein Licht aufzugehen, und er stürzte sich mit dem Mute der Verzweiflung genau in der Richtung auf meinen Kajak ins Wasser, in dem er verschwand. Das wurde mir bei der kurzen Entfernung etwas bedenklich, denn wie leicht hätte er dicht beim Kajak auftauchen und, ehe ich imstande war, die Büchse zu gebrauchen, mit seiner muskulösen Vorderpranke mir eine hinauflangen können! Man muß den Schlag des Eisbären, der den Kopf einer großen Robbe zerschmetterte und den Rest zwischen den Schultern eintrieb, gesehen haben, um meine Empfindung zu verstehen. Also:

»Rückwärts, rückwärts, Don Rodrigo!«

Ich ruderte aus Leibeskräften zurück, und ein Blick belehrt mich, daß der tapfere Riemeyer und seine schwerbewaffneten Begleiter dasselbe tun.

Genau auf der Stelle, von der ich den Rückzug angetreten, taucht der Eisbär auf, und ich finde Gelegenheit zu schießen, streife aber nur seine Schädeldecke. Der Bär verschwindet von neuem, und wieder geht es rückwärts. Als er diesmal an die Oberfläche kommt, sieht er mich verächtlich an und wendet sich schwimmend ab. Da trifft ihn das Geschoß in den Hinterkopf – tot treibt er auf dem Wasser.

Laut ertönt das Triumphgeschrei Riemeyers, der sich mit dem Boote eiligst nähert. Mit einer Schlinge um den Hals wird der

Eierräuber auf den Schauplatz seiner Taten gezogen und dort selbst nebst dem Schützen im Kajak fotografiert.

Während der »Expres« herandampft, ergibt die Untersuchung der zerschlagenen Eierschalen, daß der Lensmand 16 Stück ausgeschlürft hat. Da denken wir an köstlichen Eierpfannkuchen und nehmen die doppelte Anzahl der frischen Eier mit. Wir rudern langsam, den Bären im Schlepptau, zum Schiffe, die verscheuchten Eiderenten kehren allmählich zurück und setzen, soweit dies möglich, das unterbrochene Brutgeschäft fort.

Mit gemischten Gefühlen betrachten die Nordpolfahrer auf der Däneninsel das schöne Jubiläumsfell, weil es das 25. meiner Gesamtstrecke auf 6 Expeditionen war. Die Jagd selbst erregte allgemeine Heiterkeit, namentlich auch das fein säuberliche Mahl des Lensmands.

Nach einigen Wochen unternahmen wir eine größere Rekognoszierungstour im Eis, und hierbei erlebten wir ein interessanteres Abenteuer mit dem französischen Touristendampfer »Isle de France«, der das erste und letzte Mal sich in diese Gegend hinaufgewagt hatte.

Lerner mit erlegtem Eisbär

Kapitel 5

Rettung des französischen Touristendampfers »Isle de France« (Juli/August 1906)

Deutsch-französische Verbrüderung auf dem 80. Breitengrad.

Es war in den ersten Tagen des Juli 1906, als mich Wellman ersuchte, die Lage des ewigen Eises wenn möglich auf der ganzen Nordseite Spitzbergens festzustellen. Vielleicht in der Vorahnung, daß seine Nordpolfahrt mit dem Luftschiff »Amerika« sich nicht allzuweit ausdehnen und auf irgendeiner soliden Eisscholle ihr Ende finden würde. Wellmans Verlangen war mir um so willkommener, als auf dieser Fahrt sich vielfache Gelegenheit zur Jagd bot und wir außerdem an den wenig bekannten Küsten des Nordostlandes mancherlei interessante Beobachtungen anstellen konnten. Nebenbei hatten wir rechtschaffene Sehnsucht nach frischem Fleisch, denn wir waren der noch so köstlichen Konserven bereits leid geworden. Nach Seehundsfleisch, Rentier- und Eisbärbraten stand unser Sinn, und es sei gleich erwähnt, daß Diana auf dieser Tour uns über alles Erwarten hold war.

Otto von Gottberg, der aus New York eigens herübergekommene Sonderberichterstatter des Berliner Lokal Anzeigers, wollte im deutschen Zelt auf der Däneninsel zurückbleiben, um bei der Eventualität des Wellman-Aufstieges zugegen zu sein. Erich Riemeyer aus Berlin, der junge Marinemaler aus der Meisterklasse des Professors Salzmann, sollte seine Eismeersporen verdienen und fuhr als »Mädchen für alles« mit. Er war nicht nur Maler und Fotograf, sondern auch Hilfskoch, Bootsgast, Rudergänger, meteorologischer und ozeanographischer Assistent. Außer dieser vielseitigen Beschäftigung fand Riemeyer aber noch mehrfach Zeit und

Gelegenheit, groben Unfug zu verüben und einzelnen Leuten einen Schabernack zu spielen, wobei er sogar manchmal vor seinem Expeditionsführer nicht haltmachte. Seine Streiche aber waren derart, daß man ihm nicht lange bös sein konnte, und so bildete er das humoristische und belebende Element der Expedition. Mit meinem langjährigen Harpunier, dem früher oft erwähnten Norweger Klaus Thue, hatte er trotz des großen Altersunterschiedes besondere Freundschaft geschlossen, und da waren die richtigen Brüder beisammen.

Als wir uns etwa 14 Tage im Eise herumgetrieben hatten und zur Feststellung seiner Grenze über die »Sieben Inseln« hinaus bis auf Höhe von Kap Platen des Nordostlandes gekommen waren, beschlossen wir, zur Wellman-Station zurückzukehren, da die Zeit herannahte, wo allgemeiner Erfahrung nach die Verhältnisse für einen Polflug weniger günstig wurden, daher Wellman Ernst machen mußte, wenn es ihm in diesem Jahre mit dem Aufstieg überhaupt ernst war. Wir verließen also bei den »Sieben Inseln« das Treibeis und setzten den Kurs auf die Nordwestecke Spitzbergens.

Damals hatten wir nicht die geringste Ahnung davon, daß inzwischen die einsame und primitive Arbeitsstätte Wellmans auf der Däneninsel mit dem Besuche des französischen Touristendampfers »Isle de France« einen Einfall raffiniertester Kultur über sich ergehen lassen mußte,[21] der dem einen Störung seiner Pläne und Arbeiten, dem anderen hochwillkommene Abwechslung bringen sollte. Zu der letzteren Kategorie gehörte auch unser Gottberg, der die Gelegenheit ergriff, seine unermüdlich klappernde Schreibmaschine mal ein paar Tage ruhen zu lassen und dafür den wißbegierigen Touristen schwer verdauliche Jagd- und Eismeergeschichten zu erzählen, obwohl dieses seine erste arktische Reise war. In der Zwischenzeit widmete er sich eifrig dem Flirt mit den anmutigen Französinnen, wobei der vorher in seinen Erzählungen so schreckliche Jägersmann die zartesten lyrischen Töne anschlug. Alles das wußten wir vorher nicht, sondern wir fuhren nach erfüllter Mission und zufrieden mit unserer reichen Jagdbeute an Bären, Robben und Rentieren zur Däneninsel zurück. Die See war ruhig, und die Sonne schien bei klarem Himmel so warm, daß ein paar Kältegrade kein Hindernis abgaben, sich auf dem Dach des Ruderhauses lang zu strecken und in die Arme des Schlafgottes zu sinken. Das treue Zeißglas hatte ich verwendungsbereit umhängen.

Riemeyer war der Auftrag erteilt worden, in die Ausgucktonne zu steigen und ein paar Stunden lang Umschau zu halten. So durfte ich ruhig schlafen. Durch lautes Bellen meiner braven Juno, einer langhaarigen Setterhündin, wurde ich geweckt, konnte aber das Tier nirgendwo entdecken. Das Bellen schien aus der Höhe zu kommen, und unwillkürlich blickte ich zum Topp des Fockmastes, wo die Ausgucktonne befestigt war, empor. Dort oben stand Juno aufrecht in der Tonne, guckte nur noch mit dem Kopf heraus und bellte andauern. Von Riemeyer keine Spur. Völlig munter gewor-

Juno in der Ausgucktonne ...

... wird abgelöst von Riemeyer

den, sah ich mich nach der Schiffsbesatzung um, die vor kaum zu bändigender Heiterkeit sich die Seiten hielt. Das sofortige Verhör des Steuermanns ergab folgenden Tatbestand: Nachdem Riemeyer etwa eine Stunde in der Tonne seinen Dienst versehen hatte, begann er über »Eisbeine« zu klagen, was bei dem strohbedeckten Boden der Tonne stark übertrieben war. Da niemand trotz der glänzendsten Versprechungen sich zur freiwilligen Ablösung hergeben wollte, verließ er seinen Posten und lockte meine geduldige Juno zu sich. Diese schnallte er dann mit mehreren Schlittengurten vorsorglich fest, machte aus den Enden der Gurte einen Stropp und hißte die Bedauernswerte in die Höhe. Nach mehreren Versuchen hatte er das Glück, seine »Ablösung« mit dem Achterende voran in die Tonne zu bugsieren, worauf er verschwand. Ich ließ den Deserteur suchen, der dann auch in der hintersten Ecke des Laderaumes auf ein paar Säcken liegend aufgestöbert und von rauhen Seemannsfäusten aus dem vorgetäuschten Schlafe emporgeschüttelt wurde. Es wurde ihm auferlegt, Juno in der Tonne zu fotografieren, sie mit aller Vorsicht unter Beihilfe seines Freundes Thue wieder auf Deck zu befördern und die unterbrochene luftige Wache wieder zu beziehen. Das fröhliche Kläffen Junos und das Hohngelächter der Mannschaft folgte dem brummelnd Aufwärtssteigenden nach.

Nach diesem Intermezzo musterte ich mit meinem Glas die sich nähernde Küste, wobei ich am Osteingang der Red-Bai einen großen Dampfer entdeckte. Neugierig, was der in jener Gegend zu suchen habe, ließ ich auf ihn zusteuern, und gar bald sahen wir an seiner übergeneigten Lage, daß er aufgelaufen war. Später erkannten wir die französische Flagge am Heck, und zwischen den beiden Maaten flatterte das Notsignal. – Jetzt kam bei uns Leben in die Bude, und eine aufgeregte Diskussion setzte ein. Nach einer Weile gebot ich Ruhe und erklärte, es sei selbstverständlich, daß wir uns in den Dienst des Rettungswerks stellten und – ordentlich Geld verdienen müßten! ergänzte man den Satz aus den Reihen meiner Norweger, den würdigen Nachkommen jener alten Wikinger, deren

Beutezüge vor vielen hundert Jahren Deutschen wie Franzosen gleich empfindlich gewesen waren. »Das kommt erst im zweiten Akt«, erwiderte ich, »erst die Hilfe, dann die Belohnung!« »Aber sich alles schriftlich geben lassen«, meinte der praktische Schiffer. Auch darauf ließ ich mich in Anbetracht des besonderen Falles nicht ein. Zudem seien ja Zeugen genug da, die die Lage der Franzosen und das Maß unserer Hilfeleistung bestätigen könnten. – Damit schloß ich die Debatte. Wir näherten uns allmählich der Stelle des Unfalles und wunderten uns, daß der norwegische Eislotse sich an diese gefährliche, weil an Untiefen reiche Stelle gewagt hatte. Er war ein alter Eismeerschiffer, namens Kjeldsen aus Tromsö, der uns übrigens schon erkannt hatte, denn wir sahen ihn auf der Brücke angelegentlich mit dem französischen Kapitän verhandeln und mehrfach auf uns hindeuten. Das Deck der »Isle de France« wimmelte von Touristen beiderlei Geschlechtes, die aufgeregt gestikulierten und mit Mützen und Tüchern winkten. Ich ließ darauf die deutsche Flagge im Vortopp hissen und a tempo ertönte zwischen dem allgemeinen Händeklatschen effektvoll der mehrfache Ruf: »Hoch Kaiser Wilhelm!« zu uns herüber. Also auch Deutsche waren an Bord! Doch erwies sich dies nachher als ein Irrtum. Einige psychologisch nicht unbegabte Schlauberger hatten mit dieser Ovation bei uns Stimmung zu machen gedacht.

Langsam und vorsichtig umfuhren wir das Touristenschiff und stellten dabei fest, in welch gefährlicher Lage es sich befand. Es war zwischen zwei aufragende Felsrücken geraten und hatte sich durch die Gewalt der Vorwärtsbewegung derart festgekeilt, daß das ganze Vorderteil des Schiffes bis unter die Kommandobrücke wie von einer Riesenzange festgehalten wurde. Nun ließ ich mich an Bord rudern und nach einer neuerlichen herzlichen Begrüßung durch die Touristen, unter denen mir besonders der schwedische Professor und Südpolforscher Otto Nordenskjöld, der ungarische Graf Theodor Zichy und der vor einem halben Dutzend Jahren mir bekannt gewordene norwegische Reeder Johann Bryde aus Sande-

»Isle de France«

fjord, gleichzeitig französischer Vizekonsul, in lebhafter Erinnerung geblieben sind, erzählte der französische Kapitän an Hand der Karte, wie sich die Sache zugetragen. Man war von der Däneninsel um die norwegischen Inseln herum in die Red-Bai hineingefahren und hatte dann gewendet, um bis zum Rande des ewigen Eises hoch im Norden vorzudringen. Als das Schiff aus der Bai heraus war, fuhr man mit voller Fahrt in die dem Eislotsen unbekannten, vom Wasser bedeckten Riffe hinein und saß nach zwei kräftigen Stößen fest. Allein in dieser öden Gegend, weit abseits von jeglicher Dampferroute, bei aufkommendem Sturm oder herantreibendem Eise dem sicheren Untergang verfallen, dazu die Verantwortung für cirka 150 Touristen – fürwahr eine der gefährlichsten Situationen, die man sich vorstellen konnte! Der Kommandant und seine Offiziere waren wirklich nicht zu beneiden, der sonst so selbstbewußte Eislotse stand da wie ein armer Sünder. Am anderen Tage war Hochwasser; also wurde gewartet und alsdann ein energischer

Versuch unternommen, um das Schiff mit der eigenen Maschine wieder frei zu bekommen. Außerdem hatte man einen Teil der Ladung nach hinten geschafft, so daß das Vorderende entsprechend erleichtert wurde. Trotzdem die »Isle de France« mit voller Kraft ihrer Maschine von 4000 PS rückwärts fuhr und der kleine »Expres« tapfer mitzog, rührte sich das Schiff nicht aus seiner Lage. Es ächzte und krachte aber dermaßen in seinen Verbänden, daß die Passagiere ungestüm verlangten, bei weiteren Versuchen an Land gesetzt zu werden, wozu sich Gelegenheit auf einer etwa 2000 Meter entfernten kleinen Felseninsel bot. Aus den bisherigen Versuchen hatten wir die Überzeugung gewonnen, daß alle Anstrengungen vergeblich waren. Selbst wenn man das Schiff durch Auswerfen von Ballast, Kohlen usw. um 1000 oder mehr Tonnen erleichtert hätte, wäre ein Abkommen desselben nicht möglich gewesen, denn es saß nicht allein auf dem Grunde auf, sondern wurde, wie vorher schon angedeutet, an beiden Seiten von den Felsriffen umklammert und festgehalten. Es mußte also eine viel größere Kraft eingesetzt werden, um mit Aussicht auf Erfolg das Rettungswerk in Angriff zu nehmen. Da kamen weder Wellmans »Frithjof« noch mein »Expres« in Betracht.

Um dieselbe Zeit war in der Advent-Bai die Lustyacht »Viktoria Luise« der Hamburg-Amerika-Linie fällig, die eine starke Maschine hatte. Die Strecke dorthin betrug 350 km und hätte vom »Expres« in 25–30 Stunden zurückgelegt werden können. Ich zweifelte keinen Augenblick, daß meine Landsleute sofort zur Hilfe herbeigeeilt wären, und ich hatte zum Kapitän Brunsvik der Viktoria Luise das Vertrauen, daß seiner großen Erfahrung und Energie das Rettungswerk gelingen würde. Wie aber, wenn durch irgendwelche Zufälle, wie Nebel, um das Südkap Spitzbergens herumkommendes Treibeis u. a., die »Viktoria Luise« an der programmäßigen Einhaltung ihrer Route gehindert worden wäre, ich sie verfehlt und daher die Fahrt vergeblich unternommen hätte? Funkstationen fehlten damals auf allen hier genannten Schiffen.

Mein Wunsch, mit meinen Landsleuten zusammen das Rettungswerk zu vollbringen, mußte daher zurücktreten vor einer anderen Möglichkeit.

Man hatte mir mitgeteilt, daß einige Tage vor dem Eintreffen der »Isle de France« der holländische Kreuzer »Friesland« bei der Däneninsel gewesen sei und, wie später auch an anderen Stellen auf der Nordseite Spitzbergens, nach den Gebeinen der im Laufe der letzten Jahrhunderte dort umgekommenen Walfänger gesucht habe.

Diese sollten dann in einem Massengrabe auf der Amsterdaminsel beigesetzt werden und das Ganze eine von der holländischen Regierung gestiftete Denktafel erhalten. Jetzt galt es, die Friesland zu finden. Irgendwo im Norden mußte sie sein, jedoch meiner Erfahrung nach wegen des unsicheren Fahrwassers keinesfalls über die Hinlopenstraße hinaus. In Betracht kamen also: Liefde-Bai, Wijde-Bai und für eine eventuelle Rückfahrt des Kreuzers entlang der Eisgrenze eine Linie, die ungefähr mit dem 81. Breitengrad zusammenfiel. Es war also ein Gebiet etwa von der Größe Hollands,

Offenes Holländergrab

Auf der Amsterdaminsel. Holländer-Grabmal der auf Spitzbergen gestorbenen holländischen Walfänger. Errichtet vom holländischen Kreuzer »Friesland« auf Befehl der Königin von Holland.

das abgesucht werden mußte, und dabei – von Osten herannahender Nebel. Der französische Kapitän wagte unter diesen Verhältnissen gar nicht, mich aufzufordern, auf die Suche zu gehen, und frug mich, ob für die Passagiere auf der Däneninsel eine vorläufige Unterkunft geschaffen werden könnte. Inzwischen war aus unserer auf der Kommandobrücke stattfindenden Beratung Verschiedenes zu den Passagieren durchgesickert. Diese hatten darauf eine Sonderberatung mit dem bekannten französischen Dichter René Bazin als Wortführer veranstaltet. Bazin schlug vor, daß die Passagiere 100 000 Fr. aufbringen sollten, die mir zufielen, wenn ich den Kreuzer »Friesland« finden und zur Hilfeleistung herbeiholen könnte. – 100 000 Fr., fürwahr ein erhabener und erhebender Gedanke! Durch die Initiative der Passagiere wurde jetzt auch der Kommandant energisch und er frug mich durch meinen Dolmetscher, den Grafen Zichy, was ich verlangte, wenn ich den Holländer aufsuchen würde. Ich ließ ihm sagen: »Vorläufig nichts!«

Graf Zichy übersetzte mir darauf die erneute Frage des Franzosen, der glaubte, ich hätte ihn nicht verstanden, mußte ihm aber dieselbe Antwort geben. Jetzt fing die Sache an, direkt ungemütlich zu werden. In dem »vorläufig nichts« witterte man eine Falle oder sonst einen schwarzen Hintergedanken – nur mein alter bekannter Bryde meinte in seiner drastischen Art: »Lerner, du bist verrückt!« Der Ansicht ihres Vizekonsuls schienen sich auch die Franzosen anschließen zu wollen, und es war jetzt für mich an der Zeit, etwas ausführlicher und deutlicher zu werden.

Ich sagte daher dem Grafen Zichy etwa folgendes: »Meine Aufgabe sei so schwer und die Gefahr für die Passagiere so groß, daß ich in dieser Verbindung über irgendwelche Geldangebote nicht gesprochen haben wollte. Ich müßte mehr denn je meinen Kopf klar halten. Träten wir jetzt in die Verhandlung über die gesetzliche Hilfeleistungsprämie ein, müßte ich mit meinen Norwegern Rücksprache nehmen, da diesen der übliche Anteil zufiele. Die Leute seien aber nach 14 aufreibenden Tagen im Eise müde und nervös geworden, und ich verspräche mir daher nichts Ersprießliches von den augenblicklichen Verhandlungen. Sollte es mir aber gelingen, die Franzosen durch Herbeiholen wirksamer Hilfe aus ihrer verzweifelten Lage zu befreien, hätten sie Gelegenheit, mir und meinen Leuten ihre Erkenntlichkeit zu beweisen.« Graf Theodor Zichy, als Präsident der ungarischen Delegation bei der k. k. Regierung in Wien, zweifellos ein glänzender Sprecher, übersetzte meine Stellungnahme in einer längeren eindrucksvollen Rede, nach deren Schluß der Kommandant und die übrigen Teilnehmer an der Beratung auf mich zutraten und mir die Hand schüttelten. Von Deck her ertönte mal wieder das Beifall-Klatschen der von dem Leiter der Fahrt unterrichteten Touristen, währenddessen Bryde mich bei Seite nahm und mit zuraunte: »Lerner, du bist doch verrückt!« – Mit diesem Troste fuhr ich gen Osten, um die »Friesland« zu suchen.

Vorerst guckten wir in die Liefde-Bai hinein – vergebens. Inzwischen hatte der langsam herannahende Nebel jeglichen Ausblick unmöglich gemacht, so daß wir nur unter gespanntester Aufmerksamkeit und dauerndem Lotsen weiterfahren konnten, zumal wir mit der Gezeitenströmung rechnen mußten. Endlich hatten wir den Eingang der Wijde-Bai, die sich über 120 km weit nach Süden erstreckt, aber von Untiefen ziemlich frei ist, erreicht. Jetzt konnten wir trotz des unsichtigen Wetters mit Volldampf fahren, weil die Bergspitzen der beiden Ufer zu erkennen waren und genügende Anhaltspunkte zur Kontrolle der zurückgelegten Distanzen abgaben. Als wir etwa 50 km weit in die Bai eingedrungen waren, sahen wir rechts von uns eine Mastspitze eben aus dem Nebel hervorragen, die zur »Friesland« gehörte. Fast wären wir vorbeigefahren. – Riemeyer hatte das Verdienst, die Mastspitze zuerst entdeckt zu haben, und erhielt dadurch die von mir als Belohnung ausgesetzten 20 Kronen.

Der niederländische Kreuzer »Friesland«

(Wie wir nachher sehen werden, hat Riemeyer aus seiner Entdeckung tüchtig Kapital geschlagen und seinen Expeditionsführer an Geschäftstüchtigkeit übertroffen.) Ich gab darauf dem »Expres« den Befehl, mich zum Fallreep des Kreuzers abzusetzen, sofort zur »Isle de France« zurückzukehren und zu melden, daß Hilfe nahe sei.

Ehe noch die Deckwache des Kreuzers den unvermuteten Besuch dem diensthabenden Offizier melden konnte, war ich an Bord und der »Expres« im Nebel verschwunden. Ein dicker Bootsmannsmaat gesellte sich hinzu und schnauzte mich ganz gehörig an, wie ich mich unterstehen könne, so ohne weiteres an Bord zu kommen.

Diesem ach so bekannten Tone gegenüber besann ich mich auf meine Charge als königl. Preußischer Vizefeldwebel der Landwehr a. D., fuhr dem Unteroffizier gehörig über den Mund – trotzdem der Mann in der Sache recht hatte – und ersuchte ihn, seinem Kommandanten den »Kommandanten des Expres« zu einer sofortigen Rücksprache zu melden. Die Antwort: »der Kommandant schläft« lehnte ich ab mit der Bemerkung »die Sache duldet keinen Aufschub, wecken Sie Ihren Chef«. Der »grobe Gottlieb« verschwand und ich blieb solange beim Fallreepsposten stehen. Gleich darauf kam der wachhabende Offizier eilenden Schrittes auf Deck, dem ich einen vollendeten Leutnantsgruß mit zusammengeschlagenen Hacken darbrachte. Ich erzählte kurz meine Mission, worauf er sich in die Kommandantenkajüte verfügte. Nach ein paar Minuten wurde ich nach hinten geführt und ich sehe mich einem wohlproportionierten Herren mit sanft gerötetem Angesicht und klugen Äuglein gegenüber, die mich aufmerksam musterten.

Bekleidet war er mit einem großgeblümten blauseidenen Pyjama, die nackten Füße steckten in koketten roten Saffianpantoffeln. Höflich lud er seinen Besuch ein, auf dem Sofa Platz zu nehmen, was dieser aber in Hinblick auf seine verwetterte, mit Blut und Tran befleckte Kehrseite ablehnte. »Der Kommandant möchte doch den Stewart wenigstens einen Überzug bringen lassen.« Außerdem war es sehr warm im Kommandantensalon und ich befürchtete, daß die in meinen Kleidern und an meinen Fellstiefeln eingetrockneten Überbleibsel von Jagd und Fang zu schmelzen anfangen und in verschiedenfarbigen Rinnsalen sich über den teppichbelegten Fußboden ergießen würden. Doch Kapitän z. See Smethlage beruhigte mich, und so konnte ich ihm erzählen, was mich hierhergeführt. Inzwischen hatte eine Ordonnanz köstlichen, holländischen Cacao mit Gebäck hereingebracht, dem ich tapfer zusprach, während der Kommandant sich ankleidete. Der Maschineningenieur erhielt Befehl, mehr Dampf aufzumachen und in zwei Stunden zur Abfahrt klar zu sein. Dann besprachen wir nochmals den Fall, und ich riet zur besonderen Vorsicht beim Herannahen der »Friesland« an die »Isle de France« wegen der verschiedenen blinden Riffe.

Auf der Fahrt durch den Nebel dorthin erbot ich mich, als langjähriger Kenner des Fahrwassers behilflich zu sein. Damit war Smethlage gerne einverstanden, und nachdem alles, auch die kommende schwere Arbeit des Abschleppens, beredet war, setzten wir beide uns zu einem opulenten Frühstück nieder, mit dem wir just in dem Augenblicke fertig wurden, als man das Schiff »klar zum Ankerhieven und zur Abfahrt« meldete. Auf der Höhe der Liefde-Bai hatte sich ein frischer Wind erhoben, der den Nebel zerteilte. Alle Gläser spähten jetzt von der Brücke nach der Unfallstelle, und Smethlage rief: »Das Schiff ist weg!« Das gab mir einen inneren Ruck und ich erklärte: »Unmöglich, oder die Isle de France ist versoffen!« Beim Näherkommen sah man dann auch den Franzosen an genau derselben Stelle liegen, mit Notsignal und in derselben schiefen Lage wie bei meiner Abfahrt vor ca. 30 Stunden. Ein »Gott sei Dank« entrang sich meinem Munde, worüber Smethlage in Verkennung meines Beweggrundes zu diesem Ausdruck ein Lachen nicht unterdrücken konnte.

Jetzt hatten wir auch den »Expres« eingeholt, und der holländi-

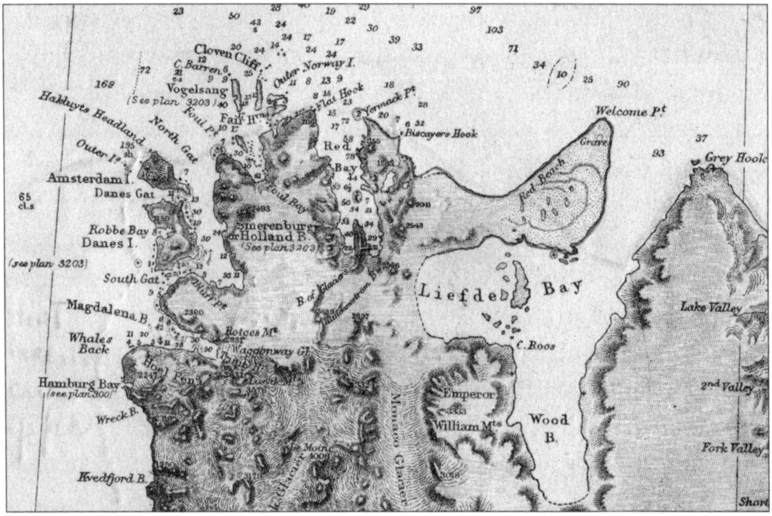

Die Nordküste Spitzbergens, von der Karte Theodor Lerners

sche Kommandant maß seinen neben ihm stehenden Kommandantenkollegen mit einem erstaunten Blick, als er jede Mücke unter den beiden Elefanten erblickte. Er war sich bewußt, einen gut bewaffneten Kreuzer und 400 Mann zu kommandieren, während meine Besatzung einschließlich des famosen Berliners Riemeyer – 8 betrug. Die »Friesland« hatte ferner 10 000 PS gegen 45 PS des »Expres«.

Smethlage zeigte während der ganzen nun beginnenden Aktion, daß er ein ebenso energischer wie vorsichtiger Seemann war. Er ließ die Dampfbarkasse etwa 200 Meter unter stetem Loten vorausfahren und kam allmählich in eine Linie mit der »Isle de France«, derart, daß die Hecks der beiden Schiffe etwa 100 Meter voneinander entfernt waren, worauf die »Friesland« beide Buganker fallenließ. Dann gingen wir an Bord der Franzosen, um Kriegsrat zu halten.

Das Deck fanden wir leer, denn die Touristen waren nach der erwähnten kleinen Insel gebracht worden, wo man sie in kleinen

Trupps herumwandern sah. Die Männer hatten zum großen Teil ihre Flinten mitgenommen, um sich und ihre weiblichen Schicksalsgenossen ritterlich vor irgendwelchen Gefahren zu schützen, die aber nicht vorhanden waren. Immerhin mußten einige neugierige Möwen daran glauben.

Nachdem das Erforderliche zwischen den beiden Kommandanten verabredet war, hielt ich meine weitere Anwesenheit für überflüssig, zumal meine Mission ja erfüllt war. Ich winkte daher vom »Expres« ein Boot heran und fuhr mit meinem Schiff zu jenem Felseneiland, um die Passagiere zu beruhigen. Das Rettungswerk nahm unterdessen seinen Anfang. Von der »Isle de France« war die stärkste Stahltrosse nach der »Friesland« ausgebracht worden, worauf diese vorwärts fuhr. Die Trosse straffte sich, und jetzt ließ die »Isle de France« ihre Schraube rückwärts gehen. Beide Schiffe arbeiteten allmählich mit voller Kraft, und 300 bewaffnete und unbewaffnete Augen schauen von der Insel aus dem aufregenden Vorgang mit gespannter Aufmerksamkeit zu. Sie sehen, wie die »Isle de France« unter dem starken Druck sich auf- und niederbewegt, aber nicht von der Stelle kommt. So geht es etwa eine Viertelstunde lang, ohne daß ein Erfolg sich einstellt. Tiefe Mutlosigkeit bemächtigt sich darauf der Touristen, und man vernimmt bereits ein kaum noch verheimlichtes Wehklagen der Frauen.

Plötzlich – ein peitschenartiger Knall, den wir deutlich hören. Die Trosse ist gerissen. Ein Aufschrei entringt sich der Brust der Passagiere, und die Bestürzung nimmt beängstigende Dimensionen an. Um die Leutchen auf andere Gedanken zu bringen, lasse ich die Dampfpfeife des »Expres« ertönen und fahre mit meinem Schiffsboot an Land, wo sich sofort der ganze aufgeregte Bienenschwarm um mich versammelt. Nach Kräften versuche ich, den mich angstvoll Anstarrenden Mut einzuflößen, und erzähle, daß nach diesem Vorspiel ein weit kräftigerer Abschleppversuch unternommen würde, der zum Erfolg führen müßte. Die Vorbereitungen dauerten aber einige Stunden, und man sollte sich daher mit Ge-

Ausgebootete Passagiere der »Isle de France«

duld wappnen und die unterbrochenen Spaziergänge fortsetzen, denn es war allmählich recht kühl geworden. In der Zwischenzeit hatte ich viel zu tun, um alle die brennenden Fragen zu beantworten, so gut es mit meinem »Pennälerfranzösisch« ging. Nach einer Weile war ich des trockenen Tones satt und verstieg mich zu einigen rheinischen »Krätzchen«, die von einem lebhaften Mienenspiel begleitet, erst schüchterne, dann stärker werdende Heiterkeit auslösten. Ob die Pointen immer verstanden wurden, lasse ich dahingestellt.

Die Vorbereitungen bei den Schiffen näherten sich ihrem Ende, und so gab ich eine ins einzelne gehende Schilderung derselben, die von meinem wieder in Funktion tretenden, gräflichen Dolmetscher mit gewohnter Meisterschaft den lauschenden Zuhörern übersetzt wurde.

Nachdem die schwere Trosse der »Isle de France« gerissen, sei jetzt eine der riesigen Ankerketten derselben über Deck nach dem

Ansprache zur Beruhigung der ausgebooteten Passagiere

Achterende geschleift und zur »Friesland« überführt worden. Die »Friesland« würde nun ihre beiden Buganker mit dem Dampfspill einholen und dadurch die Kraft der auf die Schraube wirkenden Schiffsmaschine von 10 000 PS wirkungsvoll unterstützen. Dazu kämen noch die 4000 PS der »Isle de France«, so daß 14 000 PS für das Rettungswerk verfügbar seien. Dieser Vortrag hob sichtlich die Stimmung, und der Einwurf eines schwarzen Pessimisten »wenn aber auch jetzt die Isle de France nicht frei käme, was dann« ging im allgemeinen Proteste gegen eine solch ungeheuerliche Frage unter, wodurch mir die Beantwortung erspart blieb.

Die »Isle de France« kam frei und ging in schneller Fahrt rückwärts auf ihre Retterin zu, der es nicht möglich war, dem Stoße auszuweichen. Doch wurde dieser durch eine geschickte Ruderleistung einigermaßen gemildert und konnte nur die am Heck der »Friesland« angebrachte Wappenverzierung beschädigen. Auch die »Isle de France« trug beim Zusammenstoß nur eine Schramme

»Expres« »Friesland« »Isle de France«

davon, und bald lagen beide Schiffe im tiefen Wasser friedlich vor ihren Ankern. Das Rettungswerk war gelungen. Wir zählten den 26. Juli 1906. Auf der Insel aber erhob sich ein unbeschreiblicher Jubel, vor dem ich mich in mein Boot rettete und einige Meter vom Lande abfuhr. Der Dank gebührte der »Friesland« und ihrem Kommandant Smethlage.

Nach einiger Zeit kam eine Barkasse mit einem Offizier der »Isle de France«, der mich bat, die Passagiere wieder an Bord zu bringen. Das nahm ich denn auch sofort in Angriff, und der »Expres« war bald bis über die Ladelinie hinaus belastet. Auf dem Deck, in der Kajüte und im Mannschaftsraum hätte kein Apfel mehr zur Erde fallen können. Die Überführung ging ohne Unfall vonstatten, worauf ich mit dem »Expres« eine kleine Strecke von der »Isle de France« entfernt zu Anker ging und die weitere Entwicklung der Ereignisse abwartete. Ich schlief gleich ein, welchem Beispiel meine Norweger folgten. Als ich nach einigen Stunden wach geworden war, hörte ich, daß eine Deputation von der »Isle de France« an Bord gewesen – und mich zum Diner eingeladen habe. Man erzählte mir, daß die Herren in full dress und mit Orden und Ehrenzeichen geschmückt erschienen seien. Ich mußte mich also nolens volens in Gesellschaftstoilette werfen und vorerst einmal einer gründlichen Reinigung unterziehen. Nachdem dieses geschehen war und ich meinen blauen Schiffsanzug angezogen hatte, fiel mir meine Landwehrdienstauszeichnung zweiter Klasse in die Hand, die ich, weil sie mühsam und ehrlich erworben war, ansteckte. Jetzt war auch ich »decoré«.

Riemeyer behauptete aber, in der Lederjacke und mit seinen Lappenschuhen eine bessere Figur zu machen, und um noch martialischer auszusehen, ließ er seinen Vierwochenbart stehen und hängte sich sein fußlanges, gekrümmtes Lappenmesser an die Seite. Ich sagte den Norwegern, die mir alle beim Anziehen behilflich sein wollten, sie sollten den zweifellos an Bord geschickten Alkohol mit Maß genießen und sich hüten, irgendwelche Zusendungen von der Schiffsleitung anzunehmen, damit ihre künftigen Ansprüche nicht verwässert würden. Ich wollte ihre Interessen bestmöglich wahren. Das fand allgemeine Zustimmung, und so fuhr ich zur »Isle de France«, wo die Gesellschaft sich bereits im großen Speisesalon versammelt hatte; auch Kapitän Smethlage mit einigen Offizieren war anwesend.

Die Franzosen erwiesen sich als geschickte Regisseure. Im Vorzimmer wurde ich vom Unternehmer der Touristenfahrt, einem Herrn Dubois aus Paris, dem Kommandanten der »Isle de France« und René Bazin empfangen und in den Salon geleitet, wo alles in grande Toilette war. Die temperamentvolle Begrüßung wirkte betäubend, und es dauerte eine ganze Zeit, bis man sich zum solennen Diner niederließ, das zu realen Genüssen zurückführte. Es wurden viele Trinksprüche und Reden gehalten. Bei Bazins Trinkspruch auf mich mußte ich mit 150 Passagieren anstoßen und mit jedem einen Händedruck wechseln. Selbstverständlich wurde Smethlage nicht vergessen – er erhielt außerdem später das Offizierskreuz der Ehrenlegion. In der Ecke sah ich Freund Riemeyer sich angelegentlich mit seinem Nachbarn unterhalten und Visitenkarten austauschen, die ich nicht besaß. Er war in seinem Fahrwasser und sprach grundsätzlich (!) nur deutsch.

Nach einer Weile ging ein prominenter Tourist mit einer geöffneten Kassette umher, und ich hörte Geld klingen. Nach seinem Rundgang kam er zu mir und setzte die Kassette vor mich nieder, die bis oben mit Geldscheinen, Gold- und Silbermünzen gefüllt war. Darauf hielt er eine Ansprache, aus der ich entnahm, daß die dankbaren Passagiere der »Isle de France« diese Spende für meine wackere Besatzung bestimmt hätten. Es wurde mir dabei versichert, daß das Geld ausschließlich von den Touristen und nicht etwa von der Schiffsleitung gesammelt worden sei. Ich dankte im Namen meiner Leute und gab Riemeyer den Auftrag, das Geld zu zählen und bis auf weiteres in Verwahrung zu nehmen.

Inzwischen hatte sich ein älterer Herr mit einem guten, aber etwas leidenden Gesicht meinem Platze genähert und mich mit seiner Tochter, einer entzückenden, blauäugigen Blondine, bekannt gemacht, die mir sehr wohl gefiel. Ich führte die junge Dame, als endlich die Tafel aufgehoben war, in das Gesellschaftszimmer der »Isle de France«, und es entspann sich eine lebhafte Unterhaltung in gutem Deutsch, wobei der Vater meist den freundlichen Zuhörer spielte. Unser trautes Zusammensein wurde aber unterbrochen durch einen einziehenden Touristentrupp, in dessen Mitte eine majestätische, raffiniert angezogene Dame sich befand, in der ich eine Schauspielerin vermutete. Tatsächlich war sie ein Stern der Comédie Française, deren Name ich aber leider vergessen habe. Jetzt traten sämtliche Begleiter derselben in den Hintergrund, worauf die Heroine mich mit einem schwungvollen Gedicht begrüßte, das ich aber nicht verstand. Dann applizierte sie mir einen Kuß, den ich mit einem leidenden Blick auf meine junge, schöne Nachbarin in Empfang nahm. Nachdem das Beifallklatschen der Begleiter der französischen Muse beendet war, bedankte ich mich mit einem gefühlvollen Handkuß.

So brachte der Abend noch verschiedene dramatische Momente, vor allen Dingen als Schlußeffekt eine fulminante Rede des Unternehmers, Herrn Dubois, die in der Feststellung gipfelte, daß ein französisches Herz auch durch einen Zwischenfall wie den eben überwundenen nicht aus der Fassung gebracht werden könne. Die Rede schloß mit dem Ausruf: »Das Programm wird durchgeführt, auf nach Norden zum ewigen Eise!« (Tosender Beifall.)

»Donnerwetter, haben die aber Courage«, dachte ich. Doch das Programm wurde nicht durchgeführt, sondern die »Isle de France« fuhr, was nach Lage der Sache sehr vernünftig war, auf dem kürzesten Weg nach Tromsö, wo ein Taucher im Bug ein Leck feststellte, das vor der Weiterfahrt erst notdürftig gedichtet werden mußte.

Bevor ich mich verabschiedete, hatte ich im Beisein des Grafen Zichy mit dem französischen Kapitän noch eine kurze Unterredung, bei der ich in bezug auf den gesetzlichen Hilfslohn den Ausspruch des Königs Philipp am Schluß des »Don Carlos« zitierte: »Ich habe das Meinige getan, tun Sie das Ihre.« Dieses wurde mir vom Kapitän mit Handschlag versprochen, sobald er seiner Reederei Bericht erstatten könne, worauf ich die Unterredung beendete und herzlichen Abschied von meiner jungen, blonden Freundin, einer Baronesse d'Aligny aus Besançon, und ihrem liebenswürdigen Vater nahm. Damit war das Drama beendet.

Das Satyrspiel begann, als ich mit Riemeyer, der die bewußte Kassette unterm Arm trag, an Bord des »Expres« kam und meine gesamte Besatzung, mit Ausnahme des dem blauen Kreuz angehörigen Maschinisten, voll des süßen Weines in tiefem Schlaf fand. Nach Mitteilung des Maschinisten waren einige Leute von der »Isle de France« an Bord gekommen und hatten einen Korb mit Wein und Liqueur, ein Dutzend Konservenbüchsen sowie 5 Zentner Maschinenkohle in Brikettform mitgebracht. Hier sei erwähnt, daß diese absolut nicht notwendige, auch keineswegs erbotene Spende den Hauptgrund abgeben mußte, weshalb die nachher erhobenen Hilfeleistungsansprüche des »Expres« von der Marseiller Reederei der »Isle de France« abgewiesen wurden. Gegen dieses unfaire

Chronometer aus Gold. Geschenk der Passagiere an Theodor Lerner

Widmung des Chronometers

Spiel protestierten, wie ich aus eingegangenen Briefen entnahm, wenn auch ohne Erfolg die Touristen. Sie ließen mir einen kostbaren, goldenen Chronometer mit schmeichelhafter Widmung, der bei dem Chronometerwettbewerb im Jahre vorher den »Grand Prix« davongetragen hatte, sowie ein Prachtalbum mit interessanten Fotografien von der Polarfahrt der »Isle de France« überreichen. Baron d'Aligny, mit dem ich noch längere Zeit durch Vermittlung seiner Tochter Cathérine in angenehmem brieflichen Verkehr stand, sandte über die Adresse des katholischen Pfarrers meines rheinischen Heimatstädtchens fracht- und zollfrei an meinen Vater 25 dickbäuchige Flaschen eines wundervollen, alten Kirsch, der in der eigenen Ferme gebrannt war, eine »gesegnete Köstlichkeit«, wie der hochwürdige Mittelsmann und Kenner erklärte. Die Mannschaft erhielt die Spende der Touristen in Höhe von etwa 4500 Fr. und mein Erich Riemeyer hatte die Gelegenheit wahrgenommen, den begeisterten Touristen über ein Dutzend seiner Eismeerstudien zum festen Preise von 200 Fr. pro Stück zu verkaufen, die, wie er sagte, wie warme Semmel abgegangen seien.

Der Dichter René Bazin veröffentliche eine Artikelserie im »Echo de Paris« über die Polarfahrt der »Isle de France«. Nachdem er den Unfall in der Red-Bai geschildert, erwähnte er auch anerkennenderweise meine Teilnahme am Rettungswerk. Er schloß seine glänzende Schilderung damit, daß er die geistige Zusammenarbeit der beiden Kulturvölker verherrlichte, deren Gefühle wohl zum erstenmal aufrichtig und ohne Heuchelei dort oben im Eismeer zu Tage getreten seien.

Kapitel 6

Das Wellman-Abenteuer, zweiter Teil (Sommer 1907)

Entschluß zur neuen Expedition. Wiederum bei Wellman. Der Filmoperateur. »Expres« und der schlafende Wal. Wellman-Manifest. Tragikomödie des Aufstiegs. Foul bay – foul play. Schluß des Abenteuers.

Wieder war es Frühling geworden, und der Telegraph hatte gemeldet, daß Wellman von neuem auf dem Wege nach Spitzbergen sei, um bestimmt und endgültig den Nordpolflug anzutreten.[22] Aber Tag für Tag verging, ohne daß mich mein Verlag kommen ließ. Das wunderte mich, da ich doch meine Pflicht im Rahmen der Möglichkeit erfüllt und als Sonderzugabe der Zeitung noch die »Isle de France – Affaire« beschert hatte. Allerdings war hier nicht der Berichterstatter, sondern der Polarfahrer die Hauptperson gewesen.

Allmählich beunruhigte mich das Schweigen des Verlages, denn wenn Wellman, wie anzunehmen war, in diesem Jahre wirklich aufstieg, hätte ich ein großes, in meiner Interessensphäre liegendes Ereignis, meine Zeitung eine Sensation ersten Ranges versäumt, was Hunderttausende ihrer Leser nicht begreifen würden. Ich beschloß daher, vorstellig zu werden, und erhielt, trotz meiner glänzenden Befürwortung einer neuen Fahrt, nur unbestimmte Erklärungen.

»Die Wellman-Sache scheint uns keine neue Expedition wert zu sein«, meinte der Bevollmächtigte am Schlusse der Unterredung.

»Etwas anderes wäre es natürlich, wenn Sie mit einem neuen Ereignis Ihre Fahrt anziehender gestalten könnten.«

Wo eine solche Attraktion aber in der Eile herkriegen? Tiefsinnig grübelnd durchmaß ich mehrere Male den Tiergarten und traf in der Nähe des Generalstabsgebäudes einen bekannten Offizier, der mir so beiläufig etwas von dem neuen Zeißschen Phototheodoliten zur schnelleren Geländeaufnahme, als dies auf dem gewöhnlichen topographischen Wege möglich, erzählte.

Ich begleitete den Offizier, der sich wunderte, daß ich mit ihm das geheimnisvolle und der profanen Menge unzugängliche rote Gebäude betrat.

Das vom Verlag verlangte interessante Ereignis war nämlich gefunden! Ich ließ mich beim Vorstand der topographischen Abteilung, Oberstleutnant von Harbou, melden und erzählte dem freundlichen Herrn, daß ich, mit Hilfe meiner Zeitung, eine Spitzbergenexpedition zur Beobachtung des Wellman-Aufstieges plante und in der zur Verfügung stehenden freien Zeit die Aufnahme einer wundervoll gelegenen Bai mit herrlichen, sich auf das Inlandeis hinziehenden Gletschern und Berggipfeln beabsichtigte. Auf die übliche topographische Weise würde das Jahr und Tag dauern, mit dem neuen Zeißschen Phototheodoliten könne die Arbeit in 2–3 Wochen beendigt sein. Es käme nur darauf an, ob sich zwei junge, geeignete Offiziere der Abteilung fänden, die mich begleiteten. Kosten würden ihnen keine erwachsen, aber sie hätten Gelegenheit, für die Vervollständigung der Spitzbergenkarte und auch für den künftigen deutschen Touristenverkehr Verdienstliches zu leisten. Außerdem fänden sie zur Erprobung des neuen Meßinstrumentes ein ideales Gelände vor.

Der Herr Oberstleutnant saß eine längere Zeit in tiefem Nachdenken da. Darauf fragte er mich, wieviel Herren seiner Abteilung sich meiner Ansicht nach freiwillig melden würden, wenn er eine solche Umfrage ergehen ließe. Ohne Besinnen antwortete ich: »Alle, und die nicht mitgehen können, werden zu ihrer Entschuldigung ein ärztliches Attest schicken!« Über diese Antwort freute sich der Chef, und er lud mich ein, nach einigen Tagen wiederzukommen. Beim Abschied, zwischen Tür und Angel, gestattete ich mir, eine kleine Geschichte von meiner »Helgoland-Expedition« vor neun Jahren zu erzählen.

Wir seien auf unseren ausgedehnten Fahrten auch an den Südeingang der Hinlopenstraße im Osten Spitzbergens zur Wilhelm-Insel gekommen und hätten bei der Roon-Insel in der Bismarckstraße geankert. Daß dort von den drei Paladinen des alten Kaisers Moltke gefehlt habe, sei mir unbillig erschienen, und so sei, auf meinen Vorschlag, der auf dem Festlande uns gegenüberliegende Gletscher »Moltkegletscher« getauft worden. Der Name stehe auch in der vom Reichsmarineamt vor einigen Jahren herausgegebenen Spitzbergenkarte! – Mit den Worten: »Bringen Sie die Karte mit«, entließ mich der liebenswürdige Offizier.

Ich machte dann noch einen Besuch bei dem technischen Beamten, der sich hauptsächlich mit dem Phototheodoliten beschäftigte, und fand bei ihm ein geradezu begeistertes Interesse für meinen Plan. Er werde dem Chef schon die Sache in das richtige Licht setzen, erklärte er, und auch mich gern in der Handhabung des wunderbaren Instrumentes unterweisen. Gleich darauf rief man ihn zum Vortrag und mit einem kräftigen »Hals- und Beinbruch« drückte ich dem Topographen und nachherigen Rechnungsrat Seliger die biedere Rechte.

Als ich aus der »großen Bude« heraus war, ging es im Sturmschritt zum Verlag, der, ohne zu zögern, das geforderte neue Ereignis anerkannte und in Geberlaune erklärte, wenn ich die beiden Generalstabsoffiziere bringe, wolle er seinerseits noch einen Luftschiffer mitschicken. Damit war aber auch das Fassungsvermögen der Kajüte des kleinen »Expres« vollständig erschöpft.

Durch den Entschluß des Verlages mußte ich dem jungen Grafen Reinach de Gessac, einem ehemaligen Passagier der im vorigen Jahr gestrandeten und befreiten »Isle de France«, abschreiben und den bereits der Kassenverwaltung überwiesenen beträchtlichen Expeditionsbeitrag zurückgehen lassen.

Der begeisterte Franzose fuhr mit einem Touristendampfer

hinauf und traf mit uns bei Wellman zusammen. Er war traurig, als er von unseren Jagdfahrten hörte, und wäre am liebsten zu uns auf den »Expres« übergestiegen.

Zur Teilnahme an der Expedition meldeten sich, wie vorausgesagt, sämtliche Offiziere der topographischen Abteilung. Einige schickten sogar ein ärztliches Attest mit, das den besonders robusten Gesundheitszustand des Inhabers bekunden sollte. Daher war die Wahl schwer, und ich konnte sie mit gutem Gewissen dem Kommando überlassen. Die beiden zur Teilnahme befohlenen Offiziere erhielten einen 45tägigen Urlaub vom Generalstabschef, der mit dem Tage der Abreise von Deutschland beginnen sollte. Um die Herren möglichst lange bei mir zu behalten, wurden Ausrüstung und Proviant, diesmal alles in besonders reichlicher Menge, von Deutschland vorausgeschickt bzw. telegraphisch in Norwegen bestellt.

Außerdem wurden wir in einem 14tägigen Kursus in der Handhabung des Phototheodoliten vom unermüdlichen Herrn Seliger gedrillt, so daß wir mit gutem Gewissen an unsere Aufgabe herangehen konnten. Ich fuhr mit den beiden Oberleutnants Graf Poninski und von Bock auf dem schnellsten Wege nach Tromsö, wo der »Expres« seeklar lag und der unvermeidliche, ebenfalls seeklare Klaus Thue uns an der Landungsbrücke bewillkommnete.

Der dritte Teilnehmer, der bekannte Ballonfahrer Dr. Elias, sollte mit dem erforderlichen Material zu Fesselballon- und Drachenaufstiegen auf einem Touristendampfer nachkommen und vom »Expres« in der Advent-Bai abgeholt werden. Durch verständnisvolles Zusammenarbeiten klappte alles vorzüglich, und so gelangten wir zu Wellman, der mit seinen Vorbereitungen, vielleicht infolge des Druckes der öffentlichen Meinung, schon sehr weit vorgeschritten war.

Die Riesenhalle hatte den Winter gut überstanden, jetzt war sie in ihrem ganzen Umfange mit Segeltuch überzogen, und im Inneren dehnte und blähte sich das halbstarre Luftschiff, das den verpflichtenden Namen »Amerika« erhalten sollte. Der Motor war schon eingesetzt und brummte mehrmals am Tage sehr erfolgversprechend. Immerhin konnten, bis das Luftschiff klar zum Start war, noch 4–6 Wochen vergehen, und diese gedachten wir zur photogrammetrischen Aufnahme der Liefde-Bai und ihrer Umgebung zu verwenden.

Dr. Elias blieb meist im Zelte auf der Däneninsel und machte seine fachmännischen Beobachtungen. Vorher hatte er sich schon durch eine Anzahl wohlgelungener Drachen- und Fesselballonaufstiege, bei denen wir alle mit Vergnügen und Eifer halfen, bei Wellman einen Stein im Brett erworben, und auch Major Hersey vom Wetterbüro in Washington, der als Meteorologe an Wellmans Expedition teilnehmen sollte, schätzte den kenntnisreichen und erfahrenen deutschen Luftschiffer.

Als weitere Teilnehmer der Nordpolfahrt waren der Ingenieur Vaniman für die Bedienung des Motors und der Deutsch-Amerikaner Riesenberg für die seemännische Navigierung und Ortsbestimmung gewonnen.

Den tüchtigen Finnländer Liwentaal, der auch diesmal wieder wertvolle Arbeit leistete, habe ich bereits früher erwähnt.

Es erübrigt sich noch, einer Persönlichkeit zu gedenken, die trotz ihrer von sich behaupteten ausgezeichneten Eignung als Filmoperateur eine Art komische Person darstellte und mit einem scheußlichen Deutsch wie einem ebenso scheußlichen Englisch den Allerweltsdolmetscher markierte. Das war ein Mr. Roseman aus New York, angeblich Bevollmächtigter der amerikanischen Filmkompanie, mit der Wellman einen Propagandavertrag abgeschlossen hatte. Herr Roseman stammte aus Galizien, war eigenem Geständnis nach vor dem ihm drohenden Militärdienst in der k. k. Armee ausgerissen und in New York gelandet, wo er mit der ihm eigenen Betriebsamkeit nach verschiedenen fehlgeschlagenen Versuchen als Filmoperateur sich betätigte. Nach seinen Erzählungen gab es nur einen Filmoperateur – und der hieß Roseman.

Rechts: die mit Segeltuch überzogene Ballonhalle. Im Hintergrund: der Ballon für die meteorologischen Untersuchungen. Links: Wellmans Wohnhaus.

Die einzige Probe seiner Kunst sah ich, als er auf einer Jagdtour des »Expres« Rentiere auf etwa 300 Meter Entfernung mit einem Fernobjektiv kinematographisch aufnahm. Ich kam hinzu, als er in seiner Dunkelkammer den kurzen Jagdfilm entwickelt hatte, und sah an Stelle der Rentiere einige Nebelflecke oder sonst etwas Undefinierbares. Er behauptete, es sei ihm ein Unglück passiert, was ich gern glaubte.

Roseman erklärte, daß er beim Aufstiege der »Amerika« auf dem Lande die Oberleitung übernehmen würde, weil er die alleinige Verantwortung für einen sensationellen Film trage. Ich war gerne damit einverstanden und würde – mit meinem kinematographischen Aufnahmeapparat – mich möglichst weit von ihm entfernt aufstellen.

»Was, Sie haben auch einen Apparat?« frug er entsetzt. Ich zeigte auf eine noch geschlossene Kiste, in der der von einer Berliner Firma mitgegebene Apparat wohl verpackt lag.

»Wenn das Ding da drin bleibt, überlasse ich Ihnen 500 Meter Film vom Aufstieg kostenlos«, erklärte Roseman mit yankeemäßiger Entschlossenheit. »Ist gemacht«, sagte ich, ein Schriftstück wurde aufgesetzt, das ich vorsichtigerweise noch von Wellman unterschreiben ließ.

Damit war diese Sache einstweilen geordnet, und ich konnte mich der Schiffsführung während des Ballonaufstieges, bei dem ich Hilfe leisten sollte, mit ungeteilter Kraft zuwenden. Aber noch war es nicht so weit. Bevor Wellman aufstieg, wollte er noch Post zur Advent-Bai besorgt haben, und da ich meiner Zeitung auch einen neuen Bericht schuldig war, fuhr ich mit dem »Expres« dorthin. Die Amerikaner hatten zwar auch ein Schiff, einen alten, hölzernen Seehundsfänger, barkgetakelt und mit schwacher Hilfsmaschine, der aber für die Tour mindestens drei Tage länger gebraucht hätte.

Nachdem alles erledigt und mein Kohlenvorrat vom Touristendampfer der Hamburg-Amerika-Linie freundlicherweise wieder ergänzt war, fuhr ich durch den Prinz-Karl-Vorlandsund zurück.

Nach dem Verlassen des Sundes sah ich auf der Höhe der Kings-Bai mich einem dem Schiff zugewandten großen Wal gegenüber, der gar keine Anstalten machte zu verschwinden. Klaus Thue stand neben mir am Ruder und meinte: »Der scheint sein Nachmittagsschläfchen zu halten und uns noch gar nicht bemerkt zu haben.«

Der Dampfer nähert sich dem Wal, und ich werde, offengestanden, in Erinnerung an eine frühere Waljagd bei Skaaroe in Nordnorwegen, unruhig.

»Wir wollen ihn mit der Dampfpfeife wecken«, sage ich, was Thue aber dringend abrät, da wir uns dadurch des schönsten Spaßes berauben würden. Jedenfalls stelle ich den Maschinentelegraf auf »langsam« – der Wal ist 60 – 40 – 30 Meter entfernt, und ich sehe, daß Thues Gesicht bedenkliche Falten zieht. Noch einen Augenblick zögere ich, dann reiße ich die Leine zur Dampfpfeife, deren schauerlicher Ton den Wal jäh aus seinem Schlummer weckt. Es ist wirklich die höchste Zeit, denn der Bug stößt wider den Wal, der kopfüber in die Tiefe geht und mit einem kräftigen Schlage seines ungeheuren Schwanzes das Schiff mit einem Sturzbade überschüttet. Wir sehen den Riesenleib blitzschnell an unserer Steuerbordseite vorüberstreichen, und der »Expres« taumelt, als ob er kentern wolle. Der Maschinist taucht schreckensbleich aus seiner Luke empor, die Freiwache stürzt schreiend aus dem Logis und glaubt an den Untergang.

Thue aber, und nicht minder sein Expeditionsführer, holen tief Atem und verschwören sich mit den kräftigsten Eiden, das nächste Mal einen schlafenden Walfisch etwas früher zu wecken!

Das Biest war mindestens so lang wie der »Expres« selber und erwies sich als ein Finnwal, dem man wegen seiner Kraft und Wildheit nur mit der Harpungranate beikommen kann.

In früheren Zeiten wurde bekanntlich der Wal vom Boote aus mit Handharpunen festgemacht und dann, beim Wiederauftau-

Harpunier

chen, mit Lanzen getötet. Diese Jagd galt dem langsamen Grönwal, der heute fast ganz ausgerottet ist. Erst mit der Erfindung des Norwegers Sven Foyn, der aus einem kleinen Geschütz eine Harpune mit an der Spitze befestigter, schnellwirkender Granate auf größere Entfernung schießen konnte, begann die Jagd auf den zahlreich an der norwegischen Küste vorkommenden Finnwal, die zu Beginn meiner Polarfahrerzeit in voller Blüte stand.

Von dem Ereignis noch ganz benommen, laufen wir die Kreuz-Bai an, wo der Fürst von Monaco mit seiner Dampfyacht »Prinzess Alice« lag und sich mit der Auslotung der Bai beschäftigte. Dort traf ich auch mit Hjalmar Johansen zusammen, dem bekannten Begleiter Nansens, der später bei meiner Überwinterung eine große Rolle spielen sollte.

Nach kurzem Aufenthalt fuhren wir zur Däneninsel weiter und merkten an verschiedenen Anzeichen, daß bei den Amerikanern nicht alles im Lot war. Der Meteorologe der Nordpolexpedition, Major Hersey, war im letzten Augenblick von der Teilnahme zurückgetreten. Trotzdem wollte Wellman mit Vaniman und Riesenberg aufsteigen, und er forderte uns auf, nach dem Abendessen zu einer phonographischen Aufnahme zu ihm zu kommen. Als wir alle versammelt waren, sprach Wellman seinen Abschiedsgruß an Amerika in einen Aufnahmeapparat, und als er seine fulminante Rede geendet hatte, bat er mich, auch einige Worte für das amerikanische Publikum zu sprechen. Ich entledigte mich dieser Aufgabe, so gut ich konnte, und hörte nachher, als der amerikanische Arzt, Dr. Fowler, unsere Worte in der Vorführungsmaschine wiedergab, daß ich ganz gut abgeschnitten hatte. Ob meine Rede aber in Amerika jemals gehört wurde, wagte ich im Hinblick auf die späteren Ereignisse zu bezweifeln, obgleich sie mein Kamerad, Graf Poninski, in klassisches Englisch übertragen hatte.

Dann wurde der Zeitpunkt des Aufstieges auf den anderen Tag festgesetzt, und der Motor lief noch einmal eine Stunde zur allgemeinen Zufriedenheit Probe. Es mag hier noch eine Einrichtung erwähnt werden, die Wellman an seinem Luftschiff getroffen hatte, um möglichst viel Proviant unterzubringen. Er hatte einen schlangenförmigen, sogenannten »Retarder« angebracht, der an einem Ende herabgelassen, über Wasser oder Eis hinglitt und dadurch, wann es darauf ankam, die Schnelligkeit des Luftschiffes verminderte. Die Einrichtung erwies sich als hinderlich oder mindestens überflüssig. Vom Standpunkt der Proviantfrage konnte man sie passieren lassen, denn die aus starkem Segeltuch hergestellte Schlange war in ihrer ganzen Länge mit Konservenbüchsen gefüllt.

Wellman liebte drastische Ausdrücke, und so sagte er auf meine Frage nach dem Zwecke seiner Erfindung: »Wenn wir in Not geraten, fressen wir die Schlange«, dann fuhr er fort, »wir nehmen aber auch noch etwas anderes mit, wenn wir zu fremden Völkerstämmen verschlagen werden und deren Hilfe in Anspruch nehmen müssen.« Dabei zeigte er den Betrag von 1000 Dollar in Goldstücken, sorgsam in ein Ledersäckchen eingepackt, das er nach der Art des Militärs auf der Brust trug.

Am 2. September – in der Nacht hatte wohl keiner geschlafen – war alles bereit und harrte mit Spannung der kommenden Dinge.[23]

Eine starke Leine wurde am Luftschiff befestigt, das andere Ende packte die Mannschaft des »Expres«, Wellmans Truppen faßten das Luftschiff von beiden Seiten, und so wurde es gemeinschaftlich mit aufmunterndem Gesang aus der Halle gezogen. Das Wetter war nicht sehr klar, und daher erklärte Wellman, daß es sich heute nur um eine Probefahrt handele. Ich solle das Luftschiff, »the biggest and greatest of the world«, mit meinem »Expres« ins Schlepptau nehmen und dasselbe langsam über das Riff in den Smerenburg-Sund befördern, wo er dann eine Probefahrt unternehmen würde. Am Schlusse derselben werde er das Schlepptau wieder herunterlassen, und ich möchte ihn dann in seine Halle zurückbugsieren.

Diese Anordnung konnte bei absoluter Windstille erfüllt werden, sie war bei den beiderseitigen Größenverhältnissen unmög-

Startversuch der »Amerika«

lich, wenn sich auch nur ein leichter Wind erhob. Das hätte Wellman oder wenigstens sein Ingenieur Vaniman wissen müssen.

Der Plan zeigte andererseits auch ein geringes Vertrauen in die Steuerfähigkeit des Luftschiffes, das, von den Haltemannschaften losgelassen, bald seine eigenen Wege ging und den »Expres« wie einen störrischen Gaul hinter sich herzog.

Vergebens rief Wellman mit dem Sprachrohr aus der Höhe: »Zurück zur Ballonhalle.« Vergebens versuchte Riesenberg am Achterende des Luftschiffes aus Leibeskräften am Seitensteuer zu drehen, das zweifellos in Unordnung geraten war. Aber auch vergebens mühte sich der »Expres« ab, das Luftschiff in seiner eigenwilligen Fahrt aufzuhalten. Ich hatte genug zu tun, um den starken Zug des Luftschiffes nur auf die Längsrichtung des Dampfers auswirken zu lassen, kam der Zug von der Seite her, stand die Gefahr des Kenterns bevor.

Da ruderte der »Oberkommandierende der Landtruppen«, den wir die ganze Zeit über schon gräßlich fluchen hörten, eilfertig heran und stieg an Bord. Er stellte seinen Apparat auf, nahm das Schiffssprachrohr und begann mit dem hoch in den Lüften schwebenden Wellman eine erregte Unterhaltung:

»Hallo Amerika: Hier Roseman!«

»Zurück zur Ballonhalle«, tönte es herab.

»In Teufels Namen, vorwärts«, schrie er hinauf und drehte wie besessen seine Kurbel.

»Zurück«, hörten wir von oben.

»Geh zur Hölle«, knirschte der Operateur, der seine Sensation um jeden Preis haben wollte, und ehe wir es verhindern konnten, löste er die Schleppleine vom »Expres«.

Wir waren starr ob solcher Eigenmächtigkeit, aber es mußte etwas von oben oder von unten geschehen, sonst wären wir in kurzer Zeit auf das Riff gelaufen. Die Schleppleine wurde emporgewunden, und gleich darauf sprang der Motor an, aber das Seitensteuer versagte total.

Infolgedessen flog man nicht auf geradem Kurse, sondern drehte sich in eleganten Spiralen über den Smerenburg-Sund in die Richtung der Bergketten und Gletscher von Nordspitzbergen. Der Motor bewirkte die Drehung, der aufgekommene Westwind die Fahrt nach Osten.

Obendrein begann es zu schneien, und langsam entschwand die »Amerika« unseren Blicken.

Nachdem alle überflüssigen Leute, darunter auch Mr. Roseman, ausgebootet worden waren, fuhren wir mit Volldampf dem entschwundenen Luftschiff nach. Die Sache war für die Amerikaner durchaus nicht ungefährlich, und wir hofften sehr, daß es ihnen gelingen möge, die Steuerung wieder in Ordnung zu bringen. Ihre Erfahrung als Luftschiffer schien uns nach der eben gesehenen Probe im umgekehrten Verhältnisse zu ihrer Courage zu stehen.

So kamen wir über den Smerenburg-Sund zur gegenüberliegenden Foul-Bai, in die wir trotz des Schneegestöbers bis dicht an den im Hintergrund sich erhebenden Gletscher hineinfuhren. Das Motorgeräusch war längst verstummt und von der »Amerika« nichts zu entdecken, obwohl wir mit allen an Bord befindlichen Ferngläsern die Gegend abmusterten, soweit es bei dem wenig sichtigen Wetter möglich war. Daher kehrten wir um und waren schon wieder aus der Foul-Bai heraus, als der Bootsmann an mich herantrat und erklärte, er habe an einer lichten Stelle des Gletschers etwas Verdächtiges gesehen. Es könne ein Eishügel, aber auch das Luftschiff gewesen sein.

Die Mitteilung des zuverlässigen Mannes bewog mich, die ganze Strecke zurückzufahren und das Augenmerk besonders auf den Gletscher zu richten. Vergebens. Auch unsere oftmaligen Signale mit der Dampfpfeife wurden weder durch Flintenschüsse noch durch Knattern des Motors erwidert. Alles blieb totenstill.

Nach längerem Warten verließen wir die Bai, um auf der Nordseite Westspitzbergens unsere Nachforschungen nach der »Amerika«, die unmöglich weit gekommen sein konnte, fortzusetzen.

Wir hatten bereits die Norweger-Inseln passiert, als Thue mir meldete, daß im Mannschaftsraum eine aufgeregte Diskussion im Gange sei, hervorgerufen durch die Erklärung des Bootsmannes, er wolle einen Eid darauf ablegen, daß er sich nicht getäuscht habe. Der sofort Herbeigerufene bestätigte das.

Daher entschloß ich mich, zum dritten Mal in die Foul-Bai zu fahren, und da inzwischen das Wetter etwas klarer geworden war, manövrierte ich mit dem »Expres« so, daß wir den Gletscher in seiner ganzen Ausdehnung überblicken konnten.

Der brave Bootsmann hatte richtig gesehen, und mein Vertrauen in seine Glaubwürdigkeit wurde belohnt.

Etwa drei Kilometer vom oberen Rande des Gletschers entfernt lag die aufgerissene »Amerika« einsam und friedlich auf dem Eise. Dieser Anblick wurde teils mit Hurrahrufen, teils mit Gelächter begrüßt und sofort der Marsch zum gestrandeten Luftschiffe vorbereitet. Wir fuhren mit dem Schiffsboot ans Land und stiegen über gefrorenes Felsengeröll zum Gletscher empor. Zur Vorsicht befestigten wir uns alle fünf Mann an einer langen, soliden Leine und gingen im Gänsemarsch auf das Luftschiff zu.

Unterwegs kamen wir an eine riesige Spalte, die etwa 7–8 Meter unter der Oberfläche einen Absatz hatte, zu dem man auf einem schrägen Eispfade hinuntergelangen konnte. Dr. Elias, der außerdem ein geübter Alpinist war, wagte unter Vorsichtsmaßregeln den Niederstieg und spazierte eine ganze Strecke auf dem erwähnten Vorsprung einher. Er rief uns aus der Tiefe zu, daß er ein in allen Farben glitzerndes Märchenschloß vor sich hätte, dessen Gänge und Zerklüftungen unbedingt sehenswert seien. Doch fehlte uns hierzu diesmal die Zeit, denn jeder drängte nach dem Luftschiff und seinen Insassen hin. Wir umgingen die Gletscherspalte und kamen zur Ballonhülle, die vorschriftsmäßig aufgerissen auf dem Boden lag.

Im Laufgang war ein aus Segeltuchwänden hergestellter Aufenthaltsraum, in dessen Inneren wir die gemütliche Unterhaltung der Nordpolfahrer vernahmen. Das veranlaßte uns in ein plötzliches Hurrahgeschrei auszubrechen, worauf Wellman mit seiner Riesenfeldflasche und ohne Anzeichen einer inneren Erregung heraustrat und mir aus seinem Silberbecher einen Whisky kredenzte. Ich leerte denselben auf die glückliche Niederkunft, und Wellman prägte mit Bezugnahme auf den Ort, wo wir uns befanden, das treffende Wortspiel:

Foul Bay – foul play!

Er war doch ein Bombenkerl, dieser Wellman!

Er begleitete uns zum »Expres«, während Vaniman und Riesenberg sofort mit dem Abmontieren der starren Teile begannen. Auf der Fahrt zur Däneninsel erzählte Wellman, daß eine Steuerleine sich in das Scharnier des Seitensteuers verfangen und dasselbe, gerade als es hart backbord anlag, unbeweglich gemacht habe. Das erklärte den Rundtanz der »Amerika« in den Lüften. Als er dann in geringer Höhe über dem Gletscher, den wir nach seinem Namen taufen wollten, schwebte, habe er mit der Reißleine das Gas ausweichen lassen und sei daunenweich gelandet.

Ich frug ihn darauf nach seinen künftigen Plänen, und er erzählte, daß er alles schön zusammenpacken, unter Bewachung im Wellman-Hause lassen und schleunigst nach Amerika fahren wolle, um neue Mittel flüssig zu machen. Gelänge das nicht im nächsten Jahre, so sicher im Jahre darauf.

Man mag über Wellman denken, wie man will. Er hat mit seinen Unternehmungen zweifellos dazu beigetragen, daß Amerika bis auf den heutigen Tag das Goldland für Forscher und Erfinder geblieben ist. Es verschlägt dabei nichts, daß da einige phantastische und reklamesüchtige Unternehmungen mit untergelaufen sind, zu denen ich auch die Unterseebootfahrt zum Nordpol des Mr. Wilkins rechne.

Ich verhehlte Wellman meine Enttäuschung nicht und meinte, ich könnte mich nach diesem kläglichen Resultat bei meinem Verlage ja gar nicht mehr sehen lassen und würde daher an irgendeiner Stelle auf Spitzbergen überwintern.

»Das trifft sich gut«, sagte Wellman, »Sie können als mein Vertreter auf der Station bleiben und sich von den beiden norwegischen Fangleuten, die ich zu Ihrer Verfügung stellen werde, in Ihren Arbeiten und Beobachtungen unterstützen lassen.« Ich sagte ihm, ich hätte mit Hjalmar Johansen bereits wegen einer Überwinterung gesprochen, worauf Wellman meinte, ich sollte Johansen nur mit zur Station bringen, denn Proviant sei genug da. Außerdem könnten wir ja auch die Schlange auffressen, die ganz unversehrt geblieben sei.

Der ersten Unterhaltung Wellmans mit Roseman haben wir nicht beigewohnt. Hier sei auch erwähnt, daß die 500 Meter Film vom Aufstiege weder in meinen, noch in des Verlages Besitz jemals gekommen sind. Vielleicht ist Herrn Roseman wieder ein Unglück passiert!

Inzwischen war für meine beiden militärischen Kameraden die Uhr abgelaufen. Die Reise hatte sie voll befriedigt, und die photogrammetrische Aufnahme, zu der noch eine genaue Auslotung des Virgohafens und seiner nächsten Umgebung kam, war in ihren Hauptzügen beendigt. Daher konnten sie mit gutem Gewissen sich bei Ihrem Chef vom Urlaub zurückmelden.

In diesem Sommer war auch der Kaiser auf seiner alljährlichen Nordlandfahrt in Tromsö gewesen und hatte durch Albert Honorius von Monaco von meiner Expedition gehört. Auf der »Hohenzollern« hatte sich auch der Generalstabschef Exzellenz Moltke eingeschifft. Als die beiden Offiziere erwähnt wurden, wandte sich der Kaiser erstaunt an Moltke und sagte:

»Davon weiß ich ja nichts«, worauf dieser trocken erwiderte, er habe sich in den Grenzen der ihm zustehenden Befugnis, Urlaub zu erteilen, gehalten. Jedenfalls interessierte sich der Kaiser für die Expedition, was den beiden Offizieren nicht unangenehm sein konnte.

Während des Winters hielt der Hauptmann gewordene Oberleutnant von Bock in der Berliner topographischen Gesellschaft einen Vortrag über die Expedition und die neuartige Vermessung. Hier gedachte er auch in herzlicher Anerkennung des ehemaligen Expeditionsführers, der irgendwo auf Spitzbergen in der Polarnacht weilte und im nächsten Sommer die noch rückständigen Arbeiten vollenden würde.

Die Heimfahrt wollten die Offiziere mit einem norwegischen Seehundsfänger antreten, um auch die Romantik einer Segelfahrt einmal durchzukosten. Sie fanden Gelegenheit dazu auf der Fangyacht meines alten Freundes Sigurd Stenersen, der ein Jahr später bei einem Rettungswerk in der Nähe von Island ertrank. Major Hersey hatte gebeten, sich anschließen zu dürfen.

Eine Woche später, als die Bestandteile des Luftschiffes nach der Station transportiert waren, fuhr auch Wellman mit seinen Begleitern nach Norwegen, auf dem Expeditionsschiff »Fridtjof«,

Wellman auf dem Heimweg

während Dr. Elias und ich mit dem »Expres« noch zurückblieben, um Johansen zur Überwinterung mit mir auf der Däneninsel abzuholen.

Als gewissenhafter Chronist berichte ich, daß Wellman tatsächlich zwei Jahre später einen neuen Versuch mit der »Amerika« unternahm. Das Luftschiff fiel diesmal auf das Treibeis, unweit der norwegischen Inseln, und der zufällig in der Nähe sich aufhaltende Rittmeister Isachsen nahm die Nordpolfahrer an Bord seines Schiffes und beendete damit das Wellman-Abenteuer.[24]

Kapitel 7

Eine unvorbereitete Überwinterung

Kapitel 1

Vorgeschichte. Fahrt ins Winterlager bei Kap Boheman.

In der Advent-Bai, jener wohlbekannten Anlaufstelle der Hamburg-Amerika-Dampfer auf den sommerlichen Spitzbergenfahrten, ging es am 1. Oktober 1907 gar lebhaft zu. Überall, sowohl bei der englischen und amerikanischen Kohlengrube als auch in dem bereits seit Jahren errichteten Touristenhause am Eingang der Bai, war Hochbetrieb. Boot auf Boot fuhr zu dem flaggengeschmückten Dampfer »William D. Munroe«, der für dieses Jahr seine letzte Fahrt nach Tromsö antreten sollte. Er nahm die abgelösten norwegischen Bergarbeiter mit sowie allerlei Fangvolk, das seine Verdienstmöglichkeiten bis zu diesem äußersten Termine ausnutzte.

Da die Leute ein ganzes Jahr lang kaum Gelegenheit gehabt hatten, hier oben Geld auszugeben, waren sie wegen des stattlichen Sparguthabens in rosiger Laune. Die als Ablösung hinaufgenommenen Bergleute und Fänger standen am Ufer und schauten den an Bord gehenden Kameraden nach. Manch einem mag da der Gedanke gekommen sein, ob er wohl auch nach Jahresfrist so fröhlich sich zur Heimkehr rüsten und ob während der langen Trennung daheim alles in Ordnung bleiben würde. Denn acht Monate hörte die Verbindung mit der Außenwelt vollständig auf, und Funkentelegraphie, die heutzutage ihre regelmäßigen Wettermeldungen und sonstige Nachrichten nach Norwegen sendet und von dort empfängt, gab es damals noch nicht auf Spitzbergen.

Im letzten Augenblick, als die Dampfpfeife des »William D. Munroe« wiederholt ungeduldige Abfahrtsignale gegeben hatte, stieß ein kleines, schwer beladenes Ruderboot vom Ufer ab und fuhr auf das Schiff zu. Quer über den Bootseiten lagen ein Gummikajak, ein langer, sogenannter Nansenschlitten, verschiedene Skier und Bambusstäbe, das Ganze mit Schlafsäcken aus Rentierfell bedeckt. Auf dem Boden waren Proviantkisten, mehrere Bündel Stockfisch, Kochapparate, Gewehre, Instrumente, kurz, das interessante Kunterbunt einer richtigen Polarexpedition verstaut.

Dieser Eindruck wurde noch verstärkt durch drei Hunde, in denen wir alte Bekannte von der Sommerfahrt mit dem »Expres« wiederfinden. Björn, Fuchs und den schwarzen Peter. Die Herrschaften saßen oben auf der Ladung und suchten bei dem schaukelnden Boot ihre Ruheplätze zu behaupten. Vorn und hinten ruderten zwei kräftige Gestalten, deren wetterfeste Anzüge und entschlossene Gesichter sie als die beiden menschlichen Mitglieder der Expedition auswiesen.

Als der Dampfer erreicht war, wurde von den Matrosen eine Leine herabgeworfen und vorn am Boot festgemacht. Dann, nach einer ernsten Mahnung an die Hunde, keinen Unfug zu verüben, kletterten die Ruderer an Bord des »William D. Munroe«, der sich mit ihrem Boot im Schlepptau langsam in Bewegung setzte.

Die beiden Nachzügler waren der norwegische Hauptmann a. D. Hjalmar Johansen[25] und der Verfasser dieses Buches.

Johansen hatte 12 Jahre früher mit Fridtjof Nansen von der »Fram« aus den Vorstoß zum Pol unternommen und nachher in der Schneehütte auf Franz-Josephs-Land überwintert. Bekanntlich wurden die beiden dann von der englischen Jackson-Expedition aufgenommen und mit deren Expeditionsschiff »Windward« nach Norwegen befördert, wo sie nach 1½jähriger Trennung fast gleichzeitig mit Ihren Kameraden von der »Fram« ankamen und durch ihre Erlebnisse die Bewunderung der ganzen Welt erregten.

In den darauf folgenden Jahren war Nansen immer höher auf

der Stufenleiter menschlicher Ehren und Erfolge gestiegen, während der gute Kamerad im ewigen Einerlei des Militärdienstes kein Genügen fand und, nachdem er seinen Abschied genommen, im Kampf mit den täglichen Sorgen und Widerwärtigkeiten des Lebens allmählich zu unterliegen drohte.

Johansen war den Sommer über bei dem schottischen Forscher Dr. Bruce auf Prinz-Karl-Vorland beschäftigt gewesen und mit mir für die Dauer einer Stunde in der Kreuz-Bai auf der Yacht des Fürsten von Monaco zusammengetroffen. An Bord dieser Yacht befand sich zu wissenschaftlichen Zwecken auch ein deutscher Meteorologe, der den auftauchenden Gedanken einer gemeinsamen Überwinterung von uns beiden lebhaft aufgriff und befürwortete. Der Herr versprach, uns durch Sendung von noch fehlenden wissenschaftlichen Instrumenten und Apparaten, vor allem zu aerologischen Arbeiten, kräftig zu unterstützen.

Da ich im Sommer mit Dr. Elias auf dem »Expres« eine Reihe von Fesselballon- und Drachenaufstiegen im Interesse der Nordpolfahrt Wellmans unternommen hatte, boten diese keine technischen Schwierigkeiten mehr, und die Winterarbeit im Anschluß daran konnte zweifellos wertvolle Ergebnisse liefern.

Nach kurzer Überlegung wurde daher die Überwinterung von uns beiden vereinbart und mit Handschlag besiegelt. Darauf führte uns der erwähnte Meteorologe dem Fürsten von Monaco als Unternehmer einer wissenschaftlichen Überwinterungsexpedition vor, was diesen zu einigen anerkennenden Äußerungen veranlaßte. Leider ließen gewisse gesellschaftliche Ablenkungen den deutschen Gelehrten seine Versprechungen vergessen, und so mußten unsere während der Überwinterung pflichtgetreu und unter schwierigen Umständen angestellten meteorologischen Beobachtungen unvollständig bleiben.

Johansen konnte zu der verabredeten Zeit nicht erscheinen und war wochenlang mit Dr. Bruce überfällig gewesen. Ich begab mich also von der Wellman-Station auf der Däneninsel, die mir für die

Überwinterung mitsamt allen Vorräten von Wellman zur Verfügung gestellt worden war, mit dem »Expres« auf die Suche nach ihm. Es zeugt von den eigentümlichen Verhältnissen Spitzbergens, vor allen Dingen der starken Gliederung des Landes im Westen, daß wir zwar überall die Spuren seiner Tätigkeit, trigonometrische Signale und Steinvarden, aber ihn selbst trotz eifrigen Nachforschens nicht antrafen. Schließlich ersuchte mich sein Kamerad, Rittmeister Isachsen, der selbst nach Vollendung verschiedener topographischer Arbeiten auf Nordwestspitzbergen wegen Ablauf der Charterzeit seines Expeditionsschiffes unbedingt heimkehren mußte, weiter nach den Vermißten Umschau zu halten.

Dieser ehrenvollen Aufgabe unterzog ich mich gern, obwohl dadurch die Überwinterung im gut eingerichteten Wellman-Hause auf der Däneninsel in Frage gestellt wurde. Ich behielt den »Expres« bis zum letzten Augenblicke oben, und als auch dann Johansen nicht gefunden wurde, setzte ich meine Nachforschungen gemeinsam mit dem wackeren Kapitän des »William D. Munroe« fort. Wir fanden endlich Johansen in irgendeinem Winkel des Prinz-Karl-Vorlandsundes, der Dampfer konnte aber wegen der ungünstig gewordenen Eisverhältnisse und des abnehmenden Tageslichtes nicht mehr zur Däneninsel gelangen und kehrte daher mit uns beiden zur Advent-Bai zurück. Dort bezogen wir im leerstehenden Touristenhause Quartier und berieten, was unter den veränderten Umständen zu tun sei.

Eine Überwinterung in dieser Gegend schien für mich nur dann Zweck zu haben, wenn es gelang, im anderen Jahre frühzeitig auf die Nordseite Spitzbergens zu kommen, um die im Sommer dort begonnenen, photogrammetrischen Arbeiten zu vollenden. Es mußte also, da ein Schiff nicht zur Verfügung war, um aus dem Eisfjord an der Westküste entlang zur Nordseite zu fahren, eine Schlittenexpedition über das hohe und bisher unbekannte Inlandeis sich der Überwinterung anschließen. Darüber waren wir einig geworden, und wir beschlossen, dieses Programm durchzuführen, wenn es uns gelang, in der kurzen Zeit, die uns noch bis zur letzten Reise des »William D. Munroe« blieb, einen geeigneten Überwinterungsplatz zu finden und unsere Ausrüstung zu ergänzen. Denn wir besaßen nur für den Sommer passende Kleidung, und die Proviantfrage mußte eine zufriedenstellende Lösung erhalten.

Johansen lag bei seinem derzeitigen Gemütszustande eine Überwinterung mit wissenschaftlichen Aufgaben sehr am Herzen, denn er erwartete von ihr einen Umschwung in seinen äußeren und inneren Verhältnissen. Aber auch ich hatte mich in den Gedanken der Überwinterung verbissen und darüber nach Deutschland berichtet.

Wo aber sollten wir bleiben, nachdem der Plan mit dem Wellman-Hause sich zerschlagen hatte? Den Engländern oder Amerikanern ein halbes Jahr lang zur Last zu fallen, wiesen wir weit von uns. Außerdem wäre es uns auch zu wenig ernsthaft erschienen. Als Jäger bei ihnen zu bleiben und dadurch unseren Unterhalt zu verdienen, würde unter anderen Umständen uns vielleicht gereizt haben; aber die Jagd auf Füchse und Bären wurde nach der scheußlichen Methode des Strychninlegens ausgeübt, und dazu hätten wir uns niemals verstanden. Hierüber wird noch Verschiedenes zu sagen sein. Die englische und die amerikanische Niederlassung kamen also nicht in Betracht.

Da wir an den Fleischtöpfen Wellmans nicht sitzen durften, wollten wir eine richtige arktische Robinsonade erleben, und unsere körperliche Eignung und Erfahrung mußten die ungenügenden Vorbereitungen ersetzen. Daher wählten wir das auf der anderen Seite des Eisfjords liegende, etwa 30 Kilometer von den Niederlassungen entfernte Kap Boheman, wo im vorigen Jahre für den Versuchsbetrieb in einem in der Nähe liegenden, allerdings nicht abbauwürdigen Kohlenflöz ein Bretterhäuschen errichtet worden war. Der Kapitän des »William D. Munroe«, der stets trink- und sangesfrohe Henrik Naes, hatte an mehreren vergnügten Abenden, bei denen mein spärlicher Alkoholvorrat bis auf eine als Medizin reservierte Flasche Cognak ausgetrunken wurde, das Flachland bei

Kap Boheman als guten Jagdplatz geschildert und als angeblicher Disponent uns die erwähnte Hütte mit den darin lagernden Lebensmitteln zur Verfügung gestellt. Dadurch revanchierte sich Naes, und er lud uns außerdem, während der »William D. Munroe« mit unserem kleinen Boot nach der gegenüberliegenden Seite des Eisfjords fuhr, zum Abschiedsessen ein. Das würde ja wohl, so drückte er sich aus, für uns zwei arme Schächer auf lange Zeit das letzte sein, das wir im Bereiche der Kultur zu uns nähmen.

Karen, die stattliche und überaus gemütvolle Köchin der Amerikaner, die ebenfalls heimkehrte, war aber mit der forcierten Lustigkeit ihres jetzigen Chefs nicht einverstanden, sondern sie sah wehmütig zu, wie es uns beiden schmeckte, und gebrauchte zeitweilig ihr Tüchlein. Dadurch wurde Naes ebenfalls gerührt, und er verehrte uns zum Abschied das früher schon versprochene Faß Petroleum, zwei Liter Spiritus für Lampe und Primuskocher sowie vom Tisch weg den angeschnittenen Schinken. Ferner ließ er die drei Böller des »William D. Munroe« laden.

Es mußte also geschieden sein, denn die Dämmerung brach an und es war noch eine ganze Strecke bis zum Kap Boheman, da der Dampfer wegen verschiedener Untiefen nicht näher als 3 Kilometer an das Ufer herankommen konnte. Vor der Abfahrt gruppierten wir noch unsere Ladung um. Der Gummikajak wurde ins Wasser gelassen und in ihn Björn, unser größter und schwerster Hund, verfrachtet. Der schwarze Peter kam nach vorn zu Johansen, während Herr Fuchs auf den über unsere Sachen gebreiteten Schlafsäcken liegenblieb und von seinem erhöhten Platz aus die Situation übersah. Der Kajak wurde darauf von unserem Ruderboot ins Schlepptau genommen, und unter vielen Hurrahs von drüben und hüben setzte sich der Dampfer in Fahrt, und die Überwinterungsflottille ruderte dem Lande zu.

Da krachten vom »Munroe« die Böller, und die stolze norwegische Flagge grüßte dreimal zum Abschied. Wir winkten dem heimkehrenden Dampfer nach, solange noch Personen zu erkennen

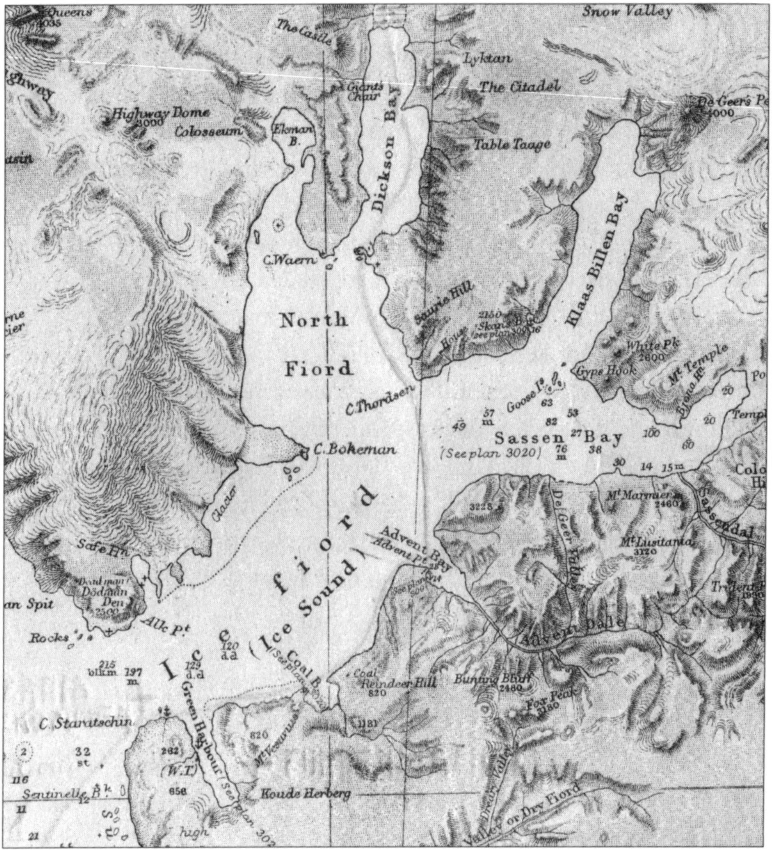

Der Eisfjord mit Kap Boheman, von der Karte Theodor Lerners

waren, mußten aber bald unsere Aufmerksamkeit dem infolge des Schießens sehr unruhig gewordenen Björn zuwenden. Er blieb nicht mehr im Kajak sitzen, sondern kroch über das Vorderdeck, um mir, seinem Herrn, möglichst nahe zu sein. Dadurch wurde natürlich die Schleppfähigkeit des mit der Spitze ins Wasser tauchenden Kajaks sehr vermindert, und ich mußte trachten, das Tier wieder auf seinen alten Platz zurückzubringen. Zu diesem Zweck zog ich den Kajak näher an unser Boot heran, was Björn aber falsch verstand, denn er schickte sich an, mit einem gewaltigen Satz überzuspringen. Der Sprung mißglückte, und gleich plätscherte er im aufspritzenden Wasser, während der leere Kajak kenterte und kieloben trieb. Bei dem Versuche, das schwere Tier von der Seite ins Ruderboot zu ziehen, geriet dieses in solche Schwankungen, daß auch der oben auf der Ladung thronende Fuchs im Bogen über Bord ging. Von 5 Expeditionsmitgliedern 2 im Wasser – fürwahr ein verheißungsvoller Anfang unserer Überwinterung!

Endlich hatten wir die beiden Schwimmer im Boot und den Kajak wieder auf dem rechten Kiel. Jetzt ruderten wir mit allen Kräften durch den sich auf dem Wasser bildenden, zähen Eisschlamm und gelangten nach 3stündiger, harter Arbeit und bei völliger Dunkelheit an das Ufer, wo wir unser Boot ausluden und mitsamt dem Kajak hoch aufs Land zogen. Da Diebe in dieser Gegend wohl nicht zu befürchten waren, nahmen wir vorläufig nur das Notwendigste zur einige 100 Meter entfernten Hütte mit, die wir mit vielen Erwartungen betraten.

Kapitel 2

Einrichtung des Hauses. Ordnung der Küchenfrage. Beschaffung unseres Brennmaterials. Die meteorologischen Beobachtungen. Johansens Sturmlaterne.

Die gründliche Besichtigung unseres künftigen Heims war das erste, was wir am anderen Morgen vornahmen. Sie ergab die bedauerliche Tatsache, daß eine Überwinterung im gegenwärtigen Zustande nicht in Frage kommen konnte. Unser Freund Henrik Naes hatte bei seiner Schilderung der Phantasie in großzügiger Weise Spielraum gegeben oder die Hütte gar nicht gesehen. Er kannte ihren Zustand wahrscheinlich nur vom Hörensagen und aus einer Zeit, wo das zum Hausbau verwendete, neue Holz sich noch nicht verzogen hatte. Jetzt blies durch die vielen offenen Fugen und Sprünge in den Bretterwänden der Wind quer durch das ganze Haus, und nach unten schimmerten die gefrorenen Steine an verschiedenen Stellen durch den Fußboden. Johansen meinte sachverständig, daß ihre schneebedeckte Erdhütte auf Franz-Josephs-Land ein besseres Winterquartier abgegeben habe als diese elende Sommerbaracke, der ein einziger Polarwinter schon so übel mitspielen konnte.

Der Weg zur Rückkehr war aber endgültig versperrt, und so überwanden wir unsere schwere Enttäuschung durch den Entschluß, hier eine radikale Änderung zu schaffen. Es mußte jedoch sofort gehandelt werden, denn Kälte und Dunkelheit nahmen schnell zu.

Von dem Versuchsbetrieb bei dem etwa 1200 Meter entfernten Kohlenstollen waren eine Anzahl Bohlen und Bretter, 2 ganze Rollen Dachpappe, mehrere Pakete größerer und kleinerer Nägel und verschiedene Werkzeuge übrig geblieben. Das alles schafften wir auf unseren Schultern über das noch schneefreie Gelände zum

Überwinterungshütte auf Kap Boheman

nahen Ufer, wo sich ein schmaler, aber tragfähiger Eissaum bis über den Vorsprung bei unserer Hütte hinaus gebildet hatte. Wir verluden das Baumaterial auf den Schlitten, den Menschen und Hunde mit vereinten Kräften zum Hause zogen. Nun schritten wir zur Neueinrichtung desselben.

Bereits in den ersten Tagen hatten wir bemerkt, das das Schlimmste von Osten kam und daß die zuerst begonnene Verstärkung der Ostseite des Hauses und der Abschluß des Schlafraumes und der Küche auf der entgegengesetzten Seite durch eine provisorische Wand mit eingelassenen Türen nicht genügte. Denn die Petroleumlampe flackerte auf dem Küchentische, und den Zug spürten wir durch unsere Wollsweaters hindurch.

Aus dicken Planken zogen wir daher eine solide und fest aneinander gefugte Wand, die das Haus in zwei Hälften, eine östliche und eine westliche, teilte. In der östlichen lag hoch aufgetürmt in zwei leeren Kojen Hartbrot, und wir stellten fest, daß der Schimmel bereits einen großen Teil ergriffen hatte. Gegenüber den Kojen stand ein Faß, bis über die Hälfte gefüllt mit Salzlake, in der wer weiß wie altes Ochsenfleisch lag, das durch die Pökelung einen verdächtig aussehenden, teils grünen, teils blauen Überzug erhalten hatte, außerdem nicht sehr angenehm duftete. Ferner fanden wir ebenfalls dort ein halbes Säckchen Dörrkartoffeln, einen Rest Erbsen und Linsen, schließlich ein angebrochenes Fäßchen mit minderwertigen Anchovis. Immerhin eine Bereicherung unseres Proviants, wofür wir dankbar sein mußten.

Wir ließen aber die östliche Hälfte des Hauses vorläufig in Ruhe und beschränkten uns auf die westliche, wo wir kochen und schlafen sollten. Die Hunde mußten einstweilen mit dem Nachtlager im Freien vorliebnehmen, eine Anordnung, die anfangs manchen lauten Protest hervorrief, aber leider nicht zu ändern war.

An die erwähnte Querwand schloß sich ein 1,20 m breiter Gang an, der auf die Haustür mündete. Diese ging aber nach außen auf, was bei einer Schneeverwehung unangenehm werden konnte, besonders, wenn wir aus irgendeinem Grunde das Haus schnell verlassen mußten. Daher bauten wir um den Eingang herum einen quadratischen, mit Dach versehenen Vorraum, der eine nach innen aufgehende Tür hatte. In den oberen Teil derselben wurde ein Fenster eingesetzt, das die Beobachtung des vor uns liegenden Geländes und des Fjords gestattete. Wenn wir während der Dunkelheit draußen waren, diente die am Fenster angebrachte Lampe als Wegweiser für den Rückweg.

Wie bereits erwähnt wurde, lagen westlich des Ganges, der Haustür zunächst, die Küche und anschließend der Wohnsalon. Die Dimensionen der Räume waren je 1,75 zu 1,60 m. In der Küche stand an der den Salon abteilenden Wand ein sogenannter Schiffsmannsofen mit 2 Kochlöchern; die gegenüberliegende Seite nahm in der ganzen Länge ein Arbeitstisch ein. Daher waren wir in der Küche sehr beengt, und der zunächst der Tür am Tisch Stehende mußte auf den Gang hinaustreten, wenn sein Nebenmann vorbei wollte. Besonders verlangte dies das glühende Öfchen, das man in unvorsichtigen Momenten mit der Rückseite streifte. Das Fenster lag an der Westseite und wurde durch die Zwischenwand zum Salon geteilt, so daß jeder Raum sein Licht erhielt. Hinaussehen konnte man aber nur selten, denn es war fast die ganze Zeit unseres Aufenthalts mit einer starken Reifkruste überzogen, die auch die Ofenwärme nicht aufzutauen vermochte.

Im Salon waren 2 Kojen übereinander angeordnet, deren obere wir 20 cm schmaler machten, damit auf der unteren eine bequeme Sitzgelegenheit geschaffen wurde und der Kopf nicht widerstieß. An der Küchenwand wurde ein schmaler, aufklappbarer Tisch von 75 cm Länge bei 45 cm Breite befestigt, an dessen Kopfenden zwei ebenfalls selbstverfertigte Schemel standen. Wäre also Besuch gekommen, hätte dieser den Ehrenplatz auf dem Schlafsack in meiner Koje erhalten. Der Besuch aber kam nicht.

Um es uns im Salon gemütlich zu machen, schnitten wir in die Wand nach der Küche ein 75 cm breites und 40 cm hohes Loch, so

Überwinterungshütte auf Kap Boheman, nach der Reparatur

daß die Ofenwärme hereinströmen konnte. Der derzeitige Saloninhaber konnte ferner die Vorgänge in der Küche beobachten und sich an den aus dem Kochtopf aufsteigenden Düften erfreuen. Um aber den Koch nicht in seiner wichtigen Beschäftigung zu hindern oder auch nur seine Aufmerksamkeit abzulenken, war es strenges Gesetz, daß der andere während dieser Stunden nichts in der Küche zu suchen hatte und auch sich keinerlei Bemerkungen über die Zubereitung der Mahlzeiten erlauben durfte. Dagegen stand die Kritik beim Essen frei. Sie lautete bei Johansen meistens in lapidarer Kürze: »Gut Essen, kräftig Essen, billig Essen!«

Ferner zogen wir über Gang, Küche und Salon in einer lichten Höhe von 2 m eine Bretterdecke, die unserem Heim ein behagliches, schiffskabinenartiges Aussehen verlieh und seine Wärme erhöhte. Auf den Fußboden von Küche und Salon legten wir Dachpappe und nagelten einen zweiten Boden darauf. Dennoch waren die Temperaturunterschiede im Salon ziemlich beträchtlich. Während beispielsweise in der Nähe des Fußbodens –3 Grad, in Tischhöhe +6 Grad gemessen wurde, konnte die Wärme unter der Decke 10 Grad mehr betragen. Johansen hatte es daher in seiner oberen Koje entschieden besser, aber er schlief auch lange nicht in einem so feudalen Eispalast wie ich in der unteren Koje. Die an die Wände angehefteten Decken aus Wollfries, denen im Laufe des Tages der Küchendunst viel Feuchtigkeit zuführte, glitzerten beim Scheine der Lampe feenhaft. Die Platzverteilung war durch das Los bestimmt worden. –

Mit diesen notwendigsten Arbeiten waren wir genau nach sechs Wochen fertig geworden. Zur weiteren Abdichtung und Verschönerung des Heims beklebten wir Wände und Türen mit Bildern aus illustrierten, deutschen, englischen und norwegischen Sportzeitschriften. Der Anblick gab außerdem für unsere Augen einen angenehmeren Ruhepunkt ab als die darunter liegenden plumpen Namenszüge und eindeutigen Herzensergüsse der frühe-

Meine Koje (Eispalast), Winter 1907/08

ren Bewohner. In der kleinen Küche hatte ein unzweifelhaftes Talent, sogar mit Benutzung von Farben, eine raffiniert erotische Zeichnung an sichtbarster Stelle in die Holzwand eingeritzt. Nachdem wir einige Tage lang dem unbekannten Illustrator Boccaccios unsere Anerkennung gezollt, griffen wir zum Messer und zerstörten das Kunstwerk, auf daß wir keinen Schaden an unserer Seele litten und nicht später in den Verdacht der Urheberschaft gerieten.

Die noch übrig gebliebene Dachpappe benutzten wir zur teilweisen Verkleidung der Außenwand, vor allem des Daches. Die Photographien und Skizzen, die die Hütte vor und nach dem Eingriffe darstellen, geben ein Bild von unserer Tätigkeit.

Unser Schiffsmannsöfchen hatte aber zuwenig Zug, und während es bei starkem Winde eine beträchtliche Wärme entwickelte, wollte es bei Windstille gar nicht ordentlich brennen. Das aus der Küche hinaus zum Dach führende Ofenrohr verrußte daher in kurzer Zeit dermaßen, daß wir notgezwungen alle 14 Tage Schornsteinfeger spielten. Bei einer solchen Reinigung, bei der man sich öfters auf das Öfchen stellte, ertrug es diese rücksichtslose Behandlung nicht länger, es fiel in sich zusammen, und eine gußeiserne Wand desselben sprang in drei Teile. Da fuhr uns der Schreck in die Glieder, denn ohne Ofen hätten wir den Winter über jämmerlich frieren müssen. Glücklicherweise gelang es uns, mit Draht und verschiedenen Eisenblechstücken die zersprungenen Teile zusammenzufügen und den Ofen wieder gebrauchsfähig zu machen. Seinen Zug stellten wir her, indem wir das kurze, nur oben aus dem Dach hervorschauende Ofenrohr mit einem soliden, vierkantigen, von innen mit Blech beschlagenen Holzkamin von 1½ m Höhe umgaben und diesen durch Drahtpardunen nach allen vier Himmelsrichtungen hin in seiner Lage festhielten. Unter dem Druck der Winterstürme hörten wir sie in der Küche oftmals singen, aber gehalten haben sie.

Jetzt zog unser Ofen glänzend, und mit den Kohlen brauchten wir nicht zu sparen. Diese holten wir aus einem ca. 300 m vom

Hause entfernten, allerdings nur 40 cm mächtigen Kohlenflöz, das hart bei der Meeresküste, am Fuße eines Felsenhanges zutage trat und eine vorzüglich brennende, stark heizende Kohle lieferte.

In Betreff der Kohlenversorgung waren wir anfangs verschiedener Ansicht. Johansen, als alter Praktikus und an die reichlichen Vorräte auf der »Fram« gewöhnt, hielt es für richtig, daß wir, solange noch Tageslicht war, den ganzen Vorrat, den wir voraussichtlich für den Winter brauchen würden, nach Hause schafften, da wir später mit großen Schwierigkeiten zu kämpfen haben würden. Mir aber schienen andere Arbeiten, besonders die Verbesserung des Hauses, die meteorologischen Beobachtungen und die Jagdausflüge dringlicher zu sein. Außerdem reizten mich gerade diese Schwierigkeiten, unsere Kräfte, an die doch noch ganz andere Anforderungen gestellt würden, zu erproben. Ich hatte auch die leise Befürchtung, daß wir, wenn wir die ganze Zeit das Brennmaterial dicht beim Hause hätten, zuviel in der Hütte bleiben würden. Das regelmäßige Herbeischaffen der Kohlen sollte für uns ein heilsamer Zwang sein, von Zeit zu Zeit im Freien zu arbeiten. Wir einigten uns dahin, einen Reservevorrat für eine Woche nach Hause zu bringen und jedesmal, wenn wir Kohlen bedurften, solche zu holen.

Von der zweiten Hälfte des November bis Mitte Januar mußte das mit der Laterne geschehen. Wir wurden aber ganz gut fertig und erlebten interessante Zwischenfälle, wenn mal wieder bei Sturm das Küsteneis aufgebrochen und davongetrieben, die noch übrig gebliebene, schmale Passage zwischen Ufer und Felsenhang durch Schneeverwehungen versperrt war. Da brauchten wir manches Mal das Vielfache der gewöhnlichen Zeit, um durch Wegschaufeln des Schnees oder gar durch Graben eines kurzen Tunnels dem Schlitten einen Weg zum Kohlenflöz zu bahnen. Verschiedentlich war auch das nicht möglich, dann turnten wir mit gefülltem Rucksack über die Schneehindernisse hinweg nach Hause.

Mit den Arbeiten wechselten wir wochenweise ab. Hatte der

eine Koch- und Reinigungsdienst, kümmerte der andere sich in erster Linie um unseren Bergbau und das Einfahren der Hunde. Die meteorologischen Beobachtungen sollten monatweise umgehen. Nachdem aber meine Zeit um war, rührten wir die Änderung ein, daß der Küchenmeister die Beobachtung um 7 Uhr vormittags anstellte, während sein glücklicher Genosse im warmen Schlafsack bleiben konnte, bis ihn der liebliche Kaffeeduft munter werden und herausspringen ließ. Er hatte dann die Annehmlichkeit, im vorgewärmten Raume Toilette zu machen, was allerdings wenig Zeit in Anspruch nahm. Denn wir pflegten, besonders im Hochwinter, so, wie wir waren, in den Schlafsack zu kriechen und nur einmal mit dem »Fünffingerkamm« durch die immer länger werdenden Kopf- und Barthaare zu fahren und uns kräftig zu schütteln, um die an den Kleidern haftenden, unzähligen Rentierhaare loszuwerden. Der reichliche Haarausfall ist das einzig Unangenehme beim Schlafsack aus Rentierfell.

Um genaue Temperaturen zu erhalten, hatte ich ein Thermometerhäuschen gebaut und dasselbe an einer frei gelegenen Stelle etwa 25 m vom Hause entfernt auf einem starken, in die Erde gegrabenen Pfahl befestigt. Dasselbe enthielt ein Thermometer und ein Hygrometer, in der Nähe desselben standen Regen- und Schneemesser. Der tägliche dreimalige Weg zu unserem »Observatorium« war bei schlechtem Wetter eine kleine Expedition, und man mußte die Laterne in einer Wolldecke oder unter dem Windrock geschickt verbergen, wenn man sie brennend bis dorthin bringen wollte.

Hoch ist da Johansens Sturmlaterne zu preisen, die er aus Teilen einer Konservenbüchse, zwei alten photographischen Platten und einer Quaker-Oats-Schachtel konstruierte. Sie erlosch höchstens bei Windstärke 9 und leistete uns auch bei verschiedenen anderen Gelegenheiten gute Dienste. Trotz der nicht großen Entfernung zum Thermometerhäuschen beschlich uns bei voller Dunkelheit oder bei Schneetreiben besonders anfangs ein unheimliches Gefühl, wenn wir dort allein herumhantierten. Wie leicht hätte uns ein Eisbär überraschen können! Zumal Johansen erinnerte sich lebhaft an das seinerzeit auf ihn verübte Attentat einer Bärin, die ihn als Futter für ihre Jungen bestimmt hatte. Daher ließ der Beobachter seinen Lieblingshund zuerst eine Rekognoszierung vornehmen und folgte, wenn die Luft rein war. Allerdings eine ziemlich überflüssige Vorsicht, wie wir nachher sehen werden.

Beim Versuchsstollen fanden wir eine starke, von irgendeinem Geodäten vergessene Bambusstange mit einer Signalflagge daran. Diese nagelten wir an das Haus, und so konnte mit Hilfe der Flagge auch die Windrichtung bestimmt werden. Die Windstärke schätzten wir nach der 12teiligen Beaufortschen Skala, wobei 0 Windstille, 12 Orkan bedeutet. Das Barometer mit dazugehörigem Thermometer hatte im Schlafraum Aufstellung gefunden. Wir machten schließlich, sobald Gelegenheit war, Wolken- und Nordlichtbeobachtungen. Letztere, etwa 80 an der Zahl, waren teilweise von starker Intensität und wunderbarer Farbenpracht. Ihr Anblick stimmte uns geradezu andächtig.

Unser Versuch, mit Hilfe der Jupitermonde und des nautischen Jahrbuches die Zeit zu bestimmen, befriedigte nicht ganz. Doch hatte dies weniger Bedeutung, da ich über drei vorzügliche Uhren verfügte. Den von den französischen Touristen wegen der Rettung der »Isle de France« geschenkten goldenen Chronometer, der auf dem offiziellen Wettbewerb die höchste Auszeichnung erhielt, habe ich bereits erwähnt. Er ging sehr genau, wurde aber von zwei Lange-Uhren, sogenannten Marine-Observations-Chronometern, noch übertroffen. Diese beiden Glashütter Uhren erhielt ich durch Vermittlung des Reichsmarineamtes. Nach einer 12monatlichen, täglichen Uhrvergleichung brachte ich die Aufzeichnungen hiervon zur Hamburger Seewarte, wo ich die Uhren im Jahre vorher auch eingestellt hatte. Da ergab sich die erstaunliche Tatsache, daß die eine Lange-Uhr nur 40 Sekunden während der ganzen Dauer meiner Abwesenheit mit der richtigen Zeit differierte. Als ich dann dieses Resultat und die Aufzeichnungen der Glashütter Firma mit meinen Glückwünschen übersandte, erstattete mir dieselbe mit wendender Post den ganzen Kaufpreis zurück. Wenigstens ein Verdienst auf meiner Überwinterung!

Kapitel 3

Die Polarnacht. Eine grausame Enttäuschung. Im Vegetarierheim. Der Skorbut, die einzige Krankheit auf Spitzbergen. Unser Leben in der Hütte. Lektüre und Unterhaltung.

Sobald es unsere Zeit erlaubte, unternahmen wir ausgedehnte Streifzüge mit Schlitten und Hunden in die Umgebung des Winterlagers, um Gelegenheit zur Jagd zu finden. Leider erlebten wir da eine gänzlich unerwartete und grausame Enttäuschung, denn, um es vorwegzunehmen, während der ganzen Überwinterung sind wir weder auf Rentiere noch auf Bären und Seehunde zu Schuß gekommen. Nur hie und da trieb sich ein Fuchs in der Gegend herum, und wir hörten öfters Schneehühner.

Einmal sahen wir einen großen Vogel über uns wegstreichen, dessen Identität mit einer Schnee-Eule wir feststellten. Auch der Stationsarzt in der Advent-Bai hatte am Schluß der Winternacht eine solche gesehen und auf sie geschossen, so daß ihr gelegentliches Vorkommen auf Spitzbergen, entgegen der Meinung verschiedener Forscher, bewiesen ist.

Mit unseren Vorbereitungen war die Zeit überraschend schnell vergangen. Am 25. Oktober lugte bei herrlichstem Wetter die Sonne zum letzten Mal einen Augenblick hinter den Bergkämmen im Süden des Eisfjords hervor, die Tageshelle wurde geringer und geringer, die gefürchtete, so oft in schwarzen Farben geschilderte Polarnacht brach herein.

War sie tatsächlich so schlimm, diese Polarnacht? Auf ca. 78½ Grad Nordbreite, wo wir uns befanden, bleibt die Sonne fast vier Monate unter dem Horizont. Da kann man schon von einer Polarnacht reden. Wenn sie das körperliche und geistige Befinden des Menschen wirklich so stark beeinflussen würde, wie in manchen Reisebeschreibungen zu lesen ist, dann hätte es uns bei der für eine Überwinterung nicht vorgesehenen Ausrüstung und der unzureichenden Verproviantierung, zumal infolge des Ausfallens der Jagd, schlecht ergehen müssen. Je weiter die Polarnacht vorschritt, desto gespannter und neugieriger wurde ich auf das, was noch kommen würde, und als wir um Weihnachten mitten drin waren, schien mir unser Leben zwar entbehrungsreich, zeitweise sogar gefährlich, in der Hauptsache aber hoch interessant.

Erst nach viermonatlicher, ungestillter Sehnsucht nach frischem Fleisch, als wir auch von dem minderwertigen, auf Kap Boheman vorgefundenen, so verdächtig aussehenden Salzfleisch nichts mehr hatten und uns nur dreimal wöchentlich Stockfisch, um den wir die Hunde betrogen, leisten konnten, protestierte ich gegen die fast ausschließlich vegetarische Kost – Hartbrot, Grütze und Margarine – durch folgende, in der Küche verfaßte Reimerei:

Hier dacht ich zu kochen manch köstlich Gericht,
Doch Robben und Bären bekamen wir nicht.
Für Jäger bedeutet es Schreck und Graus
Zu wohnen in einem Vegetarierhaus

Schön, was?

Da gedenke ich eines Zwischenfalls. Nach Genuß des letzten Salzfleisches bekamen wir körperliches Unbehagen, dann kräftige Leibschmerzen, wobei ich dahingestellt sein lasse, ob die Empfindungen des einen durch Suggestion auf den anderen übertragen wurden. Schleunigst griff ich zu dem vom deutschen Reichsamt des Innern herausgegebenen »Handbuch bei Erkrankungen und Unglücksfällen auf Handelsschiffen«, das ich seit Jahren auf meinen Reisen mitführte, und las den Passus über Fleischvergiftungen dem besorgt zuhörenden Johansen vor. Dort wurde reichlicher Wein- und Sektgenuß empfohlen, worauf wir beide in ein erschütterndes Gelächter ausbrachen, das jede Spur von Unwohlsein verschwinden ließ.

In unserer Hauptfastenzeit war es, wo ich Johansen und mich zeitweise bei einem Berliner Geheimen Kommerzienrat zu Tische ansagte. Die Schilderung des lukullischen Menüs ließ uns Grütze und Stockfisch besonders gut schmecken.

Die ungewöhnliche Nahrungsweise, verbunden mit ausgiebiger körperlicher Arbeit und Bewegung im Freien, scheint Marienbad vollständig zu ersetzen und ist außerdem weit billiger. Vor der Überwinterung und acht Monate später noch einmal hatte ich mich von dem norwegischen Arzt der englischen Bergwerksgesellschaft in der Advent-Bai genau untersuchen lassen. Nach der Überwinterung war ich laut Gutachten des vortrefflichen Dr. Kinck gesünder als vorher. Lobend sprach er sich über meine klaren Herztöne aus, desgleichen über meine 17 cm enger gewordene Taille. Auch Johansen blieb gesund wie ein Fisch im Wasser, und Verdauungsstörungen, an denen seiner Aussage nach besonders Nansen in der Winterhütte auf Franz-Josephs-Land litt, haben wir nicht verspürt.

Nun gar der Skorbut, wo blieb er? Dieser furchtbare Würger, der zur Zeit des großen Walfanges in den Gewässern Spitzbergens jährlich Hunderte und aber Hunderte der versammelten Fangleute wegraffte. Die zahlreichen noch vorhandenen Gräber zeugen davon. Aber auch in unseren Tagen fordert der Skorbut noch seine Opfer. Wenn ich vor unserem Heim stehend die Augen nach der Richtung der Advent-Bai hinlenkte, gedachte ich der Kreuze auf dem Denkmalshügel der Touristendampfer. Vor 12 Jahren hatten dort vier norwegische Fangleute notgedrungen überwintert. Ihr Schifflein wurde von dem herandringenden Eise auf das Land geschoben und war vollständig Wrack geworden. Als ich im Jahre 1896 zum ersten Mal zur Advent-Bai kam, lagen bereits zwei Leute in primitiven Särgen, d. h. aneinander geschobenen Pökelfässern, auf dem gefrorenen Erdboden, da die Überlebenden zuwenig Kraft hatten, um ihnen ein ordentliches Grab zu richten. Der eine der letzteren, Klaus Thue, wurde mein langjähriger Begleiter und Harpunier auf einer Reihe von Polarfahrten. Er wie sein Kamerad saßen damals mit geschwollenen Beinen und blutendem Zahnfleisch, den bekannten Merkmalen des Skorbuts, in der armseligen Hütte. Unter frommen Gesängen und Bibellesen erwarteten sie ihr Ende. Der Dampfer der nordnorwegischen Gesellschaft, die auch das Verdienst gehabt hat, das bekannte Touristenhaus in der Advent-Bai zu errichten, nahm sie im letzten Augenblicke an Bord, wo veränderte Kost, vor allem frisches Gemüse und das Wunderheilmittel Bier sie bald wieder gesund werden ließen.

Blickte ich gen Osten zum Kap Thordsen hinüber, so gedachte ich der dortigen Gräber von 17 norwegischen Fangleuten. Um nicht arbeiten zu müssen, hatten die Unseligen ihre Werkzeuge und eine Hobelbank, an der sie sich heilsame Bewegung verschaffen konnten, aus dem ehemaligen Schwedenhaus geworfen und waren stumpf und energielos einer nach dem anderen dem Skorbut erlegen.

Bekannt ist die Theorie von der Ptomain-Vergiftung durch verdorbene Nahrungsmittel.

Die Leute in der Advent-Bai hatten im Spätherbst ungefähr 100 Rentiere geschossen, also das köstlichste Fleisch, das es hier oben nur gibt, in Hülle und Fülle. Aber im Winter lagen sie auf ihren Fellen und schliefen meistens, sie bekamen alle Skorbut. Die Norweger auf Kap Thordsen, deren Proviantierung sicher nicht schlechter als die unsrige war und die im Herbst ebenfalls eine Menge Rentiere schießen konnten, den Winter aber faul im warmen Hause blieben, starben an Skorbut. Nansen und Johansen lagen ebenfalls im Winter die meiste Zeit in der Erdhütte ruhig auf

Ihren Pellen und vergnügten sich an Bärenfleisch und Walroßspeck. Sie litten zwar, wie bereits erwähnt, infolge der fast ausschließlichen Fleischnahrung öfters an Darmträgheit, vom Skorbut aber merkten sie nichts.

Einen weiteren Fall von Skorbut will ich erwähnen, weil er mir gerade in den Tagen vor Augen kam, als ich mich mit dem Gedanken der Überwinterung trug. Im August vorigen Jahres lief nämlich den Virgohafen auf der Däneninsel ein kleines, norwegisches Fangschiff an, von dessen Besatzung zwei Mann, wie Wellmans Expeditionsarzt konstatierte, skorbutkrank waren. Sie mußten die geplante Überwinterung aufgeben und schleunigst heimkehren. Ich verschaffte den armen Burschen noch die Überfahrt nach Norwegen mit dem gerade ankommenden Touristendampfer »Thalia« des Österreichischen Lloyd. In den Wanten des Fahrzeuges hing kürzlich geschossenes Seehunds- und Bärenfleisch, von dem die Leute hauptsächlich gelebt hatten, und Mangel an Bewegung ist auf einem Einmannfangschiff wahrlich nicht zu befürchten.

Es schien mir aber unmöglich, daß Johansen oder ich jemals so aussehen könnten wie die armen Kerle. Allerdings hatten wir eine Menge sogenannter »Reserven«, wie meines Kameraden Lieblingsausdruck lautete, zuzusetzen. Die Skorbutakten sind eben noch nicht geschlossen.

War es richtig polarmäßig bei uns, raste der Schneesturm, der unser Haus erschütterte und die Hunde zeitweilig laut aufheulen ließ, schmiedeten wir in unserem Salon Pläne für künftige Expeditionen, studierten das vorhandene Kartenmaterial und die 3 Bände der ersten norwegischen Polarfahrt, deren dritten Band größtenteils Johansen geschrieben hatte. Andere Lektüre war nicht viel mehr vorhanden. Einige norwegische Detektivromane und ein sonderbares Buch in deutscher Sprache: Weiningers »Geschlecht und Charakter«, das Danaergeschenk eines Touristen der »Thalia«. Anfangs waren wir verblüfft – später merkten wir, daß ein Teufelsei in unserem Neste lag. Da schien des Isländers Snorre Sturlasons

Sagenbuch von den alten norwegischen Königen und Wikingern doch eine gesündere Kost zu sein!

Mein Held war Harald Haarfagre, d.h. Harald Schönhaar. Namentlich imponierte mir sein Gelübde, daß er nicht eher Haar und Bart schneiden lassen wolle, bis er ganz Norwegen zu einem Reiche vereinigt habe. Ich deklamierte den betreffenden pathetischen Ausspruch und verkündete als mein Ziel den Marsch über das Inlandeis im nächsten Frühjahr. Johansen gab seinen Beifall zwar nicht durch Schlagen an den Schild, aber durch heftiges Klappern mit dem Blechgeschirr zu erkennen.

Eine Lieblingslektüre bildeten sonderbarerweise die Navigationsbücher mit den vielen, teilweise schwierigen Berechnungen. Ich habe mein Lebtag die Mathematik wie die Sünde gehaßt, jetzt machte mir die Befassung mit ihr Freude, und öfters nahm ich ein solches Buch zu mir in den Schlafsack. Beim Scheine der armseligen Petroleumlampe hielt ich es in der mit einem dicken Wollhandschuh bewehrten Linken, mit der bloßen, schnell aus dem Schlafsack herausfahrenden und wieder verschwindenden Rechten umblätternd.

Hatten wir genug gelesen, über fremde und unsere Polarfahrten gesprochen, erzählten wir uns Geschichten aus unserer Jugendzeit und vor allem aus dem Soldatenleben. Daß da mit Anekdoten nicht gegeizt wurde, versteht sich von selbst für zwei Menschen, die mutterseelenallein ein halbes Jahr zusammen hausen.

Eine solche handelte von dem Besuch des Königs Oskar II. in Tromsö und seiner Inspektion der von Johansen befehligten Kreiskompagnie. Damals hatten noch Schweden und Norwegen einen gemeinsamen König, aber das Dienstreglement wies für beide Länder einige Verschiedenheiten auf. Johansen ist es mit vieler Mühe gelungen, seine Heldenschar aufzubauen und haarscharf auszurichten. Dann geht er mit gezogenem Säbel dem sich nähernden König und seinem Gefolge entgegen und überreicht den Frontrapport, worauf der König weiter auf die Kompanie zuschreitet.

Allmählich wird Seine Majestät unruhig und wendet sich dem in vorschriftsmäßigem Abstand folgenden Häuptling zu.

»Sagen Sie mal, mein lieber Hauptmann Johansen, wollen Sie nicht viermal Hurrah rufen lassen?« – so schreibt es das schwedische Reglement vor. Johansen, dessen Gedanken vielleicht gerade bei Bären und Walrossen geweilt hatten, erschrickt, faßt sich aber gleich und antwortet:

»Nein, Ew. Majestät, aber ich lasse neunmal Hurrah rufen«, worauf er das Kommando gibt und ein neunmaliges Hurrahgebrüll ertönt, daß das Echo von den Bergen widerhallt. Da freut sich der gute König Oskar, denn er erinnert sich an das norwegische Reglement und sagt:

»Brav, lieber Johansen, Ihre Kompanie ist im Hurrahrufen gut ausgebildet!«

Eine andere Erzählung handelte von Eva Nansen, der Frau des Polarfahrers, die bei irgendeiner festlichen Gelegenheit Johansens Tischdame war. Frau Nansen wandte sich plötzlich zu ihrem Nachbar mit der halblauten Frage, was er wohl glaube, was jener ungeschickte Mensch – dabei leicht mit dem Daumen rückwärts nach einem wie eine Bildsäule dastehenden Kellner deutend – soeben angestellt habe? Da Johansen sie verständnislos anblickte, fuhr Frau Eva gelassen fort:

»Er hat mir heiße Bratensauce den Nacken herunterlaufen lassen.« Ich bewundere diese Frau.

Unsere Unterhaltung wurde übrigens zweisprachig geführt. Johansen sprach norwegisch, ich deutsch. So wurde die Parität gewahrt, und wir verstanden uns ausgezeichnet.

Kapitel 4

Die Polarnacht. Kochkünste. Ein Reinlichkeitsfanatiker. Schauspieler Peter. Nacktkultur im Freien. Vereitelter Weihnachtsbesuch in der Advent-Bai. Feier daheim.

Das wichtigste bei einer arktischen Überwinterung ist natürlich die Proviantfrage, über die bereits einiges mitgeteilt wurde. Wir aßen zweimal am Tage. Das Frühstück bestand meistens aus Kaffee, Hartbrot, Margarine und, solange wir Haferflocken hatten, aus einem soliden Haferbrei, dazu bei besonderen Gelegenheiten norwegische Anchovis. Dann gab es nichts mehr bis zum »Diner« am Abend, auf dessen Zubereitung wir alle nur erdenkliche Sorgfalt verwendeten. Um wenigstens unser Küchentalent vor der Kritik zu schützen, im Falle, daß einer von uns wider Erwarten am Skorbut erkranken sollte, habe ich jedesmal diese Hauptmahlzeit aufgeschrieben. Damit wir aus unseren bescheidenen Vorräten die notwendige Abwechslung herstellen konnten, komponierten wir die seltsamsten Gerichte, die uns meist vorzüglich schmeckten. Hier einige Rezepte:

Pudding à la Kap Boheman, am 3. Januar 1908.

Rest von gekochtem Stockfisch, letzte 8 aufgetaute Kartoffeln, 3 Eßlöffel Zucker, fein gehackte Mixed Pickles, reichlich Margarine. Das Ganze ordentlich zerstampft und mit geriebenem Hartbrot in der Pfanne schön braun gebraten. – Durchschlagender Erfolg!

Pemmikan Labskaus, am 17. Januar 1908.

Linsenmehl, zerkleinerter Stockfisch, geriebenes Hartbrot mit reichlich Margarine zu einem steifen Brei geschmort. – Urkräftig und nach Johansens sachverständiger Meinung in festem Zustande sogar für die Schlittenexpedition geeignet.

Polarhummermayonnaise, am 1. Februar 1908.

Stockfisch vom Abend vorher, aufgesparte Bouillon vom längst zu Ende gegangenen amerikanischen Salzfleisch, Dörrkartoffeln, eine Hand voll Reis mit viel Margarine geschmort, darüber fein gehackte Mixed Pickles und in Sirup getränkte, zart geröstete Hartbrotkrümelchen! Johansens Phantasie wird beim Kosten dieses Gerichtes so ausschweifend, daß er ein über das andere Mal »veritable Hummermayonnaise« ausruft und kräftig einhaut.

Um die Küchenangelegenheiten abzuschließen, seien noch einige Bemerkungen über gewisse damit zusammenhängende Dinge gestattet.

Süßwassereis konnten wir uns nur im Oktober aus einem landeinwärts gelegenen Tümpel holen, später wurde das zu schwierig, und wir waren auf das Schmelzen von Schnee angewiesen. Das aber geht bekanntlich langsamer und liefert eine viel geringere Menge Wasser als Eis. Die Not trieb uns also, mit dem Wasser zu sparen, das wir meistens zum Kochen und Trinken, seltener zum Spülen benutzten. Leider kam da die Reinlichkeit zu kurz, aber Damen- oder Bakterienbesuch war nicht zu befürchten, und wir fühlten uns außerdem in unserer Haut recht wohl. Man kann über das mangelnde Waschbedürfnis gewiß die Nase rümpfen, aber es hatte doch seine unleugbaren Vorzüge, denn unsere dunklen, fettglänzenden Gesichter und Hände boten bei Kälte und scharfem Wind unzweifelhaft einen Schutz gegen Erfrierungserscheinungen und Frostwunden.

Ich hatte bei einer früheren Polarexpedition die Ehre, einen richtigen Reinlichkeitsfanatiker an Bord zu haben, der jeden Morgen seine Gummibadewanne benutzte und täglich 1½–2 Stunden zur Pflege des äußeren Menschen gebrauchte. In der warmen Kajüte war er der Cherub unter den schwarzen Teufeln, und demgemäß spielte er sich als Schiedsrichter in allen eleganten Dingen auf. Auch über unsere Kleidung und Kost gab er sein maßgebliches, meist absprechendes Urteil ab, obwohl sie doch auf manchen Expeditionen erprobt war.

Das Bild wurde aber anders, wenn wir mit dem Boot zur Jagd hinaus fuhren und er seinen feudalen Gehpelz, weil er ihm hinderlich war, zu Hause lassen mußte. Dann bot der ständig frierende und mit den Zähnen klappernde überzivilisierte Großstädter einen teils erbarmungswürdigen, teils lächerlichen Anblick. Da er außerdem wegen seiner gepflegten Hände verschmähte, sich durch Rudern warm zu arbeiten, blieb er schließlich trotz seiner Jagdleidenschaft meistens an Bord zurück und schrieb seine interessanten Expeditionserlebnisse vom Hörensagen oder sog sie sich aus den Fingern. Die Phantasie hatte überhaupt einen großen Anteil an der fruchtbaren Berichterstattertätigkeit unseres Genossen, was er selbst mit edlem Freimute zugab. So erzählte er eines Tages, daß er den fürchterlichen Sturm, bei dem sein Held das Schiff verlor und eben mit dem Leben davonkam, in der verzinkten Wellenbadschaukel komponiert habe.

Böse Menschen können allerdings der Meinung sein, daß wir uns in unserem Winterlager mit dem Gegensatz der Reinlichkeit trieben, wenn sie folgende Episode vernehmen:

Ein ehemaliger, wenn auch ohne Seife, die wir nicht besaßen, rein gewaschener Kohlensack war unser Küchentuch, das am Ende der Woche zu seiner früheren Bestimmung zurückgekehrt zu sein schien. Bei Wechsel des Küchendienstes mußte es aber rein übergeben werden. Da trat eines schönen Samstag nachmittags Johansen hell und strahlend wie der Lichtgott Balder in den Salon, und das eben am Ofen getrocknete Küchentuch lag von neuem eingeweicht im Eimer. Ein unheimlicher Verdacht stieg in mir auf, und ich hörte nur mit halbem Ohr zu, wie der Renegat nicht müde wurde, sein den ganzen Körper durchrieselndes Wohlbehagen zu schildern.

Nachher übernahm ich die Küchenwoche und am Schlusse derselben trat ich ebenfalls heil und strahlend vor Johansen hin. Auch er sah das zweimal gewaschene Küchentuch. Nach dem Essen meinte er so nebenbei, daß es wohl nicht nötig sei, Teller und Tassen abzutrocknen, das Spülen mit warmem Wasser genüge vollständig.

Wir aßen stets in der Küche. Ihre engen Raumverhältnisse machten es erforderlich, daß vorerst der Koch sich mit dem Rücken gegen die Wand niederließ und ein Brett quer vor sich legte, das mit untergeschobenem Stein auf der Ofenplatte und auf dem Arbeitstisch zwei Stützpunkte fand. Auf diesem Brett baute er zwei tiefe Blechteller, zwei Kaffeegefäße aus demselben Material und unsere Bestecke auf.

Dann rief, pfiff oder sang er, je nach seiner augenblicklichen Stimmung, zum Essen, was ich meist den Heerrufer des Königs Heinrich im »Lohengrin« besorgen ließ, worauf Johansen herbeistürzte, den zweiten, im Salon stehenden Schemel ergriff und unbedingt »Fried und Folge den Gebot« geben zu wollen erklärte.

Unter allgemeiner Spannung nahm jetzt der Koch den einzigen Topf von Herd, leerte ihn mit sicherem Augenmaße in die beiden Teller und setzte sofort den mit Schneewasser gefüllten Kaffeekessel auf das Feuer, worauf das Essen begann. Hierzu kann ich nur sagen, daß meiner Erinnerung nach kaum jemals einer von seiner Portion etwas übrig ließ. Im Gegenteil, jeder setzte seinen Stolz darein, den Teller so blank und rein wie möglich dem Koch zurückzugeben.

Nun folgte der zweite Akt. Der Kaffee war inzwischen fertig geworden. Wir füllten die beiden, je einen halben Liter messenden Blechgefäße und brockten zur Vernichtung des Schimmelpilzes reichlich Hartbrot hinein. Dann wurden noch zwei gefrorene Klümpchen Margarine serviert, die wir auf die herausgefischten, heißen Brotbrocken legten. Sofort nach dem Essen griffen wir zu den Pfeifen und stopften sie mit fein geschnittenem, zwischen den Handflächen zerriebenem Kautabak, der an Stärke nicht mehr überboten werden konnte.

»Das ist wirklich nichts für Pastorentöchter«, meinte da Johansen, aus einer mir unbekannten Ideenverbindung. Satt und zufrieden saßen wir noch eine Weile auf unseren Schemeln und sahen den aufwärts steigenden, blauen Wolken nach, bis es Zeit war, zur Koje zu gehen. Allerdings mußte vorher noch die 9-Uhr-Beobachtung gemacht werden.

Die Hunde erhielten täglich nur eine Mahlzeit und wurden gleich nach unserem Aufstehen von ihren Schlafplätzen, die sie im Mittelgange hatten, an die frische Luft befördert, in der sie den Tag über blieben. Eine anscheinend hartherzige, aber für ihr Befinden und ihre spätere Brauchbarkeit auf der Schlittenexpedition notwendige Maßnahme.

Björn hatte seinen Ruheplatz im Schnee vor unserem kleinen Küchenfenster gewählt, den er erfolgreich gegen die beiden Konkurrenten Peter und Fuchs behauptete. Sobald wir beim Essen saßen, bildete sich in dem stark beheizten Fenster eine kreisrunde, immer größer werdende auftauende Stelle, die allmählich einen Einblick in die Küche gestattete. Aber auch wir erkannten die halb neugierigen, halb traurigen Augen Björns, die unserem Schmause zusahen, und vernahmen wie schwere Seufzer die gepreßten Atemzüge des niemals satt werdenden Hundes. Es dauerte eine Zeitlang, bis wir uns gegen diesen Anblick genügend abhärteten.

Während eines solchen Vorganges erhebt der schwarze Peter plötzlich ein rasendes Gebell und stürzt das Ufer hinunter auf das Eis. Da vergißt Björn seinen Hunger und läuft hinterher, um zu sehen, was los sei. Peter schlägt einen Bogen und eilt auf den von Björn verlassenen Platz, um auch einmal den erquickenden Anblick zu genießen. Er denkt an die alte Spielregel: »Wer aufsteht, dem der Platz vergeht!« Nach einer Weile kommt der enttäuschte Björn zurück, es entsteht vor unserem Fenster eine Beißerei, und der Usurpator wird kurzerhand entfernt. Johansen berichtete diese Geschichte, und ich schrieb sie noch am selben Abend ins Tagebuch.

Öfters habe ich es als merkwürdig empfunden, daß wir in der langen Zeit unseres Zusammenseins niemals das Bedürfnis fühlten, uns mit Kartenspiel oder sonstigem Zeitvertreib zu beschäftigen. Die Unterhaltung genügte, und irgendeine Arbeit machte sich jeder in den langen Stunden, die zwischen den beiden Mahlzeiten des Tages lagen. Weil wir da meist wortkarg oder von einander getrennt waren, fühlten wir uns in der Freizeit nach dem Essen zur Unterhaltung besonders angeregt.

Bisweilen vergnügten wir uns unter lebhafter Beteiligung sämtlicher Hunde an einer eigenartigen sportlichen Veranstaltung. Vor dem Schlafengehen zogen wir uns splitterfasernackt aus und traten vor unsere Hütte, so daß bei der Kälte einige Augenblicke lang der Atem weg blieb. Darauf machten wir durch den Schnee einen Wettlauf nach einer etwa 100 m entfernten »Steinvarde«, die jeder berühren mußte, und kamen nach einigen Minuten rot und blau, je nach der Temperatur, wieder zurück. Sodann ging es schleunigst in die noch warmen Kleider und in den Schlafsack. In dieser Nacht schliefen wir besonders gut.

Um unsere Gemütsstimmung in der Winternacht zu kontrollieren, hatte ich auf jeder Seite meines Tagebuchs ein Zeichen angebracht, das einen harmonischen und friedlichen Verlauf des Tages bestätigte. Man erzählt sich mancherlei über die gereizte und streitsüchtige Stimmung, die wohl auf jeder Polarexpedition dann und wann unter den Mitgliedern geherrscht hat. Die starke Beeinflussung des Gemütes durch Dunkelheit, Kälte, einförmige Nahrung, vor allem durch mangelnde körperliche Arbeit im Freien sind schuld daran. Nur dreimal fehlte dieses Zeichen während des ganzen Winters. Einmal war die leidige Politik die Ursache, das zweite Mal das Verschlafen der ersten meteorologischen Beobachtung mit darauf folgenden Vorwürfen an die Adresse des Schuldigen und das dritte Mal ein Mißverständnis.

Ich hatte bereits erwähnt, daß wir auf unseren ausgedehnten Streifzügen weder Rentiere noch Eisbären und Robben vor die Flinte bekamen. Daher freuten wir uns sehr, an den Weihnachtsfeiertagen der seinerzeitigen Einladung des amerikanischen Betriebsleiters in der Advent-Bai Folge leisten und bei dieser Gelegenheit uns neu verproviantieren zu können. Wir sollten zum Schlachtfest kommen – 3 Schweine müßten daran glauben. Das Wasser lief uns im Mund zusammen, wenn wir an den Augenblick dachten, wo wir uns in der warmen Stube an den gedeckten Tisch von Mr. Mangham setzen konnten, um frischen Schweinebraten mit süßem Reisbrei und beim zweiten Gang allerlei köstliche Wurst mit neu gebackenem Brot verspeisen zu können. Dieses Menü hatte uns Mr. Mangham in Aussicht gestellt. Selbstverständlich gehörten zu den fetten Speisen eine Anzahl Schnäpse, Tromsöer Bier »aus der nördlichsten Brauerei der Welt« und zum Schluß ein steifer Grog.

Daher arbeiteten wir mit Feuereifer an unserer Schlittenausrüstung und machten uns frühzeitig am Tage des heiligen Abends mit unseren drei Hunden auf den Weg, um die 30 km bis zur Advent-Bai in einem Rutsch zurückzulegen. So weit wir beim Schein des Mondes sehen konnten, war die Eisdecke bis dorthin geschlossen. Das Barometer fiel zwar kräftig, gleichwohl hofften wir vor dem voraussichtlichen Witterungsumschlag den Marsch beendet zu haben. Unser Heim schlossen wir vorsorglich ab und marschierten wohlgemut dem aus der Ferne blinkenden, in halber Bergeshöhe angebrachten elektrischen Bogenlicht des Bergwerkes in der Advent-Bai zu. Ein leichter Wind wehte uns entgegen.

Nach zweistündigem Marsche rief ich »das Licht ist fort«, und gleich darauf begann es zu schneien. Der Weitermarsch wäre jetzt unverzeihlicher Leichtsinn gewesen, da wir die Beschaffenheit des Eises, auf dem wir gingen, nicht mehr feststellen konnten. Schneefall und Wind wurden stärker und zerstörten alle Spuren unseres bisherigen Weges. Nun galt es, so schnell wie möglich umzukehren, und mit dem Wind im Rücken legten wir meist im Laufschritt die Strecke bis zur Hütte zurück. Es war die höchste Zeit, daß wir festen Boden betraten, denn das Eis erhielt nach allen Seiten Risse und krachte bedenklich unter unseren Füßen. Durch den Sturm stieg das Wasser auf das Eis und überschwemmte weite Flächen des Fjords. Einen letzten Blick warfen wir in die Richtung der Advent-Bai. Ade Schweinebraten und Würste, ade, Aquavit und Bier!

Wann wir nach dem tobenden Unwetter nochmals eine ununterbrochene Eisdecke finden und den Marsch von neuem antreten würden, lag im Schoße der Götter verborgen. Und doch fühlten wir uns erleichtert, als wir wieder in unserem sicheren Heim waren, und so beschlossen wir, den heiligen Abend allein, nur in Gesellschaft unserer Hunde zu begehen.

Johansen sagte: »Ich werde Kuchen backen«, was mich, der ich die Proviantliste führte, in Gelächter ausbrechen ließ. Johansen lachte mit, und wir hatten unsere gute Laune wieder. Während mein Kamerad in der Küche geheimnisvoll hantierte, kämpfte ich einen kurzen und siegreichen Kampf, ob ich unsere einzige Flasche Kognak wenigstens teilweise zu einem Weihnachtsgrog verwenden sollte.

Die Flasche blieb unberührt, aber ich wickelte die vier letzten, vom Sommer her aufgesparten Zigarren jede sorgfältig in Staniol, um sie nachher auf den Gabentisch zu legen. Dann ging ich hinaus und sah die Eisdecke in tausend Stücke zersprengt und die einzelnen Schollen in lebhafter Bewegung. Am Ufer seit langer Zeit wieder eine richtige Brandung. Im Laufe von einigen Stunden hatte sich ein mannshoher Wall um die Leeseite des Hauses gebildet, während an der Ost- und Windseite der Schnee vollständig weggeweht war. Der Sturm erschütterte unser Haus und verursachte im Schlafraum der Hunde einen kräftigen Zug, trotz aller Verbesserung. Die armen Tiere! Sollte das ihr Weihnachtsabend sein?

Der Kuchen wurde fertig, und Johansen sang besonders eindrucksvoll zum Essen. Zuerst gab es Suppe aus Linsenmehl, dazu Tee. Dann den Weihnachtskuchen mit Schokolade. Seine Bestandteile waren: Eingeweichtes Hartbrot und Dörrobst, Zucker und Margarine in der Pfanne gebraten. Es schmeckte vorzüglich, wenigstens etwas Besonderes.

Die Hunde hatten eine doppelte Ration Stockfisch mit Hartbrot erhalten und durften bis zum anderen Morgen im warmen Salon auf dem Fußboden liegen, was sie zweifellos dankbar empfanden. Sie waren mäuschenstill, während wir unsere gegenseitigen Wünsche darbrachten und gefühlvoll einige Weihnachtslieder sangen. Dann kletterten wir über unsere Schlafgenossen hinweg in die Kojen, um noch ein Stündchen zu schwätzen und zu rauchen.

In der Nacht erwachte ich von einem fürchterlichen Alpdruck, nachdem ich, wie Johansen später erklärte, die ganze Zeit über schwer geatmet und gestöhnt hatte. Es war mir, als liege eine Bergeslast auf meiner Brust, und ich rief laut Johansen, worauf dieser schleunigst die neben seiner Koje befestigte Sturmlaterne anzündete. Björn hatte die ihm gespendete Wohltat der warmen Stube arg mißbraucht, war in meine Koje geklettert und hatte es sich mit seinem Schwergewicht auf meinem Schlafsack bequem gemacht. Nicht genug, daß er, als er sich entdeckt sah, dem kategorischen Befehle, den angemaßten Platz zu verlassen, keine Folge leistete, er ertrug auch mit stoischer Ruhe die zahlreichen Püffe, die ich ihm aus dem Schlafsack heraus, Johansen von der oberen Etage her, verabfolgte. Da alles nichts half, stieg letzterer fluchend aus der Höhe herab, packte Björn an den Hinterfüßen und beförderte ihn mit einigen kräftigen Rucks aus meinem Bett, worauf er durch einstimmigen Beschluß aus dem Salon verbannt wurde. Peter und Fuchs hatten sich bei der Schlägerei eiligst unter meine Koje gezwängt, wo sie die Entwicklung der Dinge abwarteten, dann aber, als Björn hinaus auf den Gang flog, schlossen sie sich ihm freiwillig an. Ein schönes Zeichen von Korpsgeist.

Am anderen Morgen erörterten wir das Erlebnis der Nacht und waren des Lobes voll über Peters und Fuchsens vornehme Gesinnung. Aber daß sie unter meiner Koje Platz hatten, war uns verwunderlich und Johansen kniete nieder und schaute unter dieselbe. Schnell richtete er sich wieder auf und rief:

»Ich habe hinten nach der Wand zu noch einige Fäßchen Anchovis und eine Kiste mit Proviant entdeckt.«

Da wir bereits seit drei Monaten unsere Behausung bezogen hatten, schien mir das unerklärlich, wenngleich ich es für sehr möglich hielt, daß während der ganzen Zeit nicht unter meinem Schlafplatz gefegt worden war. Wir untersuchten die Sache und fanden den Proviant in Gestalt von 2 Fäßchen Schießpulver und einer Kiste mit Dynamitpatronen, Zündschnur und Sprengkapseln, eine Hinterlassenschaft der Bergleute aus früheren Zeiten. Wir brachten diese nicht ungefährlichen Gegenstände an einen sicheren Platz auf der Rückseite des Hauses und berechneten dabei, wie hoch wir wohl gen Himmel hätten steigen müssen, wenn durch irgendeinen unglücklichen Zufall die Geschichte unter meiner Koje explodiert wäre.

Nach diesem Zwischenfall wartete unser die Arbeit im Kohlenflöz – auch eine Beschäftigung am ersten Weihnachtstag – und noch besonders schwierig wegen der teilweisen Zertrümmerung des Küsteneises. Die Hunde blieben mit dem Schlitten auf einem noch mit dem Ufer zusammenhängenden Eissaume und standen bis an den Bauch in dem darauf liegenden Schnee. Alle paar Augenblicke sahen wir sie die Fußstellung wechseln, einmal wurde der linke Fuß gehoben, dann der rechte usw. Das bot einen lächerlichen, nachher, als wir die Ursache ihrer Freiübungen erkannten, einen mitleiderregenden Anblick. Sie standen im Salzwasser, das unter dem Schnee auf das Eis gedrungen war. Daher zogen wir schnell den Schlitten auf das Ufer, wo der Schnee trocken war. Dort legten sie sich nieder und leckten ihre mißhandelten Füße.

Mit der Kohlenarbeit war der erste Feiertag ungefähr vergangen, und wir konnten von unserer Hütte aus wieder das elektrische Licht aus der Advent-Bai erblicken. Es schien uns besonders hell zu strahlen, denn drüben feierten sie ja Weihnachten mit all den guten Sachen, und wir saßen hier und wischten uns den Mund ab. Durch das Fernrohr sahen wir weiter, daß der Schein der Bogenlampe sich im offenen Wasser spiegelte, und auf unserer Seite des Fjords hörten wir das Rollen und Dröhnen der Eisschollen im unruhigen Meer, das in mir eine Erinnerung aus vergangenen Berliner Tagen weckte. Es klang gerade so, als ob bei der Friedrichsstraße die Straßenbahnzüge über die Viaduktbogen rollten, unter denen das bekannte Restaurant »Zum Franziskaner« lag, wo ich manchen fröhlichen Abend im Kreise trinkfester Gesellen zugebracht hatte.

Ich erzählte diesen mir eingefallenen Vergleich Johansen und verbreitete mich dabei über einige Spezialgerichte – Franziskaner Schlachtplatte, Eisbein mit Sauerkraut usw. –, die man dort in unübertroffener Güte erhielt. Jetzt war das Losungswort gegeben. Da wir an diesem Tage nicht richtig satt geworden waren, hörte ich von meinem Leidensgefährten die Geschichte einer 14tägigen Weihnachtstournee, die er bei den stolzen Bauern in einem der Waldtäler Norwegens mitgemacht hatte.

Eine ganze Gesellschaft von Herren, an der Spitze der Probst, der Bürgermeister und der Bezirksrichter, fuhren von einem Hofe zum andern, bis die Reihe durch war. Jeder dieser Bauern, deren Waldgüter oft größer waren als die mancher deutscher Standesherren, suchte seinen Vorgänger mit den Genüssen der Tafel zu überbieten. Am Schluß der Tournee waren die Festteilnehmer am Ende ihrer Kraft angekommen, und manche hatten außerdem eine gründliche Magenverstimmung davongetragen. Das Programm war ungefähr folgendes:

Wenn der Gästeschwarm angekommen war, setzte man sich sofort an die Tafel, und der geistliche Herr sprach das Tischgebet, indem er auch des jeweiligen Gastgebers gebührend gedachte. Nach dem Essen zogen sich die älteren Herrschaften zu Bordeaux,

Grog und Kartenspiel in ein Nebenzimmer zurück, während die Jugend die Tische forträumte und zu tanzen anfing. Erst nach Mitternacht kehrten die Kartenspieler mit hochroten und unsicheren Schritten zur übrigen Gesellschaft zurück, und dann wurde es richtig fidel. Mit Beginn des Morgens nahm der Zauber ein Ende, und man legte sich in Betten oder auf Strohsäcke und schlief bis hoch in den Tag hinein. Nach einem ausgedehnten Frühstück, wobei von der Hausfrau selbst gebrautes Bier ausgeschenkt wurde, und einer Anzahl von Schnäpsen zum Abschied fuhren die Schlitten mit lautem Schellengeläute und noch lauterem Schlachtgesang der Insassen zum nächsten Hofe, wo die Geschichte sich wiederholte.

In der Erinnerung an diese schrecklich-schöne Zeit wird Johansen so begeistert, daß er zur Mundharmonika greift und mir ein auf solchen Weihnachtsvergnügungen oft gesungenes Schelmenliedlein, zu dem getanzt wurde, vorspielt, und nachher, als er mich im Refrain sicher glaubt, ein Dutzend Strophen desselben zum besten gibt. Der derbe Text macht uns ganz ausgelassen, und unsere Hunde machen beim Anblick ihrer singenden und sich im Kreise drehenden Herren die Musikbegleitung dazu.

So endete unser Weihnachtsfest, und trotzdem fühlten wir uns durch die Abwechslung erfrischt und gestärkt.

Kapitel 5

Die Ausrüstung wird fertig. Björns Abenteuer mit den Bären. Kaisers Geburtstag. Fastenzeit. Wiederkehr der Sonne.

Im neuen Jahre begann es erheblich kälter zu werden, und das Thermometer sank öfters auf über 30 Grad herab.

Man weiß aus der Polargeschichte, daß auf vielen Expeditionen meist durch Leichtsinn und Unerfahrenheit der Teilnehmer folgenschwere Erfrierungen sich eingestellt haben, und wir nahmen es daher ernst mit unserer Aufgabe, Kleidung und vor allem Schuhwerk sachgemäß zu verbessern. Jeder ging da vorläufig seine eigenen Wege. Nachher wurden die Verbesserungen einer ordentlichen Probe unterzogen und die gegenseitigen Erfahrungen ausgetauscht. Johansen fand, daß er mit seinen leichten norwegischen Militärlagerschuhen, über die er Rentierfellschuhe zog, am besten zurecht kam, während ich meine nackten Füße in die mit trockenem Heu sorgfältig ausgepolsterten Lappenschuhe, sogenannte Lappenkomager, steckte und dabei niemals fror. Doch mußte das Heu von Zeit zu Zeit getrocknet worden, was in der Hütte beim Ofen keine Schwierigkeiten bot. Die Rentierstiefel hatten den Nachteil, daß sie nicht sehr widerstandsfähig waren und eine sorgsame Behandlung und ein gründliches Trocknen nach dem Marsche verlangten. Ich beschloß, später in der Advent-Bai mir für den Marsch über das Inlandeis wegen ihrer Leichtigkeit ebenfalls solche Rentierfellstiefel zu besorgen.

Bezüglich unserer Anzüge waren wir einig. Wir trugen auf der bloßen Haut dünne Jägerwollwäsche, über die wir eine zweite, dickere Garnitur zogen, dann folgte eine Lodenhose, die unten zusammengebunden wurde, um vor dem Eindringen des Schnees zu schützen. Außerdem benutzte ich eine Reithose aus früheren Tagen von dickem Kordstoff, die hinten bis unter die Knie einen schweren Lederbesatz hatte. Johansen nahm sich als zweite seine Kommißhose mit. Auf dem Oberkörper trugen wir einen dicken, sogenannten »Islandstroier« aus reiner Wolle. Dieses war unsere tägliche Bekleidung. Bei großer Kälte und wenn wir auf dem Marsche uns ausruhten, schützte noch eine oben fest geschlossene Lodenjoppe und zuletzt der sogenannte Windanzug.

Ich hatte mir einen solchen in Deutschland aus dichtem, grauen Seidenstoff mit aufgenähter Kapuze herstellen lassen, der sehr leicht war und seinen Zweck vollständig erfüllte. Daher ließ ich die Lodenjoppe meist zu Hause und fühlte mich freier in meinen Bewegungen.

Oben: Hjalmar Johansen
Unten: Theodor Lerner

Johansen war nicht in der glücklichen Lage, einen Windanzug zu besitzen, und so begann er, aus im Herbste mitgenommenem, dünnen Segeltuch sich dieses notwendige Kleidungsstück zurecht zu schneidern, das vorzüglich gelang und paßte. Das Segeltuch sollte eigentlich zur Anfertigung des Zeltes dienen, jetzt reichte der Rest nicht mehr, und das Zelt mußte in der Advent-Bai, wo genügend Segeltuch vorhanden war, fertig gemacht werden. Auch deshalb war die Schlittenreise dorthin unbedingt notwendig.

Als Kopfbedeckung trug jeder den sogenannten »Sturmhut« oder, weniger kriegerisch ausgedrückt, einen breitrandigen Filzkalabreser, dessen Krempe nach vorn und den Seiten heruntergebogen war und dadurch dem Träger ein verwegenes Aussehen gab. Wurde dann noch die Kapuze darüber gezogen, die gleichzeitig die Ohren bedeckte und weit vorstand, um den seitlichen Wind vom Gesicht, vor allem der Nase abzuhalten, so war die Ausrüstung bis auf Handschuhe und Schneebrille fertig.

Als erstere dienten dicke, sogenannte Wollfäustlinge, die wir über weiße Waschlederhandschuhe aus verflossener Militärzeit zogen. Unsere Wollhandschuhe hatten aber bald beim Gebrauch der Skistöcke an verschiedenen Stellen, besonders an der Innenfläche, Löcher, und so mußten wir, da jeder nur ein einziges Paar sein eigen nannte, fleißig die Stopfnadel gebrauchen und später Tuchflicken darauf nähen. Deren wurden allmählich mehr und mehr, und so konnte man auf der Innenseite von Johansens Handschuhen am Schluß der Überwinterung eine dreifache Lage von Flicken feststellen. Es war ein reines Museumsstück.

Schneebrillen besaßen wir keine. Einmal beschatteten unser Gesicht die Krempe des Filzhutes und die Seitenränder der Kapuze, dann beschmierten wir unsere Augenränder und die innere Nasenfläche mit einer dicken Lage Ruß, was sich als äußerst probat erwies. Übrigens ist das keine neue Erfindung, sondern die Eskimos machen es ebenso. Durch den von Ruß freien, helleren Hautstreifen auf dem Nasenrücken erhielten wir eine entfernte Ähnlichkeit mit Zirkusclowns, was wir aber im Laufe der Zeit gar nicht mehr empfanden. Wir haben niemals, auch auf dem Marsche über das Inlandeis nicht, an Schneeblindheit gelitten, und was unsere Kleidung betrifft, so beobachteten wir uns zwar die erste Zeit, ob vielleicht jemand Nasenspitze, Ohren oder Kinn erfroren hatte, und überzeugten uns öfters, daß noch Gefühl in den Zehen war. Bald aber kümmerten wir uns nicht mehr um solche Kleinigkeiten und betrachteten es als selbstverständlich, daß wir von Frostschäden verschont blieben. Wir waren eben »überlegene Kerle«!

Die einzige Brille, die wir hatten, wurde zum Schutz der Augen beim Loshacken der Kohlen von mir konstruiert. Sie bestand aus Leder mit eingeschnittenen Augenöffnungen. Um diese nähte ich erhöhte Lederränder, auf die zwei Konservendosendeckel genietet wurden. Eine Menge winziger, hineingestochener Löcher in den Deckeln gab genügend Licht bei der Arbeit. Auch Johansen fand, daß die Brille vollständig ihren Zweck erfüllte. Diese Brille besitze ich noch.

Die häufige Beschäftigung im Freien, verbunden mit den Ergebnissen unserer Erfindungsgabe, hatte uns bisher die Überwinterung glänzend überstehen lassen. Aber der Marsch zur Advent-Bai mußte bald angetreten werden, wenn wir die Schlittenexpedition rechtzeitig ausführen wollten. Einstweilen bot sich aber noch keine Aussicht dazu, weil der vielfache starke Temperaturwechsel das Bilden einer festen Eisdecke auf dem Fjord immer wieder verhinderte. Bei Sturm konnte das Thermometer auf über 0 Grad steigen, und wir hatten anstatt Schnee Regen, den wir ganz sommerlich empfanden. Wenn aber bei Windstille klares Wetter war, maßen wir 20, 30 und mehr Grad Kälte.

Draußen trieb das Eis hin und her, während es an unserem Ufer zu einer tragfähigen Fläche zusammenfror. Dann begannen auch wieder die Eisschraubungen, oder wie ich es nannte »das Rollen der Berliner Stadtbahnzüge«. So mußten wir bei unseren Wanderungen und Ausflügen auf dem Küsteneis, die wir auch in der Dunkelheit nicht einstellten, recht vorsichtig sein, um nicht durch eine unpassierbare Schraubung vom Ufer abgeschnitten zu werden.

Eigenartig war da das Benehmen des Überwinterungsveterans Peter, der während der Eisschraubungen mehrfach Alarm schlug, so daß wir in Erwartung einer Jagdgelegenheit mit unseren Gewehren aus der Hütte liefen. Es war aber immer blinder Lärm, obwohl Björn und Fuchs öfters in das Bellen Peters einstimmten.

Was mochten nur die Hunde haben? Wegen einiger Fuchsfährten, die wir gelegentlich landeinwärts entdeckten, und des Plätscherns, das an irgendeiner Wasserrinne zeitweise ein Seehund verursachte, war doch dieser Generalalarm nicht nötig. Von Bären konnten wir keine Spur entdecken, und so wurden wir allmählich gegen dieses aufgeregte Gebaren abgestumpft.

Eines Abends hatte Björn die Führung des Konzertes übernommen und war dabei spornstreichs auf das Eis gelaufen, Peter als Verbindungsmann einige 100 Schritte hinterher, während der vorsichtige Fuchs zur eventuellen Berichterstattung bei der Haustür geblieben war. Als das Bellen Björns draußen auf dem Eis etwa eine Stunde gedauert hatte, ging ich hinaus, um nachzusehen. Bei der klaren Nacht sah ich Björn aufgeregt hin- und herlaufen, er schien mir durch eine entstehende Wasserrinne vom Ufer abgeschnitten zu sein, und ich war gar nicht erbaut von der Möglichkeit, den warmen Salon verlassen zu müssen, um unseren wertvollsten Hund zurückzuholen.

Johansen meinte aber, es sei wieder einmal ein falscher Alarm, oder Björn habe einen Seehund gewittert, und so blieb ich gern daheim und steckte mir eine frische Pfeife an.

Ich erinnere mich, bei der Gelegenheit die Fabel vom Hirtenjungen erzählt zu haben, der die Dorfbewohner mehrfach wegen eines Wolfes narrte, so daß sie nachher, als der Wolf wirklich kam und in die Herde einbrach, an seine nichtsnutzigen Streiche dachten und ihre Hilfe versagten. Johansens Lieblingsausdruck war »logischerweise«, den brauchte er auch nach Beendigung meiner Erzählung. »Also muß logischerweise in diesem Falle, da ein Wolf nicht in Betracht kommt, ein Bär da sein.« Das leuchtete mir zwar nicht ganz ein, aber ich zog für alle Fälle meine Windkleider über, nahm Büchse und Jagdmesser und begann, die Skier anzuschnallen.

Draußen tönte das Bellen fort und steigerte sich allmählich zur Raserei. Plötzlich, zwischendurch ein dumpfer, heiserer, mir so bekannter Ton, den auch Johansen vernahm. Eilig griff er nach

Drilling und Skiern und jagte auf dem dunklen Eise hinter mir her. Auf einem Eishügel hielten wir Kriegsrat. Ein neues Brüllen trieb uns vorwärts, und bald gerieten wir auf eine sich gefährlich biegende Eisfläche, die uns auseinanderfahren ließ und zu Umwegen zwang. Als wir wieder festes Eis unter uns hatten, kam Peter auf uns zugelaufen, während Fuchs uns von der Hütte aus gefolgt war.

Weit draußen entdeckten wir eine riesige Bärin mit einem etwa einjährigen Jungen, die von Björn gestellt war. Wir sahen, wie die Bärin einen wütenden Angriff machte, dem sich Björn durch eiliges Zurückweichen entzog. Das wiederholte sich unter beiderseitigem Brüllen mehrere Male, und wir strebten mit äußerster Schnelligkeit zum Kampfplatz hin, weil wir für Björns Leben fürchteten. Denn die Gegner waren nur 8–10 Schritte voneinander entfernt, und die Bärin gab wohl nur mit Rücksicht auf ihr Junges nicht das Äußerste her, um Björn zu erreichen. Jetzt hielt es Peter nicht mehr, laut bellend jagte er voraus, dem Kameraden zu Hilfe und erreichte damit, daß die Bärenmutter auf die herannahende Gefahr aufmerksam wurde. Sie wandte sich zur Flucht und trieb das Junge mit heftigen Stößen zur höchsten Eile an. Bei dem geringen Licht war es nicht möglich zu schießen, außerdem stand Björn in der Schußlinie, und die Entfernung vergrößerte sich mehr und mehr.

Die Bären liefen auf eine etwa 200 m lange und 3–4 m hohe Eisschraubung zu, hinter der sie mitsamt dem dicht nachfolgenden Björn verschwanden. Johansen sauste um das eine Ende herum, ich um das andere, und als wir jenseits der Schraubung zusammentrafen, empfing uns mit weit heraushängender Zunge, am ganzen Körper vor Erregung zitternd, der tapfere Björn. Von den Bären war nichts mehr zu sehen, und eine hinter der Schraubung sich ausdehnende Wasserrinne zeigte den Weg, den sie genommen hatten.

Drei volle Stunden dauerte Björns Bärenabenteuer – und daß wir auf den köstlichen Braten verzichten mußten, war nicht seine Schuld.

Weit entfernt lag unsere Hütte, und so beschlossen wir umzukehren, da auch die Beleuchtung abnahm, das Eis unsicher und nicht der geringste Proviant in unseren Taschen war. Zu Hause erhielt Björn als Belohnung einen ganzen Stockfisch, mit dem er sich eine Zeitlang vergnügte. Bei der Unterhaltung über die leider ergebnislos verlaufene Jagd gestanden wir uns, daß unser Drauflosstürmen ziemlich leichtsinnig gewesen sei, billigten aber auch den Bären zu, daß ihr dreistündiges Warten auf unsere sichere Kugel die gewöhnliche Höflichkeit weit überschritten habe. So endete unser Jagdabenteuer auf Kap Boheman mit Björn in der Hauptrolle.

Aber wir bekamen jetzt noch mehr Appetit nach frischem Fleisch und dachten nun ernstlich an die Reise zur Advent-Bai. Wir unternahmen, sobald Mond und Nordlichter einigermaßen Sicht versprachen, erheblich weitere Ausflüge bis zu 10stündiger Dauer, in der Hoffnung, doch noch einen Bären zu Schuß zu bekommen. Das war aber nicht der Fall. Dabei fiel uns auf, daß in der Nacht das Wetter weit besser und vor allem weit klarer als am Tage war, und so verlegten wir diese Ausflüge meist in die Nachtzeit. Dabei hatten wir auch den Vorteil, daß wir die meteorologische Beobachtung um 2 Uhr nachmittags innehalten konnten.

Am 27. Januar wurde Kaisers Geburtstag mit drei Salutschüssen und einer Extrazugabe von einer Tafel Schokolade pro Mann gefeiert. Diese Schokolade war ein Geschenk der würdigen Köchin Karen beim Abschiede vom »William D. Munroe« am 1. Oktober vorigen Jahres, Marke Freya, ein norwegisches Fabrikat. In der Verpackung befand sich die übliche Firmenreklame. Sie enthielt auf der Rückseite das wohlgetroffene Bild Bismarcks.

An diesem Abend sprach Johansen dem Kaiser und mir zu Ehren deutsch. Nach dem Genuß der Schokolade kramte er mit listigem Augenzwinkern in seiner Koje herum und brachte die zweite in Staniol gewickelte Weihnachtszigarre zum Vorschein, die er sorgfältig und umständlich von der Hülle befreite und dann mit Behagen anzündete.

»Hoch lebe der Kaiser!« sagte er dabei. Ich nahm mir die Pfeife vor und meinte, wenn der Kaiser wüßte, wie er hier oben geehrt würde, käme es ihm sicher nicht auf eine Mille Brasilzigarren an. Das hielt mein Kamerad für selbstverständlich.

Im Hinblick auf Johansens Energie, sich den Genuß der köstlichen Zigarre so lange aufzusparen, erzählte ich ihm ein früheres Erlebnis mit seinen Landsleuten vom »Expres«, den ich für eine Sommerexpedition gechartert hatte.

Außer mir war noch ein älterer Münchner Sportsmann als einziger Deutscher an Bord, der sich einen ordentlichen Vorrat von Tromsöer Bier mitgenommen hatte. Da ich verschiedene Flaschen Aquavit besaß, tranken wir zum Essen einen »Dram« und eine Flasche Bier dazu, wie das in Norwegen so üblich ist. Unsere braven Norweger besaßen keinen Alkohol, und wir gedachten daher, ihnen zeitweise diese Labung zukommen zu lassen.

Die Feierlichkeit der Alkoholausgabe an die versammelte Mannschaft geschah sonntags vor dem Essen und wurde jedesmal durch einige kräftige Worte, bei denen ein Schuß Moral nicht fehlte, eingeleitet. Johansen warf ein, da sei wohl – nach erlauchtem Muster – eine Art Schiffsgottesdienst veranstaltet worden. Ich mußte eine entfernte Ähnlichkeit zugeben, weil die Leute, wenn auch mit Schielen nach den Flaschen, andächtig zugehört hatten. Nach Tisch kam jedesmal ein Abgesandter aus dem Mannschaftslogis zu uns in die Kajüte und bedankte sich mit biederem Händedruck für die willkommene Spende.

Fünf Wochen später, als wir eines heftigen Sturmes wegen in einer geschützten Ecke des Hornsundes vor Anker lagen, blieb der Dankdelegierte aus. Beim Nachsehen wurde er mitsamt seinen Kameraden fest schlafend in der Koje gefunden, und auf dem Tisch standen geleerte Flaschen und Gläser. Die Herrschaften hatten ihre Ration an Aquavit und Bier die ganze Zeit über aufgespart und erst, nachdem eine ordentliche Menge zusammengekommen war, dieselbe auf einen Sitz getrunken. Da schmunzelte Johansen und belehrte mich, daß die norwegischen Eismeerfahrer von Zeit zu Zeit einen ordentlichen »Hieb« zur Abwechslung haben müßten; nachher gingen sie mit desto größerer Freudigkeit an ihre Arbeit und befänden sich wohl bei Kaffee und Tee.

Allmählich wurden die Tage länger, und Anfang Februar konnten wir bereits einige Stunden ohne Laterne draußen arbeiten. Doch lag die Landschaft grauweiß und tot vor unseren Augen. Die Wiederkehr der Sonne erwarteten wir um den 20. Februar, und wir freuten uns auf den Augenblick, wo die Licht- und Wärmespenderin wieder erscheinen würde. Täglich gingen wir auf einen landeinwärts gelegenen, sanft ansteigenden Hügel, um gegen Mittag das immer lebhafter werdende Farbenspiel um die Bergspitzen zu beobachten.

Unser Proviant näherte sich stark seinem Ende, wir hatten schließlich nur noch Hartbrot und »gesegnete Margarine«, wie sie Johansen nannte, dazu Tee ohne Zucker. Auch der Stockfisch war alle geworden, und so aßen Menschen und Hunde dasselbe. Da wir mit den Portionen haushalten mußten, wurde niemand richtig satt, und wir beseitigten das Unbehagen im Magen durch intensives Rauchen unseres geschnittenen starken Kautabak, der zwar beruhigend wirkte, zeitweise aber uns in einen leichten opiumähnlichen Rausch versetzte. In einem solchen Zustand habe ich einmal eine meteorologische Beobachtung mit allem, was dazu gehörte, einschließlich der Eintragung in das Journal ausgeführt. Nachher sprach ich mit Johansen darüber und ersuchte ihn, im Anschluß an meine aufgezeichnete Beobachtung seine besondere Aufmerksamkeit auf gewisse atmosphärische Erscheinungen zu richten. Johansen nahm das meteorologische Journal und frug, wo denn meine Notizen seien. Ich mußte feststellen, daß die betreffende Seite leer war und leer blieb.– Die ganze Geschichte hatte ich mir eingebildet. In Folge dieses Warnungssignals kochten wir eine Zeitlang den Kautabak ab und trockneten ihn auf der heißen Ofenplatte. Dadurch wurde er entschieden leichter und bekömmlicher, schmeckte uns aber lange nicht so gut.

Am 15. Februar unternahm ich mit Fuchs einen längeren Spaziergang auf dem Küsteneise. Da schweben von der Mündung des Eisfjords her zwei Eissturmvögel heran, ziehen mehrere Kreise über uns und verschwinden in der Richtung auf die Advent-Bai. Gerührt schaue ich den Frühlingsboten nach und hätte es nicht über mich gewinnen können, nach dem Gewehr zu greifen. Die ersten Vögel! Vorüber die Zeit der Entbehrung!

Nach einer Weile kommen drei weitere Eissturmvögel auf mich zu, von denen ich zwei herunterhole. Der dritte umflattert aufgeregt die auf dem Eis liegenden Genossen und fällt, da ich inzwischen wieder geladen habe, seiner kameradschaftlichen Anteilnahme zum Opfer. Drei Eissturmvögel, fett und schwer, welch köstliches Mahl! Das denkt auch Fuchs, daher ergreift er einen und wendet sich zur schleunigen Flucht.

Oh, du Spitzbub und krasser Egoist, das sieht dir mal wieder ähnlich! Eine Zorneswelle steigt in mir auf, und ich schieße über den davoneilenden Verbrecher hinweg, worauf er seine Beute fallen läßt und eiligst zu mir zurückkehrt. Ich packe ihn am Kragen und will ihm eben mit dem Skistab einige überziehen, als er mich mit seinen treuen Augen ansieht und zu fragen scheint: »Warum schlägst du mich, wenn ich dir die Last tragen helfen will?« Ich bin entwaffnet und reiße für ihn einen Flügel ab, den er tatsächlich unversehrt mit nach Hause bringt. Johansen hört die Geschichte und meint nachdenklich: »Ja, ja, gar mancher ist besser als sein Ruf.«

Nun ging es ans Schneeschmelzen und Zubereiten der beiden Vögel. Den dritten erhielten die Hunde roh, mit dem sie bald fertig wurden. Unsere zwei steckten wir in den Kochtopf, und bald duftete das ganze Haus nach dem eigentümlichen, an Moschus, Tran und sonst was erinnernden Geruch der Eissturmvögel, der unseren Appetit aber nur noch steigerte. Wir verspeisten sie bis auf die blanken Knochen und hatten außerdem noch etwa zwei Liter Bouillon, in die wir Hartbrot hineinbrockten.

Nach diesem Göttermahle rauchten wir den Kautabak wieder in natura und befanden uns wohl dabei.

Jetzt packte Johansen das Jagdfieber, und es gab nun jeden Tag Eissturmvögel mit Bouillon.

Am 18. Februar, als es besonders klar war, kein Lüftchen wehte und das Thermometer nur 24 Grad zeigte, ging ich wieder auf unseren Aussichtshügel und nahm den Schlitten mit Björn und seinen Busenfreund Fuchs mit. Peter blieb bei Johansen, der Küchendienst hatte. Wir schauten gespannt nach Süden, wo die Bergspitzen heller und heller werden und allmählich zu glühen beginnen. Kurz vor 12 Uhr schießen aus einem Einschnitt der Bergkette glänzende Pfeile über den Fjord und breiten mit einem Male einen warmen Ton über die winterliche Landschaft. Langsam taucht, wenn auch nur in einem Segmentabschnitt, die lang entbehrte liebe Sonne auf und erfüllt unsere Herzen mit dankbarer Freude. Von meinen Gefühlen fortgerissen, schieße ich Salut und rufe aus Leibeskräften Hurrah! Björn springt stürmisch an mir empor und erdrückt mich fast mit seinen Liebkosungen. Der abgeklärte Fuchs wedelt mit dem Schweif und schaut bald mich, bald die Sonne an, als ob er sagen wollte: »Das haben wir mal wieder geschafft!« – Bei der Hütte wälzt sich Peter im Schnee wie ein Verrückter und bellt andauernd. Johansen steht vor der Tür, winkt mit dem Küchentuch und erwidert meine Hurrahrufe. Nach 10 Minuten allgemeiner Begeisterung verschwindet die Lichterscheinung, und die Landschaft wird kalt und traurig wie zuvor. Das macht aber nichts aus. Wir haben die Sonne wieder und hoffen, in einigen Tagen die ganze Scheibe zu erblicken.

Die Kälte nimmt stark zu, es ist fast immer Windstille, und so weit wir sehen können, liegt eine ununterbrochene schneebedeckte Eisbahn bis zur Advent-Bai. Nun werden wir undankbar gegen die dauernd auf der Tafel erscheinenden gesegneten Eissturmvögel und erinnern uns an die Historie vom französischen König Heinrich IV. und seinem Bischof sowie an den Ausruf des letzteren: »Toujours perdix – immer Rebhuhn!« Wir sind zwar ungewaschene, aber sehr moralische Leute und sprechen daher dem galanten König, der dem braven Bischof durch das dauernde Vorsetzen ein und desselben Gerichtes die Notwendigkeit der Abwechslung, auch in der Liebe, beweisen wollte, nachträglich unsere Mißbilligung aus.

Beim Zusammenstellen der für den Marsch zur Advent-Bai notwendigen Gegenstände kamen wir zum Entschluß, unser Gepäck so leicht wie nur möglich zu gestalten. Denn für die geplante Schlittenexpedition über das hohe Inlandeis zur Nordseite, die wir nach unserer Rückkehr zum Kap Boheman von hier aus antreten wollten, brauchten wir noch verschiedene Ausrüstungsstücke, hochwertigen Proviant für uns und mindestens 50 Kilo Stockfisch als Futter für die Hunde. Absolut notwendig waren ferner ein Zelt, für das der Stoff wegen Johansens Windanzuges nicht mehr langte, und ein etwa 50 m langes Gletscherseil, das wir schon vor der Reise ins Winterlager bei den Amerikanern gekauft, aber einstweilen dort gelassen hatten.

Nur einer kurzen Erörterung bedurfte die Frage der Generalreinigung unseres äußeren Menschen. Wir einigten uns dahin, diese Prozedur später im warmen Touristenhause in der Advent-Bai zu vollziehen, da die uns umgebende Schmutzschicht bei der großen Kälte und dem entgegenwehenden Wind nur angenehm sein konnte.

Kapitel 6

Marsch zur Advent-Bai. Die größte Eisschraubung. Rückkehr in die Zivilisation. Unser Quartier im Touristenhause. Unterhaltung mit den Hunden. Drei neue Zughunde. Wilde Schlägerei. Où est la femme? Fertigstellung des Zeltes und Ordnung der Proviantfrage. Ein sonderbarer Landsmann.

Am 25. Februar vormittags 10 Uhr marschierten wir mit dem Schlitten, auf dem nur Schlafsäcke und Waffen lagen, und den drei Hunden ab. Als Wegzehrung dienten fünf gebratene Eissturmvögel und etwas Hartbrot. Nach einigen Stunden kamen wir zur größten von uns beobachteten Eisschraubung des ganzen Winters. Sie war etwa 300 m lang, 9–10 m hoch und bestand hauptsächlich aus 1–2 m dicken, zusammengefrorenen Eisblöcken, deren Zwischenräume Schnee ausfüllte. Welch ungeheure Kräfte müssen da mitgewirkt haben, um ein solches Gebilde entstehen zu lassen! Es reizte uns, den höchsten Punkt des Eisrückens zu besteigen, was nach Abschnallen der Skier und in Begleitung Peters auch gelang. Nachdem wir eine Weile umhergeschaut hatten, kletterten wir hinab und setzten unseren Weg fort.

Gegen 3 Uhr kamen wir mit hereinbrechender Dämmerung an eine Strecke dünnen, vielleicht einen Tag alten Eises, das sich stark unter unserem Gewichte bog und unheimlich knackte. Schnell passierten wir einzeln die gefährliche Stelle und erreichten eine ältere, feste Scholle, von der wir den mit dem Schlitten zurückgebliebenen Hunden winkten. Sie kamen ebenfalls in beschleunigtem Tempo herüber. Wie sich das gehört, hatten sie ruhig ihre Führer vorangehen lassen. Merkwürdig zäh und nachgiebig ist das Meereis. Auf meinem lieben Rhein wäre ich längst eingebrochen.

Von jetzt ab bot die Bahn keine Hindernisse mehr, und so konnten wir ohne Zwischenfälle die letzten Stunden in völliger Dunkelheit zurücklegen, wobei das Bogenlicht des englischen Bergwerkes den Weg wies. Punkt sieben Uhr abends standen wir am Verladequai desselben.

Wir waren eigentlich von den Amerikanern eingeladen worden, die im Innern der Advent-Bai sich ansässig gemacht hatten, aber die noch zurückzulegende Entfernung dünkte uns zu mühselig, und der Hunger meldete sich. Wir hatten während des ganzen Marsches in Erwartung der kommenden Dinge vergessen, eine Ruhe- und Futterpause einzulegen. So beschlossen wir, vorerst einmal die Engländer zu besuchen. Den englischen Ingenieur kannten wir vom vorigen Herbst her und wußten außerdem, daß unser Freund Dr. Kinck bei den Engländern Stationsarzt war, während seine couragierte Frau und Kollegin die Amerikaner betreute. Die beiden Ärzte übten die Praxis aber meist gemeinsam aus; sie marschierten oder fuhren jeden Tag die Kolonien ab und schliefen einmal hier und einmal dort.

Im Hause des Betriebsleiters schien große Gesellschaft zu sein, und als die Tür aufflog und wir, umgeben von unseren Hunden, in malerischer Pose auf der Schwelle standen, ging ein Ausruf des Erstaunens durch die Anwesenden. Mr. Black faßte sich zuerst und rief mit Stentorstimme nach dem Koch. Danach allgemeine Begrüßung.

Vorerst erhielt jeder ein großes Glas Whisky und wurde dann an den Tisch genötigt, der sich wieder mit warmem und kaltem Fleisch, Spiegeleiern, frischem Brot, richtiger Butter, Tee, Zucker usw. bedeckte. Black schlug seinen Gästen vor, uns eine halbe Stunde in Ruhe zu lassen, damit wir mit ungeteiltem Interesse an die Arbeit gehen könnten. Inzwischen würde das Grammophon die Tafelmusik machen.

Endlich waren wir satt und die uns vorgesetzte Flasche Bordeaux leer. Auch die Hunde hatte man zufriedengestellt. Beim Punsch erhob sich Black zu einer Rede und beglückwünschte uns wegen der durchgehaltenen Überwinterung. Dann ließ er auf dem Grammophon die Wacht am Rhein und das norwegische »ja vi elsker dette landet« spielen. Zugleich im Auftrage von Johansen dankte ich für die uns bewiesene Gastfreundschaft, und damit war der offizielle Teil beendet.

Dann ging das Erzählen los. Dabei meinte Dr. Kinck, man habe unseretwegen schwere Befürchtungen gehabt, vor allem wegen des Unwetters am Weihnachtsabend. Mr. Mangham, der amerikanische Betriebsleiter, sei besonders besorgt gewesen und würde bei nächstbester Gelegenheit eine Expedition ausrüsten, um sich über unser Schicksal Gewißheit zu verschaffen. Der Doktor wollte ihn gleich am anderen Tag benachrichtigen, daß wir angekommen seien. Als wir bei einer aromatischen Havanna saßen und dabei unseren geschnittenen Kautabak erwähnten, wünschten mehrere Herren denselben zu versuchen. Aber nach kurzer Zeit legte einer nach dem anderen die Pfeife weg, und Dr. Kinck erklärte sachverständig: »Das ist fürwahr ein starker Tabak.« Die Doktorsgattin schüttelte aber mißbilligend den Kopf, worauf sich eine längere Debatte über die Schädlichkeit des Nikotins im allgemeinen und unserer Sorte im besonderen erhob.

Gegen Mitternacht wurde die Sitzung aufgehoben, und man führte uns in ein gewärmtes Zimmer mit elektrischer Beleuchtung und anstoßendem Badekabinett. Zwei richtige, mollige Betten luden zum Ausstrecken der müden Glieder ein. In der Ecke dieses Zimmers lagen unsere Hunde auf Rentierfellen und schliefen den Schlaf der Gerechten.

Anfangs sollten sie ihr Nachtquartier in der Schreinerwerkstatt auf den weichen Hobelspänen beziehen. Sie lehnten jedoch eine Trennung von uns ab und blieben lieber vor der Chefwohnung im Schnee. Björn knurrte gefährlich, als man ihn zu seinem Glücke zwingen wollte, und die beiden anderen schlossen sich mehr oder weniger lebhaft seinem Proteste an. Daher wurde ich aus der Gesellschaft herausgerufen und entschied kurzerhand, daß die Genossen so mancher schweren Stunde bei uns bleiben dürften. Wir aber wuschen uns wieder und wieder mit warmem Wasser und duftender Seife und benutzten wohlige Frottierhandtücher, bis uns der Spiegel bestätigte, daß wir würdig zur Rückkehr in die Zivilisation seien.

Ihre Eindrücke waren aber zu stark, wenigstens für mich, denn ich konnte keinen Schlaf finden. Daher nahm ich mir vom Bücherbrett einen Roman von Jonas Lie und las ihn von Anfang bis zu Ende. Das beruhigte die Nerven, und ich fiel in einen festen Schlaf, aus dem mich der Ruf zum Mittagessen weckte. Johansen hatte die ganze Nacht durchgeschlafen und gähnend meinte er, er könne noch ein paar Stunden vertragen.

Diesen und den folgenden Tag blieben wir bei den freundlichen Engländern, wobei wir leider erfuhren, daß sie mit dem Resultat ihrer Winterarbeit gar nicht zufrieden gewesen waren. Mangelnde Kenntnis der norwegischen Sprache und vor allen Dingen auch der norwegischen Eigenart hatte eine Reihe von Mißverständnissen und Reibungen mit der norwegischen Belegschaft hervorgerufen. Dadurch kam besonders Johansen in eine schiefe Lage, und wir beschlossen, den Engländern möglichst wenig zur Last zu fallen und der inzwischen erfolgten, neuen Einladung der Amerikaner nachzukommen.

Bei diesen herrschte volles Einverständnis zwischen Unternehmern und Arbeitern. Zwar war der leitende Ingenieur, Mr. Mangham, ebenfalls ein Engländer, aber er hatte schon zwei Winter auf Spitzbergen zugebracht und in dieser Zeit seine lieben Norweger kennen und richtig behandeln gelernt.

Im selben Jahr noch wurde das englische Bergwerk stillgelegt und später von den Amerikanern übernommen. Longyear City, genannt nach dem Hauptkapitalisten desselben, einem Mr. Longyear aus Boston, nimmt einen immer höheren Aufschwung und vermehrt von Jahr zu Jahr seine Belegschaft. Die »Arktic Coal Co.« in Longyear City ist übrigens jenes Unternehmen, dessen ich in einem früheren Kapitel über den deutschen Versuchsbergbau auf der Bäreninsel und auf Spitzbergen gedacht habe. Was deutsche

Kapitalisten damals für unmöglich hielten, führte ein Amerikaner, durch meine Vorarbeiten beeinflußt, mit glänzendem Erfolge durch.

Wir wurden von Mangham und seinen Norwegern herzlich empfangen und verlebten einige üppige Tage bei ihnen. Das konnten wir mit um so ruhigerem Gewissen tun, als eine kurz nach unserer Ankunft einsetzende, neue Sturmperiode wieder einmal den ganzen Eisfjord aufbrach und die Rückkehr mit dem Hundeschlitten einstweilen unmöglich machte. Eine Bootsfahrt über den offenen Teil des Fjords schien zu bedenklich, da sich nach Abflauen des Windes sofort auf dem Wasser eine zähe Eisschlammschicht bildete, in der unser Boot kleben geblieben wäre, wie die Fliege im Honig. Bis aber der Eisschlamm sich zu einer tragfähigen Decke konsolidierte, konnten Tage vergehen, und diese still im offenen Boot auszuhalten, durften wir weder uns noch den Hunden zumuten. So blieben wir einstweilen bei den Amerikanern und setzten Fett an.

Doch wir sehnten uns bald nach Tätigkeit und innerer Sammlung für die bevorstehenden Aufgaben. Daher baten wir Mangham um nochmalige Überlassung des Touristenhauses auf der Landzunge, wo wir unsere Ausrüstung instandsetzen wollten. Mangham sagte dieses erst für den anderen Tag zu, inzwischen werde er im Hause ein wenig Ordnung schaffen lassen, da es seit unserer Abreise im vorigen Herbst unbewohnt geblieben sei.

Anderen Tags marschierten wir zu unserem neuen Heim und erblickten, bei demselben angekommen, die Spuren von Manghams verdienstvoller Tätigkeit. Ein Dutzend Kohlensäcke mit einem Stapel Anmachholz standen vor der Haustür. In der Küche, wo ein lebhaftes Feuer brannte, waren Salzfleisch, Speck, Konserven, Eipulver, frisches Brot, Butter, Marmelade, Kaffee, Tee, Zucker, kondensierte Milch, getrocknete Früchte usw., usw. gelagert oder in die einzelnen Fächer des Vorratschrankes eingeräumt. Kochtöpfe, Teller, Bratpfannen, Tassen und Bestecke standen auf ihrem Platz.

Jetzt errieten wir auch, weshalb der uns halben Weges entgegenkommende Pferdeschlitten in weitem Bogen ausgewichen war. Wir sollten überrascht werden!

Begeistert stimmten wir ein Preislied auf unseren allerdings 10 Jahre jüngeren Nährvater Mangham an und musterten alle die köstlichen Dinge. Dann bereiteten wir uns aus Eipulver, Mehl uns Speck einen wuchtigen Pfannkuchen, mit dem wir gern zu einfacheren Verhältnissen zurückkehrten. Die vergangenen Tage hatten doch recht große Anforderungen an unsere Aufnahmefähigkeit gestellt.

Manche ätherisch und ästhetisch veranlagten Zeitgenossen könnten der Ansicht sein, daß die Beschäftigung mit den Bedürfnissen des Leibes einen reichlichen, vielleicht zu reichlichen Raum in der Beschreibung unserer Überwinterung einnimmt. Meines Erachtens mit Unrecht.

Politische Gespräche vermieden wir wegen der scharfen Meinungsverschiedenheit gelegentlich eines solchen grundsätzlich. Eine öftere Unterhaltung über das ewig Weibliche und sonstige Herzensangelegenheiten war in unserer Lage nicht ohne Gefahr, denn wir mußten uns hüten, sentimental oder gar wehleidig zu werden. Unsere wissenschaftliche Tätigkeit war mit den täglichen drei Beobachtungen einstweilen erledigt, und immer nur zu lesen oder Expeditionsfragen zu erörtern, wurde auf die Dauer eintönig. Daher möge man verstehen, daß außer der Beschäftigung und Unterhaltung mit den Hunden die Magenfrage für uns die wichtigste war. Dieselbe ausgiebig zu behandeln, gebot auch die Dankbarkeit gegen dieses kraft- und energiespendende Organ, dem wir monatelang mehr zugemutet hatten, als es nach meiner optimistisch, von einem gewissen Humor getragenen Schilderung den Anschein haben könnte. Ich denke hier mit Unbehagen an arktische Forschungsreisende, die von ihren Erlebnissen auf kurzen Sommerfahrten und den dabei ausgestandenen Entbehrungen und Strapazen viel Wesens machen und ganze Bücher darüber schreiben.

Meinen Schilderungen liegt eine langjährige, arktische Erfahrung zu Grunde, und wir wetteiferten untereinander, alle Schwierigkeiten und Enttäuschungen mit stoischer Ruhe zu ertragen, wobei der nationale Ehrgeiz wohl auch eine Rolle gespielt haben mag.

Eben sprach ich von der Unterhaltung mit den Hunden, die uns über manche langweilige Stunde hinwegbrachte. Bei den vielfachen Ausflügen in der Winternacht wurden mit unseren vierbeinigen Begleitern die verschiedenartigsten Dinge eingehend erörtert. Die Antworten derselben bestanden meistens in kürzerem oder längerem Bellen, stärkerem oder geringerem Schweifwedeln, sogar in mehr oder weniger stürmischem Hochspringen.

»Heute bist du aber faul, Björn!«

»Hau!« – Also Bestätigung.

»Schämst du dich nicht, die anderen für dich ziehen zu lassen?«

»Hauhau!« – schäme mich nicht.

»Dann bist du ein ganz gemeiner Kerl.«

Björn wendet den Kopf nach der entgegengesetzten Seite und würdigt mich keiner Antwort mehr.

»Peter und Fuchs, ihr zwei seid brav, aber ihr müßt den Verkehr mit dem Lumpen abbrechen!«

Die beiden drängen sich schweifwedelnd an mich heran, und ihre Augen fragen, was weiter kommt.

»Wer nicht arbeitet, soll auch nicht essen! Björns Ration wird heute zu euren Gunsten verkleinert.«

Diese Eröffnung wirkt sichtlich auf Björn, denn er gibt seine abweisende Haltung auf. Ich streichle mit weiteren Belobigungen Fuchs und Peter, was diese mit vielen Wauwaus und Sprüngen gegen mich quittieren. Björn bewirbt sich von neuem um meine Gunst und will mitmachen. Ich lehne kalt ab. Er muß noch eine Weile zappeln, denn er ist zeitweise ziemlich dickfellig. Endlich aber wird auch er gestreichelt – ein Jubelterzett erhebt sich, und alle drei ziehen mit erneutem Eifer.

Nicht immer nimmt die Unterhaltung auf den Schlittentouren einen solch harmonischen Ausgang. Das ist aber Schuld des Skistabes.

Als alter Harpunier besitze ich eine gewisse Geschicklichkeit, meinen Skistab, natürlich mit dem verkehrten Ende voran, aus dem Hintergrunde und einer Entfernung von 8–12 m auf den Rücken des jeweiligen Delinquenten niedersausen zu lassen. Dies wirkt wie ein Blitz aus heiterem Himmel und erzieht zur Pflichterfüllung bis zum Äußersten. Dabei ist jede Debatte überflüssig, weil die Maßnahme durchaus verstanden wird.

Während der Überwinterung, wo wir oft getrennt waren, hatten wir uns laute Selbstgespräche angewöhnt und ließen davon auch nicht ab, wenn der eine im Salon, der andere in der Küche nebenan saß. Das störte natürlich, und jeder glaubte bei seinem Nachbarn eine leichte Idiotie im Anmarsch. Mit starkem Entschluß befreiten wir uns von dieser Unart und sprachen wieder zueinander bzw. zu unseren Hunden. Diese verstanden besonders gut einzelne Winke und Gebärden von uns. Hier zwei Beispiele:

Hatten sie Hunger und hielten, fragend nach dem Führer hinschauend, den Schlitten an, so genügte es, daß er die Taschen umkehrte. Dann zogen sie resigniert weiter. Nahm einer von uns das Gewehr vom Schlitten, um irgend etwas Verdächtiges anzuschleichen, was bei Schnee und unsicherem Mondlicht öfters vorkam, so gingen sie sofort in volle Deckung und beobachteten lautlos den Vorgang. Wurde dann die Waffe hochgehoben, kamen sie in ruhigem Tempo nachgefahren und trösteten durch Schweifwedeln den einer Sinnestäuschung unterlegenen Jäger. Knallte es dagegen, setzten sie sich ohne weiteres in Galopp, und ihre Mienen drückten Mißbilligung und Hohn aus, wenn vorbeigeschossen war. Deshalb wollte Johansen bei den Seehundsjagden in der Advent-Bai die Hunde gar nicht mehr mitnehmen, weil sie ihn irritierten. Ihr Benehmen änderte sich radikal, wenn Blut auf dem Eise lag oder der angeschossene Seehund sein Wasserloch nicht mehr erreichen konnte. Gierig leckten sie das Blut auf und verwöhnten den Schützen mit ihren Gunstbezeugungen.

Das beiderseitige Freundschaftsverhältnis hatte in dem Maße zugenommen, daß wir uns öfters glücklich priesen, keine menschlichen, vielleicht unsympathischen Genossen bei uns zu haben. Aber auch zu den später hinzukommenden weiteren drei Hunden gestaltete sich unser Verhältnis wohl freundlich, aber lange nicht so herzlich wie zu den Gefährten der Polarnacht, die ihrerseits wieder den Neuankömmlingen mit kühler Reserviertheit begegneten.

Aber kehren wir zu den Ereignissen im Touristenhause zurück.

Nach Vernichtung des Speckpfannkuchens ließen wir uns beim warmen Küchenherde zu einer kurzen Siesta nieder. Da sahen wir durch das Fenster Mangham, auf den Skiern stehend und von zwei Hunden gezogen, auf das Haus zusteuern. Wir eilten hinaus, um ihn zu begrüßen, und Mangham legte einen schweren Rucksack ab, der noch einige angenehme Dinge enthielt, die er dem Fuhrmann nicht mitgeben wollte. Ein Kistchen Zigarren, zwei neue, kurze Pfeifen, einige Paketchen Tabak, eine Flasche Whisky und vier blütenweiße Handtücher, die uns in Erinnerung an den Kohlensack auf Kap Boheman besonders imponierten. Wir blieben mit unserem Freund einige Stunden in behaglicher Stimmung zusammen. Dabei ergriffen wir die Gelegenheit beim Schopf und erkundigten uns, ob wir Proviant und noch weitere Ausrüstungsgegenstände für die Schlittenexpedition aus dem Magazin der Amerikaner kaufen könnten. Mit der Bezahlung müßte allerdings gewartet werden, bis ich Gelegenheit gefunden hätte, nach Deutschland zu schreiben. Besonders erpicht seien wir auf eine Rolle dünnen Segeltuches zur Herstellung des Zeltes.

»Alles könnt ihr haben«, sagte der liebe Kerl und machte seine Zusage in vollem Umfange wahr.

Jetzt fehlte nichts mehr zu unserem Glücke, und die Erinnerung an die Entbehrungen des Winters trat zurück vor neuer Tatenlust. Ein lebhafter Betrieb entwickelte sich im Touristenhaus, und gegen

Mitte März waren wir zum Abmarsch fertig. Leider bot sich immer noch keine Gelegenheit zur Überquerung des Eisfjords, da wir von der Höhe des Auguste-Viktoria-Berges weite Strecken offenen Wassers erblickten. Die unfreiwillige Wartezeit benutzten wir zur Seehundsjagd auf dem Küsteneise. Von den erlegten Tieren brieten wir die besten Stücke und überließen den Hunden so viel, wie sie nur fressen wollten, denn auch ihnen tat eine Abwechslung mit dem ewigen Stockfisch not.

Ein wichtiges Ereignis war die Ankunft von drei weiteren Hunden, deren Beschaffung wir der Liebenswürdigkeit Manghams und Dr. Kincks verdankten.

Ich nenne zuerst Sanko, einen kräftigen, dickwolligen Lappenhund, etwa drei Jahre alt, der seine Jugendzeit in den Gebirgstälern Lapplands mit Bewachung der Rentierherden zugebracht und aus mir unbekannten Gründen Besitzer und Aufenthaltsort gewechselt hatte. Er war mit einem norwegischen Bergmann hinaufgekommen und von diesem der Station zur Verfügung gestellt worden. Ich zahlte mit meinen letzten 30 Kronen dem Besitzer den Kaufpreis, da ich hier oben ja kein Geld nötig hatte. Johansen aber dachte vorsichtiger in dieser Beziehung, denn er behielt eine bei der Abfahrt von Tromsö mitgebrachte Krone für alle Eventualitäten fest in der Tasche und brachte sie nach Jahresfrist getreulich wieder heim.

Ferner überließ uns Dr. Kinck leihweise das Geschwisterpaar Jack und Quinny. Ersterer eine Mischung von Dobermann und irgendeinem bissigen Dorfköter, letztere reinblütige Dobermannhündin, angeblich mit Stammbaum, was ich aber bezweifelte.

Quinny nahm ich mit einem gewissen Mißtrauen entgegen, einmal, weil sie voraussichtlich für längere Zeit einen Zankapfel zwischen ihren männlichen Kollegen abgeben würde, dann hatte ich Besorgnis wegen ihrer nicht allzu starken Behaarung. Johansen war aber für Mitnahme von Quinny, mit deren Hilfe er ein Zusammenarbeiten sämtlicher Hunde erzielen wollte. Er ginge einfach mit Quinny voran und sei sicher, daß alle fünf Herren errötend ihren Spuren folgen würden. Er hatte Recht – ich aber auch –, als die erste Probefahrt begann.

Johansen leitete den Unterricht. Unter lautem »saß-saß« ging er mit Quinny voran, die anderen wie der Sturmwind hinterher. Ich diente als Schlittenballast, mußte mich aber bei der wilden Jagd mit Händen und Füßen anklammern, um nicht abgeladen zu werden. Johansen lief mit Quinny aus Leibeskräften, und da das Gespann ihn umzureißen drohte, wollte er mit erhobenem Skistab die rasende Fahrt mäßigen. Das hätte er nicht tun sollen, denn vor dem Stabe spritzten die Renner auseinander und zogen jetzt nach verschiedenen Richtungen. Daher ging der Schlitten nicht mehr vorwärts, sondern bald hierhin, bald dorthin und drehte sich schließlich im Kreise, dadurch mir eine kostenlose Karussellfahrt verschaffend. Bei diesem regellosen Durcheinanderspringen der Hunde verhedderten sich die einzeln am Schlitten befestigten Zugleinen derart, daß die Tiere sich immer näher auf den Leib rückten und in ihrer Bewegungsfreiheit stark gehemmt wurden.

Mir lag es ob, die Zugleinen zu entwirren, und während dieser Beschäftigung entstand um mich herum eine Beißerei, wie sie mir in ihrer Heftigkeit noch nicht vorgekommen war. Der starke Björn nahm sich den neuangekommenen Sanko vor und drückte ihn mit aller Kraft derart in den Schnee, daß man nur noch ein Röcheln des Überfallenen vernahm. Peter lag in scharfem Gefecht mit dem anderen Neuling Jack. Nur Fuchs machte seinem oft besungenen Namensvetter alle Ehre. Er überließ das Kämpfen den anderen, wand sich wie ein Aal aus dem Zuggeschirr und versuchte, die entzückt dem Streit zuschauende Quinny auf Abwege zu führen.

Als dies der Bruder sah, steigerte sich seine Wut ins Maßlose, und er verbiß sich derart in Peters Hinterteil, daß alle meine Anstrengungen, den jämmerlich Schreienden frei zu bekommen, vergeblich waren. Erst ein in den Mundwinkel gepreßter Skistab, der einen guten Hebel abgab, brachte Jacks Zähne auseinander, worauf Peter blutend und wehklagend im Schnee umherkroch. Der um seine Beute betrogene Jack sprang jetzt mich an, und schon hing er an meinem rechten Unterarm fest. Meine Schmerzen rächte der mir zu Hilfe eilende Björn, indem er mit seinen gewaltigen Tatzen auf den Bösewicht lostrommelte. Wie hatten die Norweger so recht, als sie Jack den »Teufel« nannten!

Inzwischen war es Johansen gelungen, Quinny und Fuchs einzufangen. Letzterer erhielt an seinem Gurt einen besonderen Sicherungsriemen, und darauf gingen wir, Johansen, Quinny und ich, weiter, ohne die undankbaren Schüler, die jetzt japsend und sich leckend im Schnee lagen, noch eines Blickes zu würdigen. Auf einem erhöhten Punkt im Gelände machten wir halt und sahen die ganze Gesellschaft einträchtig nachkommen und den Schlitten hinter sich herziehen. Auch aus diesem Vorfall haben wir gelernt, und nach einer gewissen Zeit konnten wir sogar Quinny mit einspannen, ohne daß ihretwegen Streitigkeiten entstanden. Das Tempo der Fahrten steigerte sich allmählich, und es war ein prächtiger Anblick, wenn wir beide auf dem Schlitten saßen und über das Eis hinbrausten, um unsere Freunde zu besuchen.

Das Zelt war inzwischen fertig geworden. Es hatte ein pyramidenförmiges Aussehen und eine Höhe von 1,50 m. Die Länge einer Seite der quadratischen Grundfläche betrug 1,75 m. Der Eingang befand sich in einer Seitenkante. In der Mitte hielt ein Bambusstab die Zeltspitze hoch, während die 4 Bodenecken durch eisenbeschlagene Holzpflöcke auseinandergehalten und in der Erde oder dem vorher festgestampften Schnee befestigt wurden.

Eines Abends, als das Thermometer 35 Grad Kälte zeigte, baute ich draußen das Zelt über meinem bereitgelegten Schlafsack auf, kroch hinein und schlief ganz gut. Am anderen Morgen wies die 7-Uhr-Beobachtung 38 Grad Kälte nach, von der ich aber in der Nacht wenig gespürt hatte. Jetzt war auch diese Sorge von uns genommen, und unsere Ungeduld wuchs, die Schlittenexpedition anzutreten.

Das Zelt Theodor Lerners mit deutscher Flagge.

An Proviant war für uns folgendes geliefert worden: Sechs Schachteln Quaker Oats, ein halber Sack Mehl, eine Speckseite, 20 Kilo Margarine, Kaffee, Tee, Zucker und ein Kasten kondensierter Milch, enthaltend 48 Dosen. Da Hartbrot noch auf Kap Boheman vorhanden war, nahmen wir nur 50 Kilo Stockfisch als Hundefutter mit. Das Gesamtgewicht von Schlitten und Ladung machte etwa 250 kg aus.

Der freundliche Koch der Amerikaner brachte uns als Abschiedspräsent ein halbes Dutzend frische Brote. Dieses Original hatte uns zeitweise mit Erzeugnissen seiner Kochkunst verwöhnt und besonders für mich ein freundliches Interesse gefaßt. Merkwürdig gestaltete sich mein erstes Zusammentreffen mit ihm. Ich frug ihn auf norwegisch:

»Was sind Sie für ein Landsmann?«

»Franskmand!«

»Woher?«

»Aus Strasburg.«

»Dummer Kerl, dann bist du ja ein Deutscher!«

»Aber ich war 20 Jahre in Amerika.«

»Keine Entschuldigung, mein Lieber, du bist und bleibst Deutscher, und wir wollen hübsch deutsch zusammen sprechen.«

»Allright, Sir.«

Wir wurden Freunde, und er sorgte liebevoll für unser Wohlergehen. Öfters kam er in seiner freien Zeit mit irgendeinem Spezialgericht von der Siedlung zum Touristenhause herübergewandert und plauderte mit mir von der deutschen Heimat. Er schwärmte mit vor, daß er mit seinen Ersparnissen im nächsten Jahre in einem kleinen Rheinstädtchen eine gediegene Weinschänke einrichten und den Gästen das beste aus Küche und Keller bieten wolle. Ich müßte ihn unbedingt besuchen. Leider wurde nichts aus den Plan, denn am Ende verschlang den Landsmann das Riesenmaul von Chicago.

Kapitel 7

Rückmarsch ins Winterlager. Trugbilder auf dem Eise. In gefährlicher Lage. Empfindlicher Verlust. Verschwinden der Hunde. Des Rätsels Lösung. Herstellung neuen Proviantes. Letzte Vorbereitung zur Schlittenexpedition. Abschied von unserer Hütte.

Volle 4 Wochen blieben wir in der Advent-Bai und warteten das Zufrieren des Eisfjords ab. Endlich schien es soweit zu sein.

Nach herzlichem Abschiede von Mangham, Dr. Kinck und den übrigen Bekannten zogen wir los, eine stolze Kavalkade! Johansen mit Quinny am Leitseil voran, die übrigen fünf Hunde ungefähr in gleicher Front hinterher, ich am Ende des Schlittens. Es ging vortrefflich und wir legten in der Stunde etwa sechs km zurück.

In der Mitte des Eisfjords, da, wo er sich in verschiedene Buchten verteilt und wo eine ziemliche Strömung herrscht, merkten wir aber, daß die Eisdecke noch nicht so fest und solide war, wie es von der Advent-Bai aus geschienen hatte. Außerdem bekamen wir leichten Nebel, und wir leisteten es uns an dieser Stelle, schmachvoll genug für zwei alte Polarfahrer, 3½ Stunden lang im Kreise zu marschieren. Wie das kam, ist uns nie ganz klar geworden, denn wir glaubten, richtig nach dem Kompaß gegangen zu sein.

Als der Nebel sich verzog und wir die Höhenzüge beim Kap Boheman wieder erkannten, sahen wir ganz in der Ferne zwei Gestalten uns entgegenkommen, in denen wir irgendwelche Fänger, vielleicht aus der Advent-Bai oder sonst wo her, vermuteten, die uns möglicherweise besuchen wollten. Schade, daß sie uns verfehlten, wir hätten sie mit unserem neuen Proviant großartig bewirten können. Einen Augenblick hielten wir, um sie zu erwarten. Merkwürdigerweise hielten sie ebenfalls und setzten sich erst bei unserem Aufbruch wieder in Bewegung. Nachdem dieses Experiment mit gleichem Ergebnis mehrfach wiederholt und die Entfernung zwischen uns allmählich kleiner geworden war, flogen die beiden Fangleute davon.

Es ist eine bekannte Erscheinung, daß im Nebel die Gegenstände sich unheimlich vergrößern, aber das erklärte doch nicht, daß die vermuteten Besuchsgäste, die sich als zwei Möwen entpuppten, ihre Marschbewegung nach der unsrigen eingerichtet hatten. Auch dieses Rätsel konnten wir lösen, als Johansen 500–600 m vorausmarschierte und dann stehenblieb, um auf mich und die Hunde zu warten. Die wenn auch geringe Bewegung der Eisfläche bei jedem meiner Schritte, die sich bis zu Johansen fortpflanzte, erweckte den täuschenden Anschein, daß er sich ebenfalls bewegte, während er tatsächlich ruhig stehengeblieben war. Auch dieses ist vielfach beobachtet worden.

Das Verdrehteste aber, was wir auf unserem Weitermarsche erblickten, waren einige Meter über dem Eise schwebende Seehunde, zwischen ihnen Vögel mit eingezogenen Flügeln, die sich in den seltsamsten Stellungen gefielen. Eine Art Fata Morgana, nur mit dem Unterschiede von der üblichen, daß wir die Tiere selbst, und nicht ihre Spiegelbilder in der über ihnen liegenden Luftschicht sahen. Ja – auf dem Polareis erlebt man tolle Sachen, wovon die im Hochsommer und bei freiem Wasser erscheinenden Touristen keine Ahnung haben.

Jetzt machten wir eine Pause und erquickten die Hunde und uns mit zwei frischen Broten und einigen Speckschnitten. Während wir so geruhsam auf dem Schlitten saßen, merkten wir, daß Wasser auf das Eis trat und bereits um unsere Füße spielte. Auch davon bekamen die Hunde ihren Teil ab, und das nach unten hin eine Wölbung bildende Eis erhielt Risse und knackte besorgniserregend. Daher war es die höchste Zeit, daß wir die Ruhepause beendigten und uns von der unsicheren Stelle wegmachten. Die dunklere Färbung des Eises mit dazwischengestreuten, helleren, also älteren Schollen zeigte uns, daß wir uns in einer Gegend befanden, die seit höchstens zwei Tagen zugefroren war.

Einige Kilometer weiter passierte die Geschichte wiederum, aber diesmal wurde es ernster. Der schwer bepackte Schlitten sank zwischen dem brechenden Eise ein, und wir mußten die Ziehseile der Hunde durchschneiden, weil es den vereinten Kräften nicht gelang, den Schlitten loszubekommen, und unsere Begleiter in Gefahr gerieten, mit dem Schlitten in die Tiefe gezogen zu werden.

Jetzt hieß es retten, was zu retten war. Wir gingen abwechselnd auf den losen Skiern balancierend zur Ladung, von der wir Waffen, Schlafsäcke und Zelt herunterrissen. Dabei gerieten wir allmählich bis über die Knie ins Eiswasser, rutschten mehrfach von den Skiern herunter und saßen rittlings auf ihnen, aber bis zum Gürtel im feuchten Element, das in den ersten Augenblicken dem erhitzten Körper ein gewisses Behagen verursachte.

Es gelang mir, das Gletscherseil vorn am Schlitten festzumachen und mich mit dem anderen Ende zu Johansen, der an einer noch einigermaßen festen Stelle auf dem Bauche lag und mir seinen Skistab entgegenhielt, zu flüchten. Nach und nach sank der schwere Schlitten zwischen dem auseinanderbrechenden Eise bis unter die Oberfläche, wurde aber vom Gletscherseil gehalten.

Da standen wir nun mit dem Seilende in den Händen und berieten, was zu tun war. Einer sollte an der Leine entlang, gehend oder schwimmend, den Schlitten zu erreichen suchen, um noch weitere Sachen zu bergen. Da ich zweidrittel und Johansen nur halb naß war, ging es in einem hin, und ich machte mich fertig. Vorerst zogen wir den Schlitten soweit wie möglich an den Rand unserer Scholle, weil dadurch meine Aufgabe sehr erleichtert wurde. Beim kräftigen Ziehen kenterte er leider, und 150 Kilo Stockfisch, die Kiste mit 48 Dosen kondensierter Milch, die Speckseite, der größte Teil der Margarine usw. verschwanden, nicht gerade von unseren Segensworten begleitet. Die Sachen versanken in etwa 250 m Tiefe, vorausgesetzt, daß die zahlreichen Eishaie nicht vorher über die unerwartete, aber willkommene Mahlzeit herfielen.

Am Vorderteil des Schlittens war eine Kiste, die den photographischen Apparat, Instrumente, Tagebücher, ferner Kaffee, Tee und sonstige Kleinigkeiten enthielt, glücklicherweise besonders befestigt, während alles übrige nach Abnahme von Waffen, Schlafsäcken usw. sich aus der Verschnürung gelöst und auf die Reise begeben hatte. Es gelang, den bedeutend leichter gewordenen Schlitten mitsamt dieser Kiste umzukehren und auf das sichere Eis zu heben. Darauf wurden die Kleider ausgerungen, was keine angenehme, aber notwendige Arbeit war.

Nun beluden wir den Schlitten mit dem Rest unserer Habe und spannten die Hunde, die von ihrem sicheren Platze aus dem Drama schweigend, aber mit tiefer Anteilnahme zugeschaut hatten, wieder an und sahen uns nach einem gangbaren Wege um, den wir auch fanden. Es war Zeit, daß wir uns in Marsch setzten, denn wir froren bedenklich und klapperten mit den Zähnen, was bei 15 Grad Kälte erklärlich sein dürfte. Da ich am gründlichsten getauft war, ging ich als Pfadfinder voran und konnte mir eine besonders ausgiebige Bewegung machen, die auch das vollständige Steifwerden meiner Kleidung verhinderte.

Allmählich näherten wir uns dem Lande und bemerkten das jetzt bei Kap Boheman herrschende starke Vogelleben mit neuerwachtem Interesse. Dieser Anblick verscheuchte wenigstens die sich aufdrängenden Proviantsorgen. Was aber aus der Schlittenexpedition werden sollte, war gänzlich ungewiß.

Bei der Hütte angekommen, stellten wir eine 19½ stündige Dauer des Marsches fest, ferner, daß wir bereits halb trocken waren. Todmüde krochen wir mit unseren Schlafsäcken in die Kojen, ohne an Essen oder Rauchen zu denken. Die in kurzer Zeit eintretende, feuchte Wärme beruhigte Nerven und Sorgen und ließ uns in einen langen, traumlosen Schlaf versinken.

Am anderen Tage waren wir ganz trocken und nahmen sofort eine Generalrevision unserer Ausrüstung vor. Leider war auch in die erwähnte Kiste Wasser gedrungen und hatte photographischen Apparat, Tagebücher, Instrumente und Munition zu einem Eisblock zusammenfrieren lassen.

Einfahren der Hunde in die Advent-Bai

Doch waren Kaffee, Tee und Zucker in den festgeschlossenen Blechbüchsen trocken geblieben. Mit den Quaker-Oats-Schachteln hätte man sich auf einem Turnfest am Steinstoßen beteiligen können.

Am Anschluß an unsere Feststellungen kochten wir einen starken Kaffee, der den letzten Rest von körperlichem Unbehagen beseitigte, begannen zu rauchen und zu beratschlagen.

»Jetzt werden wir hoffentlich am Ende unseres Mißgeschickes angekommen sein«, sagte Johansen, »und wir müssen uns überlegen, ob und wie mit den Trümmern unserer Ausrüstung die Schlittenexpedition riskiert werden kann. Es ist ein Glück, daß wir noch unsere Hunde haben, auch wegen eines eventuellen Notproviantes.« Darauf ging er hinaus. Nach einer Weile kam er mit feuerrotem Kopf herein und stieß hervor:

»Die Hunde sind zur Advent-Bai zurück!« Mit plötzlich mich überkommendem Galgenhumor entgegnete ich ihm, das könne man ihnen eigentlich nicht übelnehmen, denn – ubi bene, ibi patria! Ich hielt es aber für eine bodenlose Gemeinheit.

Beide Platten sind auf dem Marsch von der Advent-Bai nach Kap Boheman ins Wasser gefallen und nachher zu Eisklumpen gefroren.

Sofort aber wurden meine Zweifel wach, und es wollte mir nicht einleuchten, daß ich mich so gründlich in dem Charakter, wenigstens unserer drei alten Gefährten, getäuscht haben sollte.

»Haben Sie sie laufen gesehen?« frug ich. »Das nicht«, antwortete Johansen, »aber wo sollen sie anders hin sein? Auf Kap Boheman sind sie jedenfalls nicht mehr!«

Ich ging nun auch hinaus und konnte nur bestätigen, daß weit und breit kein Hund zu erblicken war.

Das schien mir das Ende zu bedeuten. Die Überwinterung teilweise nutzlos ertragen! – Keine Möglichkeit mehr, rechtzeitig zur Nordseite zu kommen! – Umsonst die nicht unbedeutenden pekuniären Opfer!

Sang- und klanglos würden wir in 6–8 Wochen mit dem alten, jetzt tief verschneiten Ruderboot, das uns hergebracht hatte, oder vielleicht mit dem Gummikajak zur Advent-Bai zurückkehren. Dann aber Gnade den Deserteuren!

In Erinnerung an dieses niederschmetternde Ereignis freue ich mich heute noch, daß wir das nicht taten, was in solchen Fällen oft zu geschehen pflegt, nämlich dem anderen die Schuld zuzuschieben. Wir betrachteten uns gleich schuldig oder gleich unschuldig.

Der Tag verging unter trübseligen Betrachtungen, und als Johansen in ruhigem Tone mich zum Essen einlud, konnte ich der Bewegung nicht Herr werden, verzichtete dankend und ging ins Freie. Ich machte einen langen, einsamen Spaziergang, und als ich zurückkehrte, lag Johansen rauchend in der Koje, um auf diese Weise mit der einschneidenden Änderung unserer Lage fertig zu werden.

In der Nacht glaubte ich, Peter lautgeben zu hören, aber als ich mich horchend aufrichtete, mußte ich erkennen, daß es ein Irrtum war. Mißmutig erhob ich mich zur 7-Uhr-Beobachtung und dachte gar nicht daran, daß ein Teil der Instrumente noch unbrauchbar war. Auch Johansen stand auf und frug mich, wer nun eigentlich an der Reihe sei. Sogar die Arbeitsteilung hatten wir vergessen.

Ein herrlicher, klarer Morgen begrüßte uns, als wir vor die Tür traten und – o Wunder, o unbeschreiblich hohes Wunder! – vor uns lagen alle 6 Hunde im Schnee und schnarchten um die Wette.

Wir sind starr und sprachlos und sehen uns an. Ob wir noch Wesen von Fleisch und Blut sind und ob nicht irgendeine holde Vision unsere Sinne umfängt. Allmählich kommen wir zu uns und rufen mit einem gewissen Zagen die Hunde einzeln bei ihrem Namen, worauf jeder schwerfällig den Kopf hebt und dann – weiterschläft.

»Was ist mit den Hunden? Wo waren sie? Weshalb ihre Teilnahmslosigkeit?« Diese Fragen erörtern wir lang und breit, und unsere neuerwachte Energie sucht dem Rätsel auf die Spur zu kommen. Vorläufig überwiegt die Freude, sie wieder zu haben, unsere Neugierde, und dankerfüllt holen wir einige Stücke Hartbrot, um sie zu füttern. Einstimmig verweigern sie jedoch die Nahrung, und als wir sie näher in Augenschein nehmen, ist ihr Leib prall wie ein Ballon. Neues Rätsel!

Die körperliche Untersuchung bei Jack muß etwas kräftig ausgefallen sein, denn er erhebt sich und bricht ein großes Stück Seehundsfleisch mitsamt der Haut aus.

Ei ei – sieh da! Mit leisem bedeutungsvollem Pfeifen konstatieren wir die Tatsache.

Da wir von den Hunden selbst keine Antwort auf unsere Fragen erhielten, wandten wir die indirekte Methode zur Erforschung der Wahrheit an. Wir schirrten die ganze Gesellschaft mit vieler Mühe an den Schlitten, den wir vorsorglich umdrehten und obendrein noch mit Leinen an mehrere, in den Schnee gerammte Pflöcke befestigen. Darauf gingen wir zufrieden mit unserem Werk und seelenvergnügt ins Haus zurück, um ein ordentliches Frühstück einzunehmen. Von Zeit zu Zeit sahen wir nach den teuren Schläfern, die allmählich dicht aneinander gerückt waren und sich gegenseitig warm hielten.

Erst am anderen Morgen werden die Herrschaften richtig munter, und jetzt ist die Zeit da, wo unsere Detektivtätigkeit einsetzt.

Wir nehmen Schlafsäcke, Skier und Waffen, bringen den Schlitten in Ordnung und harren der Dinge, die da kommen sollen. Zuerst fängt Quinny an zu jaulen, die anderen stimmen ein, wir werfen uns auf den Schlitten und mit hurre, hurre, hopp geht es von dannen.

Diesmal überlassen wir die Führung den Hunden. Nach einer Fahrt von etwa 6 km kommen wir an einen abschüssigen Hang, der zum Nordfjord hinabführt, und sehen auf dem Eise Hunderte Seehunde mit ihren neugeborenen Jungen liegen.

Das also war des Pudels Kern!

Wir müssen aber auch noch beobachten, wie die Hunde auf ihre Art die Jagd ausüben, und lassen sie daher los. Sie laufen, ohne zu zögern, eine Schlucht des Abhanges hinunter und verteilen sich am Ufer. Der Wind ist ihrem Vorhaben günstig. Dann stürzen sie in Gruppen auf die nächstliegenden Seehunde, die sie attackieren, während einer das Junge ergreift und mit ihm kurzen Prozeß macht. Im Nu sind alle Seehunde bis auf einen halben Kilometer vom Ufer verschwunden, aber eine Alte und zwei Junge bleiben auf der Walstatt, ein Opfer der bisher noch ungewohnten Feinde. Diese schleppen ihre Beute zum Ufer, wo wir sie in Empfang nehmen. Darüber allgemeines Erstaunen, teilweise Entrüstung.

Das genierte uns aber nicht, sondern wir trugen persönlich den hochwillkommenen Fleischvorrat die Schlucht hinauf zum Schlitten. Die Hunde folgten, umgaben uns im Halbkreis und warteten ab, was wir jetzt begannen.

Wir spannten sie nach einem sanften Tadel wegen unberechtigter Jagdausübung wieder an und fuhren heimwärts, wobei einer zur Aufsicht beim Schlitten blieb.

Die Rückfahrt ging erheblich langsamer vor sich, denn »man« sah sich immerfort um, ob auch die Ladung noch auf dem Schlitten lag, und blieb sogar manchmal stehen, um alles beriechen zu können. Jenes Junge schätzten wir auf 6–8 Pfund und die Alte, die Björn unter Assistenz von Peter erlegt hatte, auf über 60 Pfund.

Zu Hause erfolgte die Verteilung. Die Alte für die Jäger, die Jungen für uns. Am Abend war großes Festmahl, wovon noch ein Teil für den anderen Tag übrig blieb. Unsere Portion kochten wir, um eine kräftige Bouillon zu bekommen. Das zarte Fleisch schmeckte ähnlich wie Spanferkel, und auch die weichen Knochen konnten wir zerkauen und mitverspeisen. Die Hunde erhielten ihren Anteil, wie gewöhnlich, roh. Als auch unsere Leiber prall wie ein Ballon waren und wir in bester Laune zu rauchen begannen, herrschte Übereinstimmung, daß mit solchen Kameraden die Schlittenexpedition unter allen Umständen unternommen werden müsse. Diese Genugtuung seien wir ihnen, schon wegen des scheußlichen Verdachtes der Fahnenflucht, schuldig. Fuchs machte sich auch hier wieder bemerkbar, denn er setzte seine überlegene Miene auf, als ob er sagen wollte: »Wartet nur ab, ihr sollt noch ganz andere Heldentaten von mir erleben!« Dabei warf er einen feurigen Blick auf Quinny, die sich schamvoll zur Seite wandte.

Es war nicht mehr viel Zeit zu verlieren, wenn unsere Ausrüstung zum bestimmten Termine fertig sein sollte. Bis wir unsere Instrumente, Apparat, Munition usw. aufgetaut und wieder gebrauchsfähig gemacht hatten, vergingen volle 14 Tage, und Johansen entwickelte als Instrumentenmacher eine erstaunliche Fertigkeit, während es mir gelang, den photographischen Apparat wenigstens für Zeitaufnahmen mit Deckel auf – Deckel zu wieder instand zu setzen. Leider hatten auch die in der Advent-Bai belichteten photographischen Platten durch die Feuchtigkeit etwas abbekommen, was ich im Interesse der Anschaulichkeit sehr bedauerte. Unsere Munition war gebrauchsfähig geblieben, da ich gewohnheitsmäßig nur Messingpatronen mitführte.

Die Quaker-Oats-Steine wurden aufgetaut und mußten sofort gegessen werden, daher gab es von jetzt ab fast jeden Tag Haferbrei, dem wir Seehundsspeck und Zucker zusetzten.

Die Proviantfrage bereitete uns aber immer noch Sorge, weil wir sogenannten Schlittenproviant wie Pemmikan, Leberpasteten,

Milchkakes usw., der sehr nahrhaft und wegen seines getrockneten Zustandes sehr leicht ist, nicht hatten. Zudem waren uns wertvolle Nahrungsmittel auf dem Rückmarsch verloren gegangen und es galt daher, Ersatz zu finden.

Auf dem Inlandeis gab es voraussichtlich keine Gelegenheit zur Jagd oder zur sonstigen Ergänzung unserer Lebensmittel, die für zwei Menschen und acht Hunde auf die Dauer von mindestens vier Wochen allein ein Gewicht von 200 Kilo ausmachen würden. Dazu kam das Gewicht von Langschlitten, Kajak, Gewehren mit Munition, Instrumenten und Apparaten mit Zubehör, ferner von Axt, Holz, Nägeln und Tauwerk zu Schlittenreparaturen, mit insgesamt 130–140 Kilo. Schließlich Rettungsseil, Zelt, Schlafsäcke, Reserveskier mit weiteren 60–70 Kilo. Alles das ergab ein Gesamtgewicht von mindestens 400 Kilo, was für die Hunde entschieden zu schwer war. Trotzdem schien uns jedes Ausrüstungsstück wohl überlegt und seine Mitnahme notwendig. An Kleidern hatten wir uns auf den Anzug, den wir am Leibe trugen, meine lederbesetzte Reithose zum abwechselnden Gebrauch und eine Reservegarnitur Unterwäsche geeinigt. Als ultima ratio blieb uns daher nur die Verringerung des Proviantes und die Aufnahme von 2 unserer vierbeinigen Kameraden in die Vorratsliste übrig. Dagegen wehrten wir uns aber mit Händen und Füßen, außerdem hatte jeder seinen Lieblingshund, den er nicht gerne hergeben wollte.

Björn und Sanko kamen als unsere Hauptkraftquellen nicht in Frage. Quinny und Jack sollten wir nach glücklicher Beendigung des Schlittenmarsches an Dr. Kinck zurücksenden, sie schieden also ebenfalls aus der vorderen Reihe aus, daher blieben noch Peter und Fuchs übrig. Peter, der zwei Winter in Ehren durchgehalten hatte und nicht allein selbst unverdrossen im Ziehen war, sondern auch noch durch andauerndes Bellen die anderen anfeuerte, dieser noble Charakter, der wegen seiner Bravour ein Denkmal verdient hätte, sollte auf dem öden Inlandeise sang- und klanglos in den Magen seiner hungrigen Kameraden verschwinden? Das schien besonders

Johansen unmöglich. Ich aber hatte so manches philosophische Gespräch mit Fuchs geführt und mich in seine guten und schlechten Eigenschaften derart hineingelebt, daß ich für ihn die glänzendsten Verteidigungsreden hielt. Johansen meinte aber, Fuchs sei weniger temperamentvoll als Peter und daher erheblich fauler. Das mußte ich zugeben. Beschluß: Es sollte für den Notfall erstens auf Fuchs, dann auf Peter zurückgegriffen werden.

Wir versuchten aber die uns erreichbare Nahrung so konzentriert wie möglich herzustellen und dadurch eine Gewichtsminderung herbeizuführen. In Betracht kamen Vögel und Seehunde. Auf Eisbären rechneten wir nicht mehr.

Eissturmvögel hatten wir zur Genüge erprobt. Zur Abwechslung wollten wir aber auch noch die besonders schmackhaften Alken schießen, die uns täglich um die Köpfe flogen, wenn sie den Weg von ihren Brutstätten in den landeinwärtsgelegenen Felsen zu den nahrungsspendenden, eisfreien Stellen im Fjord zurücklegten. Von beiden Vögeln verwendeten wir nur Brust und Schenkel, die wir mit geriebenem Hartbrot in schwimmendem Seehundsspeck brieten, gefrieren ließen und aufbewahrten.

Seehunde schossen wir an dem von den Hunden entdeckten Jagdplatz und nachher auch vor unserer Hütte eine Anzahl. Das beste Fleisch schnitten wir portionsweise in Streifen, die wir in der Sonne trockneten. Den weißen süßen Speck nahmen wir roh mit, er wurde für Menschen und Hunde als Zugabe zum Fleisch gegeben und war sehr begehrt. Schließlich sollte noch etwas Hartbrot zur Abwechslung dienen.

Unsere augenblickliche und künftige Ernährungsweise unterschied sich sehr von der des Winters, wo frisches Fleisch vollständig fehlte. Sie schien uns aber für die vielstündigen, großen Anstrengungen, die uns täglich bevorstanden, gerade die richtige zu sein. Jetzt machte unser Proviant, einschließlich der »registrierten Peter und Fuchs«, schätzungsweise nur noch etwa 150 Kilo aus, wovon das Lebendgewicht zog und nicht gezogen werden mußte. Zum Schneeschmelzen und Kochen benutzten wir den während des Winters untätig gebliebenen Primusapparat. Zu seiner Füllung waren insgesamt 20 Liter Petroleum in zwei Blechkanistern zu 10 Liter und ein Liter Spiritus bestimmt, die für 50 Tage reichen mußten.

Unsere Ausrüstung mit allem Proviant fand Platz im Zweimännerkajak aus widerstandsfähigem Gummistoff, der nach meinen früheren Erfahrungen und Angaben von einer Berliner Zeltfabrik konstruiert worden war und der sich auch im Seegang vorzüglich bewährt hatte. Er wurde durch Gurte so gründlich auf dem Schlitten befestigt, daß ihm auch die stärksten Stöße nichts anhaben und seinen Inhalt gefährden konnten. Dies war auch beim häufigen Umfallen des Schlittens der Fall. In der Längsrichtung war auf die Ladung die bisher als Windfahne dienende Bambusstange so vorsorglich angebracht, daß man mit dem überstehenden Ende den Schlitten von hinten her bequem steuern konnte. Das hatte im gebirgigen Gelände oder bei Gletscherspalten seine unleugbaren Vorzüge. Das Rettungsseil hing am Ende des Schlittens aufgerollt und sofort verwendungsbereit über die Bambusstange gestreift.

Beim Betrachten unseres schweren, hochbeladenen Schlittens und bei einigen Probefahrten mit demselben kam uns so recht die Erkenntnis, welch mühselige Wochen unser harren würden. Die Bahn auf Kap Boheman war hart und glatt und wurde mit Leichtigkeit bewältigt. Wie aber würde es uns ergehen, wenn wir erst in Schneeverwehungen gerieten oder bergauf ziehen müßten. Daher machten wir uns im letzten Augenblicke noch Ziehgurte, für uns selbst, die aber wenig zur Verwendung kamen. Wir erhielten dafür eine andere, vielleicht noch mühseligere Arbeit als Schlittenziehen.

Johansen verbreitete sich in diesen Tagen öfters über die starken ostsibirischen Hunde, die sie auf der »Fram« und nachher auf dem Vorstoß zum Nordpol gehabt hätten. Und dabei nannte er, von der Erinnerung fortgerissen, unsere mutig dreinschauenden Gefährten ein »Lazarett-Gespann«, was ihm diese gewaltig übelnahmen.

Unser Scheiden von der Hütte auf Kap Boheman, wo wir die lange Winternacht in arbeitsreicher und friedvoller Einsamkeit zugebracht und mit unverwüstlichem Humor die vielen Schwierigkeiten und Enttäuschungen überwunden hatten, war von einer wehmutsvollen Rührung getragen. Wir erinnerten uns auch an manche schöne Stunden dort und an starke, unvergeßliche Eindrücke, beispielsweise an die Winterlandschaft, die Eisschraubungen und die vielen Nordlichter mit ihren verschlungenen Formen, ihrer Leuchtkraft und Farbenpracht.

Vor dem Abmarsch wurde, wie es ordentlichen Hausvätern geziemt, unsere Hütte gründlich gereinigt und aufgeräumt. Sogar eine Last Kohlen fuhren wir an, spalteten Holz und machten das Öfchen fertig zum sofortigen Gebrauche. Wer also nach uns hinkam, fand ein geschätztes, durch unsere Betriebsamkeit behaglich eingerichtetes Heim vor. So will es das ungeschriebene Gesetz der Eismeerfahrer.

Schließlich hinterließen wir ein Dokument mit einem kurzen Bericht über die verflossenen sechs Monate und unsere weiteren Absichten. Für alle Fälle machten wir auch eine Skizze des voraussichtlichen Weges und erklärten, daß unser Ziel die Wellmanstation auf der Däneninsel sei. Wir gäben mit nächster Gelegenheit Nachricht an die Leitung des amerikanischen Bergwerkes in der Advent-Bai und verzichteten grundsätzlich auf alle Hilfs- oder Nachforschungsexpeditionen. Auch in der Zeit, wo man uns überfällig glaubte, wollten wir in unseren Plänen nicht gehindert sein. Dieses Schriftstück unterzeichneten wir und hefteten es an die Innenseite des Vorraumes, wo es jeder Eintretende lesen mußte.

Doch die angespannten Hunde werden unruhig und drängen zum Abmarsch. Der Schlitten zieht an, und in ruhigem Tempo geht es auf den Nordfjord zu. Ein letzter Blick noch auf unsere Hütte, dann verschwinden wir hinter einer Anhöhe und wenden Aug und Gedanken dem neuen Unternehmen zu. Fahr wohl, Kap Boheman![26]

Kapitel 8

Verheißungsvoller Anfang der Schlittenexpedition. Zwischenfälle in der Dickson-Bai. Aufstieg zum Inlandeis. Großartiges Panorama. Eine Sturmwoche auf der Höhe. Gletscherspalten. Hinab zur Liefde-Bai.

Die Schlittenexpedition war also Tatsache geworden.

Eine tiefe Befriedigung erfüllte uns, sie trotz aller Schwierigkeiten ermöglicht zu haben. Daher schien es eine Belohnung unserer Ausdauer zu sein, daß wir anfangs gut vorwärts kamen. Unsere in der letzten Zeit mit Seehundsfleisch herausgefütterten Hunde zogen ihre Last ohne merkliche Anstrengung etwa 15 km pro Tag. Das erste Lager schlugen wir im Nordfjord auf, der eine solide, schneebedeckte Eisfläche trug.

Es waren einige 20 Grad Kälte, und daher freuten wir uns, im Zelt zu liegen und den Kochapparat brummen zu hören, der auch bald eine angenehme Temperatur herstellte. Wir aßen vom mitgebrachten Schlittenproviant und bereiteten uns einen starken Tee dazu. Den Hunden hatten wir ein fußhohes Schneelager mit den Skiern zusammengescharrt. Darin grub sich jeder eine passende Vertiefung, in der er mit vielem Lecken und Schmatzen seine Portion Seehundsfleisch auftaute und verzehrte, dann gab er sich der wohlverdienten Ruhe hin.

Wir aber merkten gleich bei der ersten Rast, daß eine wohlüberlegte Arbeitseinteilung eingeführt werden mußte, um das Auf- und Abschlagen des Lagers, das jedesmalige Verpacken und Befestigen der Ausrüstung auf dem Schlitten, die Wartung der Hunde, kleinere Reparaturen, endlich Schneeschmelzen und Kochen in bestmöglicher Kürze, bewältigen zu können.

Wer Außendienst hatte, sorgte für die Entwirrung und Instandhaltung der Zuggeschirre, so daß die Hunde unbehindert schlafen konnten. Es war seine weitere Aufgabe, die entsprechenden Portionen für die Hunde herzurichten, von denen sie den Hauptteil am Schlusse des Marsches, die kleinere Menge vor dem Aufbruch als Magentrost erhielten. Schließlich hatte er sich noch um die Beobachtungen, die Führung des Tagebuches und die Vorbereitung zum Aufbruch zu kümmern. Alles übrige besorgte der Mann vom Innendienst. Jeder durfte da mit einer 8stündigen Tätigkeit, außer der Marschzeit, rechnen. Das scheint dem Unerfahrenen reichlich lange zu sein. Man muß aber folgendes bedenken.

Wir blieben unausgesetzt im Freien, und kein Schiffmannsöfchen in der warmen Küche gestattete mehr ein zeitweiliges Ausruhen und Wärmen. Hatte man eine halbe Stunde mit bloßen Händen gearbeitet, war eine längere Pause notwendig, um die steifen, blutleeren Finger aufzutauen und bewegungsfähig zu machen. Namentlich die Arbeit an den verwickelten, festgefrorenen Hundeleinen war eine arge Quälerei. Um sie auseinander zu bringen, mußten wir die Spitzen unserer Skistäbe, vor allem und am ausgiebigsten die Zähne gebrauchen. Aber auch das brachte erst Erfolg, wenn wir mit Hauchen und Lecken die Leinen geschmeidig gemacht hatten.

Es gibt eine alte Methode des Schlittenziehens, die ich im vorigen Sommer bei Wellman gesehen und auf einem Gletscherfeld erprobt hatte. Sie bestand darin, daß in ausreichenden Abständen je zwei Hunde nebeneinander mit kurzen Zugleinen an einem einzigen, langen Schlittentau befestigt wurden. Da war eine Unordnung in den Zugleinen unschwer zu beseitigen, denn man brauchte immer nur eine Leine vom Haupttau loszubinden und zu entwirren. Leider hatte diese Art des Anspannens den großen Nachteil, daß die Kräfte aller Tiere nicht voll ausgenutzt werden konnten. Mit unserem sogenannten »Lazarett-Gespann« wären wir überhaupt nicht weit gekommen. Bei uns zog jeder Hund direkt im Schlitten, und er konnte seine Nachbarn daraufhin beobachten, daß sie sich die Sache nicht zu leicht machten. Jedenfalls rügte der unermüdliche Peter das Faulenzen auf anderer Leute Kosten durch zorniges, andauerndes Bellen, wodurch der Begleiter des Schlittens aufmerksam wurde. Bei der Dame Quinny drückte Peter merkwürdigerweise öfters ein Auge zu, so daß wir in unserer plumpen Rechtlichkeit ihn zwar galanter, aber unangebrachter Parteinahme beschuldigen.

Das Schmelzen von Schnee für unsere Mahlzeiten verlangte gut 1½ Stunden. War endlich genug Wasser da, so brauchte es eine weitere Stunde, um das Essen zu kochen und Kaffee oder Tee zu bereiten. Rechnet man dazu das Aufschlagen und Befestigen des Zeltes, das Verpacken und Verschnüren des Schlittens, so wird man eine tägliche Arbeit im Lager von mindestens 6 Stunden nicht für zuviel halten.

Wir aßen, wie auch während des Winters, nur zweimal am Tage. Dazwischen lag der 8–10stündige Marsch mit seinen Anstrengungen. Um diese aushalten zu können, mußten wir kräftiger und reichlicher essen, als dies in der Hütte erforderlich war. Gern hätten wir uns auf dem Marsche von Zeit zu Zeit ein Stück Schokolade geleistet, aber die Tafeln Manghams waren bei dem Zwischenfall im Eisfjord zu einem salzigen Brei geworden. Deshalb nahmen wir gefrorenen Seehundespeck als Ersatz und den unvermeidlichen Kautabak.

Am zweiten Marschtage übertrafen wir die Strecke des ersten beträchtlich, denn die Schlittenbahn war gut, und verschiedene bei ihren Wasserlöchern ruhende Seehunde erhöhten die Leistungen der Hunde. Hatten sie den Weg bis zu diesem Wasserloch, in dem der Seehund natürlich längst verschwunden war, im Galopp zurückgelegt, so gestatteten wir ihnen zur Belohnung, den verlassenen Lagerplatz einmal ordentlich zu beriechen. Die Seehunde waren zudem so freundlich, meist aus Wasserlöchern, die in der ungefähren Richtung unseres Zieles lagen, hervorzukommen. Das aber war die Dickson-Bai, an deren Westeingang, bei Kap Wijk, wo wir unser zweites Lager aufschlugen.

Dort ragte ein großer Steinblock aus der Erde, auf dessen

Leeseite der Schnee meterhoch zusammengeweht war. Da verzichteten die Hunde auf unsere Hilfe und sprangen in den weichen Schnee, in dem sie sich bis über die Ohren eingruben. Weil sie es schön warm hatten, schliefen sie sofort ein. Rücksichtsvoll legten wir jedem seine Portion Gefrierfleisch vor die Nase und gingen an unsere Arbeit. Neugierig waren wir aber, ob einige besonders tüchtige Schläfer nachher ihre Mahlzeit noch vorfinden würden. Das war der Fall, denn als wir uns später zum Essen niederließen, konnte man die ganze Gesellschaft in einträchtiger, hingebungsvoller Tätigkeit beobachten. Hier passierte es uns das erste Mal, daß wir mit der Mahlzeit nicht ganz fertig wurden, sondern mit dem Messer in der Hand und noch einem Stück Fleisch auf dem Teller einschliefen.

Am dritten Tage marschierten wir mit vielen Hoffnungen in die Dickson-Bai ein, die ich aus früheren Zeiten als einen ergiebigen Jagdplatz, allerdings während des Sommers, kennengelernt hatte. Damals tanzten die Seehunde um das rudernde Boot, und die Kugeln der Jäger pfiffen ihnen nur so um die Ohren. Es war eine

Zeltlager in der Dickson-Bai 2500 Fuß über dem Meere auf dem Inlandeise Spitzbergens

zwecklose Jagd, denn die getroffenen Tiere sanken meist unter, ehe das Boot herankam und man sie greifen konnte. Erst als ich mit der Harpune einen sicheren Wurf wagen konnte, hatte die Jagd Erfolg.

In der Dickson-Bai trafen wir eine so entsetzliche Schlittenbahn wie während des ganzen Winters nicht. Eine zolldicke, gefrorene Schneekruste, darunter tiefer, weicher Schnee, dann erst die Eisdecke. Alle paar Schritte brachen Schlitten und Hunde durch, die scharfen Ränder der vereisten Oberfläche scheuerten Brust und Beine der armen Tiere, und der Begleiter des Schlittens mußte nach einem solchen Einbruche die schwere Last auf die noch haltende Decke heben und gleichzeitig mit drohendem Gebrüll die Hunde zu einer Extraanstrengung auffordern. Nachdem das mehrere Dutzendmale geschehen war, war es mit der Kraft, aber auch mit der Stimme zu Ende. Dann wurde der einige 100 Schritt vorausgehende Pfadfinder durch Winken verständigt, daß abgewechselt werden müsse oder wir beide gleichzeitig anpacken sollten.

In dieser Teufelsgegend legten wir in zwei Tagen insgesamt nur sieben km zurück, und unsere Stimmung stand tiefer als das Thermometer. Um besseres Eis anzutreffen, arbeiteten wir uns zum gegenüberliegenden Ufer der Dickson-Bai hin. Aber die vergangenen Tage steckten uns und den Hunden noch derart in den Knochen, daß wir nur langsam vorwärts kamen.

Am siebenten Tage unseres Marsches waren wir am Fuße eines Berges angelangt, dem die schwedischen Kartographen den bezeichnenden Namen »Lyktan«, das heißt »die Laterne«, gegeben hatten. Die Spitze desselben ähnelt der Form einer viereckigen Stallaterne. Wenn der Berg von einer Wolkenschicht umgeben war und die Laterne oben herausschaute, war die Täuschung vollkommen.

In unserem Lager beim Laternenberg mußten wir uns leider zu einer Verminderung der Last entschließen, nachdem mir vorher durch Teilung, was natürlich zum Zurücklegen des dreifachen Weges zwang, keine befriedigenden Fortschritte gemacht worden waren. Die eiserne Not zwang mich, manche Gegenstände, die nicht allein einen erheblichen Wert hatten, sondern an die ich auch im Laufe der Jahre gewöhnt war, zurückzulassen.

Beispielsweise wartet das Buch von Neumayer »Anleitung zu Beobachtungen auf Forschungsreisen«, eingeschlagen in ein Wachstuch, im Verein mit 100 Patronen, dem Reservetheodoliten, einem paar Skier, meiner warmen Lederjoppe, dito Hose usw. vielleicht heute noch auf den ehrlichen Finder. Auch Johansen gab opferwillig an Kleidungsstücken ab, was er eben entbehren konnte. Das war seine Reserveunterwäsche! Merkwürdigerweise wurde nach dieser Selbstamputation die Bahn dauernd besser, und ein allgemeiner Ruhetag am Ende der Dickson-Bai, wo es den Gletscher hinauf zum Inlandeis gehen sollte, hob die Stimmung bei Tieren und Menschen.

Hier erlebten wir ein außergewöhnliches Abenteuer, daß unsere gefühlvollen Gemüter in starke Bewegung versetzte.

Die Sache trug sich folgendermaßen zu:

Unser Zelt, etwa 100 Meter vom Meereise entfernt, stand auf einer Moräne, über die wir zum Gletscher hinaufzusteigen gedachten. Die Zeltöffnung war dem Eise zugekehrt, die Büchse stand schußbereit gegen die Wand gelehnt. Wir lagen warm und friedlich in unseren Rentierschlafsäcken und besprachen die Tagesereignisse, als wir durch ein heftiges Plätschern aufgeschreckt wurden.

»Ein Eisbär!« sagt Johansen und greift nach der Büchse, indem er vorsichtig zur Zeltöffnung hinausschaut. Darauf winkt er mir und flüstert: »Storkobbe!« Ich richte mich ebenfalls auf und sehe durch mein Prismenglas neben einem Eisloch, ganz in der Nähe des Ufers, eine mächtige Bartrobbe, die die Norweger Storkobbe nennen.

»Schieß«, sage ich, »wir brauchen Reserveproviant.« Der Schuß kracht, und mit einem Satz ist die Robbe im Eisloch verschwunden. Ich blicke meinen Kameraden vorwurfsvoll an, der aber nimmt mir das Fernglas aus der Hand und sagt:

»Teufel, ich habe ihr Junges geschossen!«

Richtig, ein etwa 8–10 Tage altes Robbenjunge liegt auf dem Eise. Wir verhandeln, wer herauskriechen und die winzige Jagdbeute holen soll. Der Schütze oder ich, der die Kochwoche hat.

Plötzlich ertönt wiederum ein starkes Plätschern – die Alte schwingt sich aus dem Loch auf das Eis und legt sich bei ihrem Jungen nieder. Johansen schießt, die Robbe zuckt zusammen und kriecht näher an ihr Junges heran, das sie mit der Floße bedeckt, als ob sie es vor dem Unheil schützen wolle. Johansen schießt nochmals, wir sehen das Eis sich mit Blut färben, aber die Mutter bleibt liegen, nur daß sie spähend den Kopf nach allen Seiten wendet. Jetzt wird der Schütze aufgeregt und schießt vorbei. Obendrein wirft er noch die letzte unverbrauchte Patrone heraus in den Schnee und muß sich nach einem neuen Rahmen umsehen. Nach weiteren zwei Schüssen trifft er die Robbe in den Halswirbel, ihr Kopf sinkt vornüber – das Drama der Mutterliebe ist zu Ende.

Uns aber ist etwas in die Augen gekommen, das wir auf den scharfen Wind zurückführen.

Lange sprechen wir noch über den Vorfall, ehe wir uns entschließen, die doppelte Jagdbeute zu holen und zu zerlegen. Das Junge aßen wir beide, während die 200 Kilo schwere Alte eine Woche lang den Hunden und uns reichliche Nahrung gab.

Erstere lagen hinter dem Zelt tief im Schnee eingegraben und hatten von der Bluttat nicht das geringste gemerkt. Als wir heraustraten, wurden sie mobil und begriffen rasch den Vorgang.

Um die steil ansteigende Moräne zu überwinden, trugen wir unsere Ladung in 6–8maligen Gängen hinauf. Mit dem Schlitten kamen die Hunde auf unseren Spuren nachgeklettert. Wie alles oben war, hatten wir, trotzdem der Weg nur 300 m betrug, für diesen Tag genug gearbeitet und schlugen unser Zelt auf.

Ein kleiner Ausflug nach dem Gletscher stellte eine gute Skiföre fest. Das würden die Hunde, trotzdem es langsam bergauf ging, schon bewältigen. Hierüber freuten wir uns, zumal wir auch keine

Gletscherspalten entdeckten. Nachher stellte es sich heraus, daß diese einstweilen noch durch solide Schneebrücken verborgen waren.

Am 15. Tage unseres Marsches gelangten wir auf das ca. 800 m hohe Inlandseis, wo sich ein unvergleichliches Panorama unseren Blicken darbot. Im Süden, durch den Einschnitt der Ekman-Bai gesehen, der gewaltige Eisfjord mit dem erinnerungsreichen Kap Boheman. Nach Norden hin das Inlandeis mit den Bergen der Red-Bai und weiter rechts die charakteristischen Umrisse der Wood-Bai, die im Jahre vorher von mir und meinen beiden Kameraden, den Hauptleuten von Bock und Graf Poninski, photogrammetrisch aufgenommen worden war. In der Tiefe rechts-östlich die ungeheuren Schlünde des Fest- und des Ostfjords im Innern der Wijde-Bai, aus denen weißgraue Nebelschwaden langsam emporstiegen. Jenseits auf der Höhe das Plateau von Neu-Friesland mit dem 1750 m hohen Chydeniusberg, dem höchsten Berge Spitzbergens.

Nun erst die Aussicht nach Westen hin! Dicht vor uns gleichsam aus dem Inlandeis herausgewachsene Felsenkastelle, die drei Kronen, umgeben von Palast, Diadem und Exil. Dahinter die Höhen der herrlichen Königs-Bai und zum ersten Male wieder nach langer Zeit – offenes Meer, soweit das Auge reichte. Und dieses ungeheure Rundbild nicht in kalten, stumpfen Farben, wie beim Herannahen des neuen Lichtes, sondern von der hochstehenden Sonne in Glut und Schimmer getaucht. Dabei wolkenloser Himmel, absolute Windstille und in der reinen, leichten Luft die Brust so befreit, als ob wir allen irdischen Schmerzen entrückt seien. Um uns her eine große Stille, von keinem Tosen der Eisschraubungen mehr, von keinem seltsamen Klingen des zugefrorenen Fjords bei Ebbe und Flut unterbrochen – aber auch kein Vogel in der Luft, kein lebendes Wesen weit und breit. Nur die leisen Atemzüge der Hunde vernimmt das Ohr.

Dieser Tag war der Glanzpunkt unserer Reise, und wir standen zudem auf wohl noch nie vor uns betretenem Boden.

Zeltlager auf dem 800 m hohen Inlandeis

Nach meiner Berechnung hatten wir bisher 120 km zurückgelegt, also unter Hinzurechnung des Ruhetages und der Plagerei in der Dickson-Bai durchschnittlich acht km pro Tag. 120 km waren etwa ²⁄₅ unseres voraussichtlichen Weges bis zur Wellman-Station.

Nur schwer konnten wir uns von dem überwältigenden Anblick trennen, und langsam machten wir uns zum Weitermarsche fertig.

Am westlichen Horizont stiegen Wolken herauf, und auch von Nordosten her begann sich der Himmel mit einem leichten Schleier zu überziehen. Das Barometer fiel. Nach mehreren Stunden bemerkten wir, daß die westliche Wolkenwand mit unheimlicher Schnelligkeit heraufzog und der Schleier im Osten sich zu einem Wolkengeschwader verdichtete. Dieses setzte sich ebenfalls in Bewegung, und zwar gegen den von Westen heranziehenden Feind.

Noch niemals habe ich so stark empfunden, daß rätselhafte oder gespenstige Erscheinungen in den Volkssagen ihren Ursprung in Naturereignissen haben, wie damals. Denn mit etwas Phantasie konnte man eine hoch in den Lüften beginnende Geisterschlacht sich vorstellen. Doch erfolgte kein Zusammenprall, sondern die östliche Schicht zog über die westliche hinweg.

Die Szenerie war mit einem Male verändert, und da wir gerade einen geeigneten Platz in einer Schneemulde fanden, hielten wir es für ratsam, das Lager aufzuschlagen. Wir waren eben mit allen Vorbereitungen fertig geworden, als ein wütender Schneesturm losbrach, der jedes Weitermarschieren unmöglich gemacht hätte.

Volle 5 Tage dauerte mit geringen Unterbrechungen das Unwetter, und wenn der Schneesturm einmal einige Stunden aufhörte, versperrte der starke Nebel jegliche Sicht. Im Nebel wäre Johansen um ein Haar aus Haushöhe in eine abschüssige Schlucht gefallen, und daher stellten wir die Rekognoszierungsausflüge grundsätzlich ein und blieben im Zelt und im Schlafsack.

Vorsichtigerweise begnügten wir uns mit halben Portionen. Die Hunde wurden von dieser Neuerung ebenfalls betroffen, und da geschah es öfters, daß der eine oder andere sich voller Entrüstung aus dem Schneegrabe herausarbeitete und durch andauerndes Heulen kräftig protestierte. Sobald aber der Sturm von neuem losbrach, wurde es still im Hundelager, und bald hatte eine faßdicke, warme Decke auch die ärgsten Schreier wieder mit ihrem Schicksal versöhnt. Mehrfach mußten wir die Öffnung unseres Zeltes freilegen und die Hunde ausgraben. Aber »die Stunde rennt auch durch den rauhesten Tag«, und endlich wird das Wetter besser und die Aussicht klarer.

Der Weitermarsch tat besonders mir gut, denn ich fühlte mich während der langen Ruhepause auf der Höhe gar nicht wohl. Ohrensausen und Schwindelanfälle, verbunden mit Angstgefühl, suchten mich heim. War es das erzwungene Stilliegen oder die Reaktion auf die überstandenen Strapazen, vermag ich nicht zu entscheiden, jedenfalls bekam ich einen schweren Ohnmachtsanfall. Das Zelt drehte sich um mich, und ich glaubte, in eine unergründliche Tiefe zu versinken, den letzten, hilfesuchenden Blick auf Johansen gerichtet. Dann war Stille und Frieden um mich her.

Ich erwachte infolge eines ungestümen Schüttelns und hörte von weit her und immer näher kommend meinen Namen rufen. Erstaunt blickte ich auf und sah Johansen mit verwendungsbereiter

Medizinflasche! über mich gebeugt. Der barmherzige Samariter flößte mir einen tüchtigen Schluck ein, der mich allmählich munter werden ließ. Er erzählte dabei, daß ich auf einmal weiß wie der Schnee und gleich darauf besinnungslos gewesen sei. Da habe er sich nicht anders zu helfen gewußt, als diesen Schwächezustand mit unserem Medizinkognak zu bekämpfen, und ich würde wohl nichts dagegen haben, wenn er sich für die erfolgreiche Kur ebenfalls einen genehmigte. Gerührt gab ich meine Zustimmung und goß noch ein weiteres Quantum in den Kaffeekessel, wodurch wir den ersten und einzigen Grog während der Überwinterung und Schlittenreise erhielten.

Der Anfall wiederholte sich nicht wieder, und da es jetzt auch langsam bergab ging, wurden die körperlichen Anstrengungen erheblich geringer.

Unsere Gedanken richteten sich jetzt hauptsächlich auf die Proviantversorgung. Wir hatten weit über unsere Verhältnisse gelebt, und den eisernen Bestand wollten wir nicht angreifen. Daher galt es, so schnell wie möglich von der Höhe herab zur Küste zu kommen, wo es Nahrung in Fülle geben mußte. Auf einem riesigen Eisfelde, dem »Seliger-Gletscher«, benannt nach dem verdienstvollen deutschen Topographen, dessen fachmännische Gewandtheit unsere im vorigen Jahre photogrammetrisch aufgenommene Karte ausgewertet und gezeichnet hatte, unternahmen wir den Abstieg.

In dieser Gegend wurde auch die Frage der Gletscherspalten brennend. Als wir einmal das Zelt aufgeschlagen hatten, kamen wir auf den Gedanken, seinen Unterstand genauer zu untersuchen, denn wir hatten vorher einige Spalten entdeckt. Der Schlitten war in voller Fahrt über eine solche von der Schneebrücke unsichtbar gemachte Spalte hinübergeglitten, als hinter uns mit dumpfem Ton die Brücke einstürzte und eine gähnende Öffnung sich zeigte, deren Tiefe wir nicht messen konnten. Solches wiederholte sich, und so wurden wir vorsichtig.

Unsere Messung mit dem Skistabe ergab eine Schneebrücke von

etwa 50 cm Dicke, unter der wir ins Bodenlose durchstießen. Behutsam untersuchten wir weiter, bis der Spalt abgegrenzt war. Dann schlich sich die ganze Gesellschaft mit leisen Sohlen auf das solide Gletschereis, auf dem glücklicherweise der Schlitten mit dem größten Teil der Ladung stand. An ihm wurden die Hunde angebunden, und wir machten das Rettungsseil klar, an dessen Ende sich der leichtere Johansen befestigte. Um sein Gewicht auf eine größere Fläche zu verteilen, schnallte er auch noch die Skier an und holte das Zelt, die wichtigen Schlafsäcke und den Primusapparat zu uns herüber. Als alles in Sicherheit gebracht war, erhielt Johansen einstimmig einen tüchtigen Schluck aus der bewußten, nun einmal angebrochenen Flasche anerkannt, zur Belohnung für Rettung aus Lebensgefahr. Großmütig ließ er mir ebenfalls eine Labe zukommen, wegen der ausgestandenen Angst!

Ganz abgesehen von unserem und der Hunde Schicksal beim Einbrechen der Schneebrücke, das uns vielleicht nach Jahrtausenden als wohlkonservierte, richtige Eisheilige mitsamt Hausgenossen der staunenden Nachwelt überliefert hätte, würde auch der Verlust unserer von Johansen geborgenen Ausrüstung wohl das Ende bedeutet haben.

Der Auslauf des Gletschers war durch ein Netz gefährlicher Spalten besonders stark zerklüftet. Aber die hinter uns liegende Zeit hatte so sehr für Abhärtung oder Abstumpfung, wie man will, unserer Nerven gesorgt, daß wir mit fatalistischer Ruhe den Hindernissen aus dem Wege gingen.

Der zeitweise jähe Abstieg nach dem Meere zu, bei dem der in volle Fahrt geratene, schwere Schlitten die vor ihm herlaufenden Hunde gefährdete, wurde nachher ebenso sicher wie drastisch von uns ausgeführt. Zuerst ging der Pfadfinder eine ganze Strecke vor und suchte die beste Bahn aus. Dann winkte er, worauf der Schlitten ins schnelle Gleiten kam. Wenn dieses Gleiten die ortspolizeilich zugelassene Geschwindigkeit überschritt, teilten sich die vorgespannten Hunde auf den Zuruf des hinten aufstehenden Begleiters nach rechts und links und bremsten an den zurückgenommenen Zugleinen mit ihren verlängerten Rückenteilen den Lauf des Schlittens nach Bedarf.

Nutzte auch dieses nichts, setzte sich der Begleiter mit ausgebreiteten Beinen ebenfalls in den Schnee und hielt krampfhaft am Schlitten fest.

Ich war insofern im Vorteil, weil meine Bremsstelle das Leder der alten Reithose schützte, während die Hunde jeglichen Schutzes entbehrten. Auf dieser Schnellfahrt legten wir in einem Tage etwa 40 km zurück und waren beim Lageraufschlagen freudig erregt, aber gar nicht müde.

Führwahr ein Unterschied zum Schneckentempo in der Dickson-Bai! Wir kamen glücklich in die Liefde-Bai, und alle Gletscherspalten spielten nur noch zeitweilig eine Rolle – in unseren Träumen.

Kapitel 9

In der Liefde-Bai. Herrlicher Platz für ein Sportshaus oder Sanatorium. Weitermarsch über das Meereis. Endlich ein Eisbär. Protest gegen eine scheußliche Jagdmethode. Die Björvigs. Über den Smerenburg-Sund zum Wellman-Hause. Johansens Abschied und Schicksal.

Die Liefde-Bai, oder auf deutsch Liebes-Bai, erhielt vor einigen 100 Jahren ihren Namen von holländischen Walfängern, die dort, wie auch sonst auf Nordwest-Spitzbergen, ihre Niederlassung hatten. Was hat aber Walfang mit der Liebe zu tun? wird man fragen. Direkt wohl nichts, aber indirekt.

Beim Walfang, der Tausende verwegener und lebensfroher Gesellen dort zusammenführte, wurde viel Geld verdient. Um am Gewinn teilzuhaben, war eine Schar leichtsinniger Mädchen mit hinauf gekommen, die als Köchinnen, Wäscherinnen oder sonstige Bedienstete ihre Daseinsberechtigung nachzuweisen suchten. Wie es hier oben zuging, braucht nicht näher erörtert zu werden. Doch scheint der Name »Liebes-Bai« den Nagel auf den Kopf getroffen zu haben, zumal der reichliche Alkohol etwaige moralische Hemmungen aufhob. Daß bei der scharfen Konkurrenz, auch von Walfängern anderer Nationen, nicht immer Friede und Eintracht herrschte, dürfte begreiflich sein. Blutige Schlägereien waren an der Tagesordnung, und es kam schließlich so weit, daß die Parteien von heimatlichen Kriegsschiffen geschützt werden mußten. Zeitweilig besorgten diese dann das Kämpfen. Auch deutsche Walfänger, besonders aus Lübeck, Bremen und Emden, nahmen an dem maritimen Raubzuge teil. Die Folge war, daß der wertvolle Grönlandswal im Laufe der Jahre vollständig in diesen Gegenden ausgerottet wurde und der Walfang zwangläufig aufhörte.

Nebenbei und zur Illustration sei noch erwähnt, daß in der höchsten Blütezeit des Walfanges die moralischen Holländer sogar Pfarrer und Schulmeister hinaufgesandt haben sollen, um gegen die Verwilderung der Sitten einzuschreiten. Diese Berichte scheinen mir aber auf schwachen Füßen zu stehen, namentlich was letzteren anbelangt, denn die Walfänger und ihre weiblichen Anhängsel werden das schulpflichtige Alter wohl längst überschritten haben. Die Wahrheit dürfte sein, daß besagter Schulmeister dem Pfarrer bei den vielen Beerdigungen Küsterdienste leistete oder aber nach der Sitte jener Zeit als »Stockmeister« oder »Weibel« für Ordnung und Anstand unter den Mädchen sorgen mußte. Doch es sei, wie dem wolle. Manche Spuren zeugen von den aufgeregten, wilden Tagen dort oben. So fanden wir vor einigen Jahren in dieser Gegend ein Skelett, dem noch eine Messerklinge zwischen den Rippen steckte.

Landschaftlich ist die Liefde-Bai einer der schönsten Plätze Spitzbergens, und ihre Westseite kann sich, was pittoreske Berg- und Gletscherformation anbelangt, kühn mit der Magdalena- oder

Königs-Bai messen. Die Einfahrt zur Bai ist auch vollständig gefahrlos, und ich habe immer in Wort und Schrift dafür plädiert, daß die deutschen Touristendampfer auf ihren Nordlandreisen bis dorthin fahren. Ich gehe sogar noch weiter. Auf der Anhöhe, der sogenannten Pommernplatte, die einen grandiosen Rundblick über die ganze Bai und nach Norden auf das Meer gestattet, würde sich die Errichtung eines Sanatoriums oder eines Sporthauses zweifellos lohnen. Ein viermonatlicher Verkehr mit Norwegen ist gesichert. Durch den Verlauf meiner Hilfsexpedition für das verunglückte deutsche Schröder-Stranz-Unternehmen habe ich die Richtigkeit der Theorie bewiesen, daß man früher zur Liefde-Bai als zum 200 km südlicher gelegenen Eisfjord gelangen kann.

Allerlei interessante Jagd, Skilaufen, Schlittenfahren mit Ponys oder zahmen Rentieren, verschiedene Eisspiele, Berg- und Gletscherpartien würden für Abwechslung sorgen und keine Langeweile aufkommen lassen. Dazu das Leben in der reinen, bakterienfreien Luft beim wärmenden Sonnenschein und gute Kost – ich wüßte mir keine angenehmere Sommer- oder Winterfrische. Vielleicht kommt es noch einmal dazu und hoffentlich in einem deutschen Hause! Dort könnten begeisterte Naturfreunde, nach gehöriger Vorbereitung, sogar gefahrlos überwintern und von den überwältigenden Eindrücken und Spannungen der Polarnacht ihr ganzes Leben lang zehren.

In diese von mir so gepriesene Bai mit den vielen deutschen Namen unserer Karte gelangten wir nach dem Abstiege vom Seliger-Gletscher.[27] Auf dem niedrigen Vorland zur linken Seite erblickten wir ein Rentier, das wir erlegen konnten. Während das Ren im Herbst eine zolldicke Feistschicht trägt, ist es im Frühjahr sehr mager, da es ihm nicht immer gelingt, seine Nahrung unter dem Schnee hervorzuscharren. Daher stillte es unseren Hunger nur mäßig. Aber das aus den entzweigeschlagenen Läufen quillende, warme Mark ist, roh genossen, eine Delikatesse.

Als wir weiter in der Liefde-Bai Seehunde zu vielen Tausenden auf dem Eise liegen und mit ihren Jungen spielen sahen, waren alle Teilnehmer der Expedition der Ansicht, daß um diese Jahreszeit Seehundsfleisch entschieden vorzuziehen sei.

Außerdem gibt Seehundsblut, gequirlt und mit Zucker und Mehl vermengt, einen köstlichen Blutpfannkuchen. Weil aber diesmal Mehl und Zucker fehlten, mußten wir uns zur Auffrischung unserer Lebensgeister mit einem wärmenden Schlückchen begnügen.

Der Weitermarsch über die Pommernplatte zum Meere und auf dem Küsteneise nach Westen erfolgte ohne besondere Zwischenfälle, wenn man das Einbrechen in tückisch durch Neuschnee verdeckte Wasserlöcher der Seehunde nicht als solche ansehen will. Wir waren aber so abgehärtet, daß bei der verhältnismäßig hohen Temperatur von einigen Grad unter Null die Kleider am Leibe trockneten.

Auch unseren Hunden passierte das Einbrechen öfters, doch machten sie sich ebenfalls nichts daraus. Nur Quinny, die in den letzten Tagen ein eigentümliches Wesen zeigte, war übervorsichtig. Bei einer Ruhepause blieb sie auf dem Eise sitzen und wollte nicht weiter mit. Da aber die anderen zogen, wurde sie eine Strecke mitgeschleift. Als wir den Schlitten abstoppten und nach ihr sahen, lag sie in Geburtswehen und hatte gleich darauf einen Sohn zur Welt gebracht. Meister Fuchs, der vermutliche Vater, interessierte sich für den Vorfall nur lausig.

Wir aber hoben voller Erbarmen die Mutter mitsamt ihrem Kinde auf den Schlitten und steckten sie in meinen Schlafsack. Dort schenkte sie noch zwei weiteren Sprößlingen das Leben. Nach einigen Stunden war der Geburtsakt beendet, und wir berieten beim Lageraufschlagen, was jetzt zu tun war, da ich selbst den Schlafsack notwendig brauchte.

Unser Blick fiel auf die beiden Rentierfelle unter dem Kajak, die diesen auf holperigen Schlittenwegen gegen Erschütterungen schützen sollten. Da wir jetzt auf dem ebenen Eise waren, hatte es damit keine große Gefahr mehr, und Johansen begann sofort, mit Segelgarn ein warmes Lager für Quinny und ihre Kinder herzustellen. Sie zeigte ihre Dankbarkeit dadurch, daß sie bereits am zweiten Tage aus ihrem Schlafsack heraussprang und mit angespannt zu werden verlangte. Vom dritten Tage ab gaben wir ihr dann Gelegenheit, den Lebensunterhalt für sich und ihre Kleinen zu verdienen.

Dieser Marschtag war nur kurz, denn wir trafen beim Eingang der Red-Bai eine norwegische Überwinterungsexpedition, deren Schiff aufgelaufen und leck geworden war. Die Leute lebten in einer warmen Erdhütte, aber in einer entsetzlichen Luft. Sie litten mehr oder weniger an Skorbut, der in diesem Falle durch den dauernden Genuß von nicht einwandfreiem, gesalzenem Fleisch und Fisch hervorgerufen war.

Außerdem hielten sie sich fast den ganzen Tag in der Hütte auf, und die riesige Kaffeekanne kam nicht vom Tisch. Bei der Revision des Kaffeekessels entdeckte ich, daß derselbe mindestens zu einem Drittel mit Kaffeesatz gefüllt war. Auf meine Frage, warum sie so überaus starken Kaffee tränken, erwiderten sie, das sei der Satz von der ganzen Woche, den sie immer wieder mitkochten. Sie müßten eben sparen, und nach ihrer Methode hätten sie immer einen starken Kaffee. Als wir mehrere Eisbärfelle bei ihnen sahen und uns erkundigten, ob das frische Fleisch den Skorbut nicht habe fernhalten können, erklärten sie, daß sie die Bären, wie auch eine Anzahl Polarfüchse, mit Strychnin erlegt hätten, das Fleisch daher ungenießbar gewesen sei.

Diese scheußliche Aasjägerei brachte uns gewaltig in Harnisch und wir hielten den törichten Leuten eine ordentliche Standrede.

Das Giftlegen hat weiter den Nachteil, daß die mühselige Fängerarbeit mit Fallen, Selbstschüssen oder Anschleichen, die einen stundenlangen Aufenthalt im Freien erfordert, auf ein Minimum reduziert wird. Sie brauchten nur alle paar Tage die Stellen, wo Giftbrocken ausgelegt waren, nachzusehen. Es blieb ihnen also mehr als genügend Zeit, in der warmen Hütte zu faulenzen, in Büchern herumzuschmökern und dem geliebten Salzfleisch mit dazugehörigem starken Kaffee gehörig zuzusprechen. Die Folge dieser Lebensweise haben sie an ihrem eigenen Leibe verspürt, und es wäre wohl noch schlimmer gekommen, wenn sie nicht einen reichlichen Vorrat an Mehl und Zucker, letzteren in ganzen Hüten, mitgenommen hätten. Das Mehl rührten sie mit Wasser an, gaben Zucker dazu und buken dünne, flache Kuchen auf der heißen Herdplatte.

Unsere Unterhaltung ergab, daß ein gewissenloser, mir leider bekannter Apotheker das Strychnin an die norwegischen Fangexpeditionen lieferte und hoch bezahlt erhielt. Man händigte mir eine kleine Flasche mit diesem furchtbaren Gifte aus, genug, um ein halbes Hundert Bären zu vergiften, und ich schwor in meinem weidmännischen Zorne, daß der unwürdige Jünger Äskulaps die ganze Portion fressen müßte, wenn ich ihn hier oben erwischte. Das konnte ich allerdings ruhig schwören.

Es sind mir Ergebnisse von solchen Giftexpeditionen bekannt, die 50 Bären in einer Überwinterung erbeuteten und vielleicht dieselbe Anzahl sinn- und zwecklos vernichteten, weil ihre Opfer mit letzter Kraft den schönen Pelz vor der Habgier der Menschen in das Wasser retteten.

Auch ich habe in Vorträgen und flammenden Artikeln gegen das Strychninlegen protestiert und mit dazu beigetragen, daß verschärfte Kontrollmaßnahmen der norwegischen Behörden diesem Unwesen ein Ende bereiteten.

Als wir nach verschiedenen guten Ermahnungen die sonst ganz netten Leutchen verlassen hatten, kam uns ein Eisbär entgegen, den wir unter den Augen unserer Hunde mit zwei Schüssen zur Strecke brachten. Der war wenigstens nicht vergiftet, und so hielten wir vorerst ein köstliches Mahl mit »Bärensteak à la tatare«. Als wir fertig und satt waren, dachten wir an die armen Kerle in der Hütte und brachten ihnen den größten Teil des Fleisches. Wir brieten

Endlich frisches Fleisch! Mai 1908

ihnen köstliche Bärenschnitte und ließen sogar den letzten Rest aus unserer Medizinflasche draufgehen. Auf die leere Flasche veranstalteten wir ein Wettschießen – womit dieses Thema endgültig abgeschlossen sein soll.

Einer der Fangleute mit Namen Peder Björvig aus Tromsö war an mich herangetreten und bat, zur Wellman-Station mitgenommen zu werden. Peder stellte sich als Sohn des rühmlichst bekannten Fangschiffers und Eislotsen Paul Björvig vor, der mir auf mehreren früheren Expeditionen begegnet war und sogar bei meinen ersten Seehundsjagden vor 12 Jahren gründlichen theoretischen und praktischen Unterricht erteilt hatte.

Paul Björvig war auch mit Wellman nach Franz-Josephs-Land gefahren und mußte dort mit Bentsen, dem allezeit zu Späßen aufgelegten »Fram«-Mitgliede, überwintern. Leider erlag der lustige Bentsen dem Skorbut, und Björvig blieb volle drei Monate in Gesellschaft seines toten Kameraden, bis man ihn abholte und Bentsen begrub. Dann hatte sich Björvig auf der deutschen Südexpedition Drygalskis als Eislotse beteiligt und sich in den zwei Jahren, wie mir der nautische Führer des Expeditionsschiffes »Gauß«, der Kapitän bei der Amerika-Linie Ruser, gelegentlich mitteilte, wohl verdient gemacht.

Den vorletzten Winter blieb Björvig zur Bewachung der Ballonhalle Wellmans auf der Däneninsel, und als er nach der Überwinterung mit mir zusammentraf, vermachte er mir aus alter Freundschaft seinen Gefährten in der Polarnacht, den schwarzen Peter. Daher durfte sich sein Sohn bei mir einer besonders guten Aufnahme versehen.

Aber Peders Bitte konnten wir, wenigstens vorläufig, nicht erfüllen, da wir nicht wußten, ob sein geschwächter Gesundheitszustand die uns möglicherweise noch bevorstehenden Strapazen ertragen würde. Waren es auch nur noch etwa 45 km bis zur Däneninsel, so konnte uns die Passage über den Smerenburg-Sund vor unvermutet schwere Aufgaben stellen. Ich sagte daher Björvig die Erfüllung seiner Bitte nach Beendigung unseres Marsches zu und würde ihn von den norwegischen Inseln, die auf halbem Wege lagen, an einem bestimmten Termine abholen.

Darauf schieden wir endgültig und kamen wohlbehalten zur südlichsten der norwegischen Inseln, zwischen der und dem Festlande der enge, für kleinere Schiffe passierbare norwegische Sund zur Smerenburg-Bai führt. Auf der Insel lagen zwei Mann der vorerwähnten Überwinterungsexpedition, die sich im Gegensatz zum Haupttrupp einer ungestörten Gesundheit erfreuten. Anfangs waren vier Mann die Bewohner der Überwinterungshütte gewesen. Der dritte Genosse ging in der Dunkelheit über den gefrorenen Sund und verschwand spurlos, der vierte brachte die Meldung des Vorfalls zur Red-Bai und blieb gleich dort.

Auch die beiden Norweger huldigten dem Giftlegen; sie waren aber wenigstens so vernünftig gewesen, den ersten Eisbären zu schießen und von dessen Fleisch eine ganze Zeitlang zu leben. Auf mein Verlangen zeigten sie mir die Stelle, wo die Giftbrocken ausgelegt waren, und der Zufall wollte es, daß wir eben dort einen riesigen Eisbären antrafen, der mit Fressen beschäftigt war. Als er uns kommen sah, riß er aus und gelangte auf treibendem Schollen etwa 100 Schritt weit. Dann wirkte das Gift – der Bär richtete sich hoch auf und fiel rücklings ins Wasser, dessen Strömung ihn unter dem Eise hinwegführte. Dieser Anschauungsunterricht überzeugte die jungen Norweger um so mehr, als damit ein entgangener Gewinn von etwa 200 Kronen verbunden war.

Am anderen Tage kamen wir zur Foul-Bai, auf deren Gletscher Wellman seinen Nordpolflug mit dem Luftschiff »Amerika« wenig ruhmvoll beendet hatte.

An dieser Stelle trat anstatt des Schlittens der Kajak in Tätigkeit, der unsere ganze Ausrüstung mitsamt den Hunden in mehreren Fahrten durch leichtes Treibeis zur Amsterdaminsel brachte.

Von dort hatten wir nur noch eine kurze Strecke zur Südseite derselben, und Wellmans Haus, durch eine etwa 250 m breite Wasserstraße getrennt, lag uns auf der Däneninsel gerade gegenüber. Als wir am Ufer angelangt waren, erhob sich ein wütendes Geheul der Hunde Wellmans, das von den unsrigen erwidert wurde. Die beiden zur Bewachung der Station zurückgelassenen Norweger stürzten vor die Tür, um zu sehen, was los sei. Sie erblickten auf der anderen Seite die ihnen wohlbekannten Gestalten und kamen sofort mit dem Boot herüber. Ihre Gewehre hatten sie vorsichtigerweise mitgenommen.

Es dauerte eine Weile, bis sie Johansen, ihren früheren Hauptmann, erkannten. Bei mir wollte dies noch weniger gelingen, trotzdem ich im vergangenen Sommer wochenlang auf der Däneninsel geweilt hatte und die beiden Norweger nach meiner Rückkehr dorthin zu meiner Verfügung gestellt worden waren. Ich sah aber auch erheblich anders aus als vor 9 Monaten. Außerdem konnten sie sich gar nicht erklären, daß wir von Osten her kamen, da sie wohl von der erwähnten Überwinterungsexpedition ihrer Landsleute, aber von keiner anderen etwas wußten. Es bedurfte daher einer längeren Auseinandersetzung mit Hilfe der Karte, bis sie sich von unserem abenteuerlichen Marsch ein Bild machen konnten.[28]

Wir hatten übrigens im Laufe eines Monats 300 km zurückgelegt. Die Norweger waren sehr um unser Wohl besorgt, und beim Anblick der reichen Vorräte Wellmans machte sich Johansen einen Begriff davon, was ich seinetwegen aufgegeben hatte. Er sprach mir, aber auch sich selbst, in herzlichen Worten seine Teilnahme aus.

Der Tag unserer Ankunft wurde mit wohlschmeckenden Fleischkonserven, eingemachtem, köstlichem Gemüse und kalifornischen Früchten bei Bordeaux und Sekt gefeiert. Das ging noch über die gewiß schönen Tage in der Advent-Bai.

Johansens Verpflichtung endete mit Abschluß des Marsches zur Nordseite. Er war sich noch nicht darüber klar, was er weiter beginnen wollte. Ich aber hatte mir vorgenommen, nochmals zur Liefde-Bai zurückzukehren und die topographischen Arbeiten des vorigen Jahres möglichst zu vollenden. Verzichtete daher Johansen

Zurück auf der Wellman-Station

auf die Beteiligung, so hatte ich noch Peder Björvig als Helfer in Reserve, mit dem ich unter den weniger schwierigen Verhältnissen des beginnenden Sommers zurecht zu kommen glaubte. Als wir etwa vier Tage im Wellman-Hause zugebracht hatten, führte ein neues Ereignis die Entscheidung herbei.

Eines Morgens ertönten beim Eingang der Dänenstraße Flintenschüsse, und als wir auf dem Vorsprunge standen, der einen weiteren Überblick gestattete, sahen wir ein Boot mit mehreren Jägern auf der Vogeljagd und im Hintergrunde einen Dampfer von schätzungsweise 2–3000 Tonnen. Mein Erstaunen über diesen frühzeitigen Besuch wandelte sich in freudige Überraschung, als ich am Heck des Dampfers die deutsche Flagge erkannte.

Ich fuhr also mit dem Kajak zum Schiffe hin und kletterte auf die Aufforderung eines gemütlichen Kapitäns das Fallreep hinauf. Dieser erkundigte sich neugierig nach allem möglichen, ich war aber noch neugieriger und wollte wissen, was meine Landsleute hier in dieser weltabgeschiedenen Gegend zu tun hätten. In die beginnende Unterhaltung platzte aus dem Hintergrund eine barsche Stimme hinein, die den Kapitän auf deutsch frug, wer der Kerl sei und was er an Bord wolle.

Ich enthob den ganz diensteifrig gewordenen Kapitän der Antwort und erwiderte einem ebenso vornehm wie selbstbewußt aussehenden älteren Herrn, ich sei ein Landsmann, der auf Spitzbergen überwintert und den die Freude, nach so langer Zeit wieder eine deutsche Flagge zu sehen, an Bord getrieben habe. Darauf wandte ich mich ab, ergriff den freundlichen Kapitän am Arm und lud mich bei ihm zu einer Flasche Bier ein, was den vornehm aussehenden, älteren Herrn zu ärgern schien. Er erklärte dem Kapitän in gemessenem Tone, daß ohne seine Genehmigung kein Fremder an Bord etwas zu suchen habe, und dieser bestätigte mit einem bedauernden Achselzucken die Berechtigung des nicht sehr freundlichen Ausspruches.

Jetzt wurde die Sache brenzlich, und ich mußte trachten, mir einen einigermaßen guten Abgang zu sichern. Daher stellte ich mich jener maßgebenden Persönlichkeit vor, worauf kurz erwidert wurde:

»Universitätsprofessor König, Bonn.«

Welch merkwürdiges Zusammentreffen! Ich hatte den berühmten Ornithologen meiner heimatlichen Universität vor mir, von dem ich wußte, daß er mit reichlichen, eigenen Mitteln die Sammlungen meines Instituts vervollständigt hatte.

Mein Mienenspiel verriet dem Professor, daß ich ihn, wenigstens vom Hörensagen, kannte. Ich berichtete in knappen Worten über das verflossene Jahr und machte dabei eine großartige Handbewegung über die Berge und Gletscher Spitzbergens, auf denen ich vom Eisfjord aus bis zur Wellman-Station gewandert sei. Prof. König frug noch nach verschiedenen Einzelheiten, die ihn vollends überzeugten. Als ich dann noch mehrere Bonner Professoren, darunter den berühmten Kollegen von der Juristischen Fakultät, Geheimrat Ernst Zitelmann, nannte, die meine guten Bekannten seien, war das Eis gebrochen. Prof. König lud mich zum Essen ein.

Da noch eine viertel Stunde Zeit war, wollte er mich zuerst einmal an seine Arbeitsstätte führen und ging mit mir in einen langgestreckten Raum unter Deck, in dem etwa zwei Dutzend berufliche und freiwillige Assistenten eifrig mit Abbalgen und Präparieren von Vögeln beschäftigt waren. Dieser Anblick imponierte mir sehr, und ich erzählte von der von mir unternommenen Helgoland-Expedition vor 10 Jahren, die u. a. zwei seiner Kollegen, die Professoren Römer und Schaudinn, mitgemacht hätten. Ich stieg einen halben Zoll in der Achtung, was ich daraus entnahm, daß ich per Arm zu Tische geführt wurde.

Im Laufe der Unterhaltung frug mich Prof. König, ob in dieser Gegend die seltenen Eier der Elfenbeinmöve (Larus eburneus) gefunden werden könnten. Dies mußte ich aus meiner langjährigen Erfahrung verneinen, stellte aber meinem freundlichen Gastgeber in Aussicht, daß ich ihm nach meiner Rückkehr ein halbes Dutzend dieser Eier verehren würde. Das Angebot fand allgemeinen Beifall, und in guter Laune entschuldigte sich Prof. König noch nachträglich wegen des »Kerl« beim Beginn unserer Bekanntschaft.

Zum Abschied wurden mir noch ein Dutzend gute Flaschen in den Kajak gereicht, worauf das Schiff weiterfuhr, um die kostbare Zeit auszunützen. Prof. König erhielt die Eier ein halbes Jahr später und revanchierte sich sofort mit einer prachtvollen Gruppe von allerlei ausgestopften Möwen, die in seinem Institut hergestellt wurde.

Wir tranken den Rheinwein in bester Stimmung im Wellman-Hause, und Johansen erklärte dabei, daß er jetzt heimkehren und sich zur Teilnahme an Amundsens Südpolexpedition melden wolle. Hierüber hatte in den von meinen Landsleuten überlassenen Zeitungen allerlei gestanden. Das konnte ich gut begreifen, und so mußte ich mich mit dem Gedanken vertraut machen, ohne Johansen die weitere Expedition durchzuführen. Ich brachte Peder Björvig nach einer zweitägigen Bootsfahrt von den norwegischen Inseln zur Wellman-Station, und er war von dem Gedanken begeistert, an einem wissenschaftlichen Unternehmen sich beteiligen zu können. Darin glich er ganz seinem trefflichen Vater. Wir luden unsere Ausrüstung und den aus Wellmans Vorräten ergänzten Proviant in eines der geräumigen Aluminiumboote und fuhren nach einem herzlichen Abschiede von Johansen denselben Weg zurück, den wir einen halben Monat vorher gekommen waren.[29]

Von den Hunden nahmen wir nur meine drei Gefährten der Überwinterung mit. Johansen hatte es übernommen, Quinny mit Nachwuchs und Jack auf der Rückreise unserem lieben Dr. Kinck wiederzugeben. Gerne hätte ich dessen Gesicht sehen mögen, als ihm die stolze, mit Stammbaum ausgestattete Mutter ihre drei Kinder vorstellte. Aber ich befand mich glücklicherweise außer Schußweite und Fuchs ebenfalls. Auch Sanko ließ ich mit Johansen ziehen, denn er war ein vorzüglicher Schlittenhund, für den man in der Advent-Bai im nächsten Winter zweifellos Verwendung hatte.

Unser selbstverfertigtes Segel brachte uns ohne schwere Ruderarbeit schnell vorwärts. Wir konnten den Weg bis zur Mündung der Liefde-Bai ohne Hindernisse in zwei Tagen zurücklegen, da sich das Eis nach Norden und Osten verzogen hatte.

In dieser Zeit weilten meine Gedanken oft bei dem zurückgebliebenen Gefährten aus der Polarnacht, und ich hörte vom redseligen Peder Björvig noch manche Einzelheiten aus Johansens Aufenthalt in Tromsö, die mir Sorge wegen seines späteren Schicksales bereiteten. An Amundsens Südpolarexpedition nahm er als »Mädchen für alles« teil und kam hier nicht so zur Geltung, wie er nach seinen Fähigkeiten wohl erwarten konnte.[30] Nach Rückkehr von der zweijährigen Fahrt führte er in Norwegens Hauptstadt ein verbittertes, untätiges Leben, das zu ändern ihm die Kraft fehlte. Ein kräftiger Appell an den alten Johansen hätte ihn wohl aus seiner unwürdigen Lage herausgerissen.

Es mag ein Jahr her sein, daß Johansen wieder in Norwegen war, als die inzwischen errichtete Radiostation in Green Habour bei der Einfahrt in den Eisfjord den Hilferuf Kapitän Ritschers aus der Polarnacht nach Deutschland trug. Es galt die Rettung der verunglückten Schröder-Stranz-Expedition, und ich fühlte mich als deutscher Polarfahrer verpflichtet, für ein sofortiges Rettungsunternehmen zu werben. Ich zweifelte keinen Augenblick, daß Johansen an der nicht ungefährlichen Sache teilnehmen würde, und richtete daher, als meine Expedition gesichert schien, eine telegraphische Aufforderung an ihn. Das Telegramm kam unbestellbar zurück mit dem lakonischen Vermerk: »Adressat gestorben.« Bei meiner Fahrt längs der norwegischen Küste hörte ich dann von Freunden, daß Johansen freiwillig aus dem Leben geschieden sei.[31]

Ich aber erinnere mich dankbar der gemeinsam ertragenen Freuden und Leiden während eines ereignisvollen Jahres und widme die Schilderung dieser Zeit dem lieben Kameraden. –

Kapitel 10

Wiederum auf der Nordseite. Topographische Arbeiten. Erkrankung Björvigs. Rückkehr zur Däneninsel. Ankunft des österreichischen Touristendampfers »Thalia«. Schicksalswende. Fröhliche Heimkehr.

Als wir das der Liefde-Bai vorgelagerte Flachland wieder betraten, staunten wir über die Veränderung der Landschaft. In knapp 3 Wochen hatte die Mitternachtssonne nicht nur alles schneefrei gemacht, sondern auch einen reichen Moos- und Blumenflor aufsprießen lassen.

Denn die Vegetation auf Spitzbergen ist nicht so ärmlich, wie die Touristen nach einem kurzen Besuche anzunehmen geneigt sind. Über 100 Phanerogamen sind auf Spitzbergen festgestellt, deren Blüten abwechselnd das Land mit einem verschiedenartigen Teppich bedecken.

Auf dem fast trockenen, warmen Boden wälzten sich unsere Hunde in wohligem Behagen und fanden bei kräftiger Kost und wenig Arbeit nachträglich Ersatz für ausgestandene rauhe Zeiten. Wegen Schneemangels zogen sie den Schlitten als Schleife über den Grasboden. Das machte ihnen viel Vergnügen, weil die Ladung leicht und die jedesmalige Entfernung kurz war. Denn größere Strecken legten wir die Küste entlang im Boot zurück. Auf diesen Fahrten kampierten wir im offenen Boot inmitten unserer drei Hunde.

Mit den Vermessungsarbeiten, bei denen Peder Björvig verständnisvoll Hilfe leistete, war ich in etwa vier Wochen fertig geworden. Dann klagte Peder über heftige Schmerzen im linken Kniegelenk. Ich hatte schon längere Zeit ein leichtes Hinken bemerkt, aber der pflichtgetreue Bursche erklärte mir immer wieder, daß dieses nichts zu bedeuten habe. Als die Schmerzen immer stärker wurden und alles Massieren und Bandagieren nichts half, zwang ich Peder, sich zu schonen und nur leichte Arbeit im Zelt zu verrichten. Wie er mir jetzt erst sagte, waren schon am Ende der Überwinterung öfters Schmerzen an derselben Stelle aufgetreten.

Die Aufgabe, die ich mir vorgenommen hatte, war, wenn auch auf dem Umwege einer Überwinterung, erfüllt, und ich konnte daher an die Heimkehr denken.

Wir luden alle unsere Sachen wieder ins Boot und segelten oder ruderten nach einem mehrtägigen Abstecher in die Rote-Bai, wo die Norweger inzwischen ihr Schiff leergepumpt und von den Riffen freibekommen hatten, zur Däneninsel zurück.

Vor etwa einer Woche war ein Fangschiff die Wellman-Station angelaufen, auf dem Johansen mitsamt den drei Hunden die Rückreise antrat.

Bei unserer Ankunft auf der Däneninsel war er sicher schon in Norwegen. Wir warteten jetzt auf den in einigen Wochen fälligen, norwegischen Touristendampfer, der auch mich nach über 15monatigem Aufenthalt auf Spitzbergen heimbringen sollte.

Während dieser Wartezeit lebten wir friedlich im Zelt, und Björvig ertrug seine Schmerzen mit großer Geduld. Ja – er war noch voller Humor und erzählte gern von den abenteuerlichen Reisen seines Vaters und von Streichen und Schwänken aus seinem eigenen, jungen Leben. Wurden aber die Schmerzen zu arg, nahm er das Schifferklavier und begann, aus voller Kehle zu singen, was ihm angeblich Erleichterung verschaffte. Der arme Kerl! Bei unserer Ankunft in Tromsö stellte der Arzt Knochentuberkulose fest und amputierte ihm das linke Bein über dem Knie. Kaum ein Jahr später deckte ihn der grüne Rasen. –

Am 16. August hörten wir das Tuten eines Dampfers beim Eingang der Dänenstraße und sahen nicht den erwarteten Norweger, sondern die »Thalia« vom österreichischen Lloyd sich langsam nähern und gleich darauf vor Anker gehen. Das war ja auch ein Bekannter vom vorigen Jahre, auf dem meine drei deutschen Kameraden und ich sogar einmal großartig bewirtet wurden. Der

Die »Thalia«

Gastgeber war der Bergwerksbesitzer und Großindustrielle August Thyssen, der mit einer Anzahl von prominenten Berufsgenossen auf der Nordlandfahrt sich ein paar Wochen auszuspannen gedachte. In den Unterhaltungen mit diesem unternehmenden Manne und den ihn begleitenden Bergwerksdirektoren gewann ich den Eindruck, daß der deutsche Bergbau auf Spitzbergen und der Bäreninsel, gleich dem amerikanischen, eine Zukunft gehabt hätte, wenn ich seinerzeit anstatt mit kurzsichtigen und auf den Augenblicksvorteil bedachten Spekulanten mit August Thyssen in Verbindung getreten wäre.

Ich machte also den Kajak klar, lud Peter und Fuchs ein mitzufahren und ruderte dem willkommenen Dampfer entgegen. Als ich längsseits gekommen war, ertönten erstaunte Rufe von den an die Reling sich drängenden Touristen. »Ein Eskimo, ein Eskimo«, schrien sie, zwar in vollständiger ethnologischer und geographischer Unkenntnis, aber aus nicht unfreundlicher Gesinnung heraus. Unter den vielen österreichischen und ungarischen Mundarten unterschied ich eine helle Stimme, die mir in unverfälschtem Frankfurterisch etwas herunterrief, was aber weniger mir als meinen braven Begleitern vorn im Kajak zu gelten schien. Ich vermutete ein Mitglied irgendeines Tierschutzvereins.

Ein stattlicher Herr mit einem wohlwollenden Gesicht, das heiterem Lebensgenuß nicht abhold schien, forderte mich mit lebhaften Gestikulationen auf, an Bord zu kommen, was allgemein unterstützt wurde. Neues Erstaunen, als ich auf gut »rheinisch deutsch« der Aufforderung nachzukommen erklärte. Der Volksstimmung trug auch der Kommandant Rechnung und befahl, mir eine Strickleiter zuzuwerfen. An dieser turnte ich hinauf und ließ Peter und Fuchs zur Bewachung den Kajaks zurück.

Das war gut so, denn als gleich darauf die Boote ausgesetzt wurden und ich im Kapitänszimmer bei einem guten Schoppen und einer echten Virginia saß, versuchte man verschiedentlich, den Kajak zu einer Schwarzfahrt zu benutzen. Mit zornigem Bellen vereitelten das die beiden Wächter. Darauf kamen die Interessenten in die Kajüte, es waren auch Damen darunter, und baten geziemend um Erlaubnis. Ich machte diese einmal von der Schwimmfertigkeit der Kajakfahrer, dann aber davon abhängig, daß man Peter und Fuchs ebenfalls an Bord bitten würde. So kamen beide Teile zu ihrem Recht.

Der vorerwähnte freundliche Herr, der ebenfalls an dem improvisierten Symposion teilnahm, hatte sich mir als Graf Adalbert Sternberg, Mitglied des österreichischen Parlamentes, vorgestellt. Über diesen interessanten Zeitgenossen waren ergötzliche Geschichten wegen seiner temperamentvollen, sogar vor Brachialgewalt nicht zurückschreckenden Behandlung von opponierenden Kollegen im Umlauf.

Wenn ich diesen jetzt so behaglich beim Sekt plaudernden

Herrn näher in Augenschein nahm, konnte ich mir kaum vorstellen, daß er im schönen Wien, sogar in den heiligen Hallen des Abgeordnetenhauses, ein so arger Wüterich war, der mit seinen rücksichtslosen Angriffen nicht einmal vor der k. k. Regierung haltmachte. Es war aber nicht meine Aufgabe zu untersuchen, wer hier recht oder unrecht hatte. Ich bewunderte Graf Sternberg als glänzenden Gesellschafter und mußte ihm außerdem für seine Hilfe bei Ordnung unserer Heimfahrt, an der auch die Hunde teilnahmen, aufrichtig dankbar sein.

Die erwähnte Frankfurter Stimme gehörte einer jungen Dame, die sich angelegentlich mit meinen treuen Begleitern beschäftigte und sogar schon mit ihnen Freundschaft geschlossen hatte. Mitglied des Tierschutzvereins war sie auch, und ich erhielt sanfte Vorwürfe wegen der Strapazen und Leiden, die die armen Tiere hätten ausstehen müssen. Von meinen Strapazen und Leiden sprach sie nicht. Das ärgerte und reizte mich zugleich; ich zog daher alle Register meiner in der frauenlosen, schrecklichen Zeit etwas eingerosteten Courtoisie gegenüber Damen, um mich in ein möglichst gutes Licht zu setzen.

So kam es, daß wir uns sehr viel zusammen unterhielten. Als ich gar unter den Klängen des Radetzkymarsches ein mehrmaliges Bad genommen und mich einer gründlichen Behandlung des Schiffsfriseurs unterzogen hatte, schien ich meiner liebenswürdigen Partnerin zwar weniger interessant, aber doch angenehmer geworden zu sein.

Um mich für das Entgegenkommen der Schiffsleitung und der Freundlichkeit der Touristen erkenntlich zu erweisen, hielt ich auf Verlangen der ersteren einen pompös angekündigten Vortrag über meine Erlebnisse in der Polarnacht. Der Vortrag fand nach einem guten Abendessen im vollbesetzten Schiffssalon statt. Leider hatte bei dem Vorstoß zum ewigen Eise der Seegang in bedenklicher Weise zugenommen und so kam, was kommen mußte – ich sah mich am Schlusse meiner interessanten Ausführungen nur einer auf etwa 20% zusammengeschmolzenen Zuhörerschaft gegenüber. »Frankfurt« war darunter und hielt bis zum letzten Satze aus.

Das imponierte mir sehr. Ferner erfüllte die junge Dame meine nach klassischer Musik dürstenden Wünsche auf dem Piano im Damensalon ebenso kunstverständig wie unermüdlich, denn ich war den Winter über mit Johansens Mundharmonika und später mit Björvigs Schifferklavier nicht übermäßig verwöhnt worden.

Als die »Thalia« dann, bei etwa 80½ Grad Nordbreite, das von der Mitternachtssonne beschienene, sich in zauberischer Schönheit weit bis zum Horizont ausbreitende ewige Eis antraf, als die Begeisterung beim Knallen der Sektpfropfen nicht mehr überboten worden konnte, da wurde »Frankfurt« zur Dichterin, und ich geriet ob so vielseitigen Talentes in eine gewisse seelische Unordnung. Das aktuelle Poem verdient der Vergessenheit entrissen zu werden:

Der Nordpol, der lag vor unserer Nas,
Merr hawwen gesucht mit dem Opernglas
Un hätten gefunne auch sicherlich bald,
Wers in der Gegend net gar so kalt.
Auch is es zu glatt uff dem ewige Eis
Dazu mecht der Schnee eim, der viele, was weis!
Un wie merr des alles betracht un bedacht,
Da hawwe zerr uns auf den Heimweg gemacht.
Ich glaub, daß in der Zukunft vielleicht
Der Zeppelin – den Nordpol erreicht!

Die prophetischen Schlußworte gaben Veranlassung, mich über die erfolgreichen, damals Aufsehen erregenden Fahrten des Zeppelin-Luftschiffes näher zu erkundigen, und ich war begeistert von den Fortschritten in der Eroberung der Luft. Kein Wunder daher, daß ich das vorzüglich geeignete »Instrument für Forschungsreisen« mit den während der Überwinterung geschmiedeten Expeditionsplänen in Verbindung brachte. Aus alten Schilderungen erkannte ich, wie turmhoch der Zeppelin über dem halbstarren Luftschiffe Wellmans stand, mit dem dieser sich vermessen hatte, den Nordpol zu erreichen.

Man sollte nun meinen, daß ich nach so langer Zeit Spitzbergen satt bekommen hätte. Weit gefehlt – die Erinnerungen aus der Polarnacht und von der Schlittenexpedition wirkten um so stärker, als sie einen scharfen Gegensatz zu dem mich jetzt umgebenden Luxus, vor allem zu den sich aufgeregt gebärdenden, schwätzenden und flirtenden Zivilisationsträgern bildeten.

Von einem unüberwindlichen Zwange getrieben, frug ich das liebenswürdige Fräulein »Frankfurt«, ob sie Lust und Courage hätte, als erste deutsche Frau eine Überwinterung mitzumachen. Die Ärmste stand wohl unter dem Eindruck der großartig verlaufenen Reise, und fortgerissen von der herrlichen Szenerie um uns her antwortete sie unvorsichtig mit einem laut vernehmlichen »Ja« – so verlobten wir uns unter dem 80. Breitengrad, und ich kann diese Gegend zur Einleitung einer glückbringenden und dauernden Verbindung zweier idealgesinnter Menschen mit gutem Gewissen empfehlen.

Meine Braut war die Tochter des Frankfurter Dichters Adolf Stoltze, der, wie sein verstorbener Vater Friedrich, Frankfurter Mundart und Frankfurter Humor in die Welt hinausgetragen hat. Meine Frau ist mir in manchen guten und vielen schweren Tagen eine opferfreudige, treubesorgte Lebensgefährtin geworden, und heute, nach so vielen Jahren, lesen wir zusammen die Tagebücher und betrachten das Bildermaterial, aus denen dieser Teil meiner Erinnerungen entstanden ist.

Kapitel 8

Das deutsche Hilfsunternehmen für die verunglückten Schröder-Stranz-Leute auf Nordspitzbergen

Kapitel 1

Vorgeschichte. Reise nach Tromsö. Der »Lövenskiold«. Motorhavarie. Die Teilnehmer der Expedition.

Ein trauriges Kapitel der arktischen Polarfahrt bedeutet die deutsche Nordostland-Expedition unter der Führung des jungen wagemutigen Leutnants Schröder-Stranz. Der erst 28jährige war während seiner Militärzeit weit in der Welt herumgekommen, und nun schwebte ihm als neues Ziel die genaue Erkundung und Vermessung des europäisch-sibirischen Seeweges vor.

Zur Vorbereitung unternahm er im Sommer 1912 eine Vorexpedition auf dem »Herzog Ernst« zum Nordostland und dachte dabei an ein Eindringen in das noch ziemlich unerforschte Innere dieses Landes. Daß diese Gegend hier oben die verrufenste im ganzen Polargebiet ist, habe ich an anderer Stelle schon erwähnt, und so haben auch Schröder-Stranz und sechs seiner deutschen Kameraden ihr kühnes, energisches Vorgehen und ihre arktische Unerfahrenheit hier mit dem Leben bezahlen müssen.[32]

Schröder-Stranz war mit drei Gefährten an 15. August zwischen dem Nordkap und Kap Platen an Land gesetzt worden. Sie hatten geplant, das Nordostland bis zur Hinlopenstraße zu durchqueren und von dort mit Kajaks um den nördlichen Teil Westspitzbergens herum bis zu der im Westen liegenden Groß-Bai zu fahren. Das Expeditionsschiff mit den übrigen Teilnehmern sollte nach einer Reihe von Lotungen und ozeanographischen Untersuchungen in

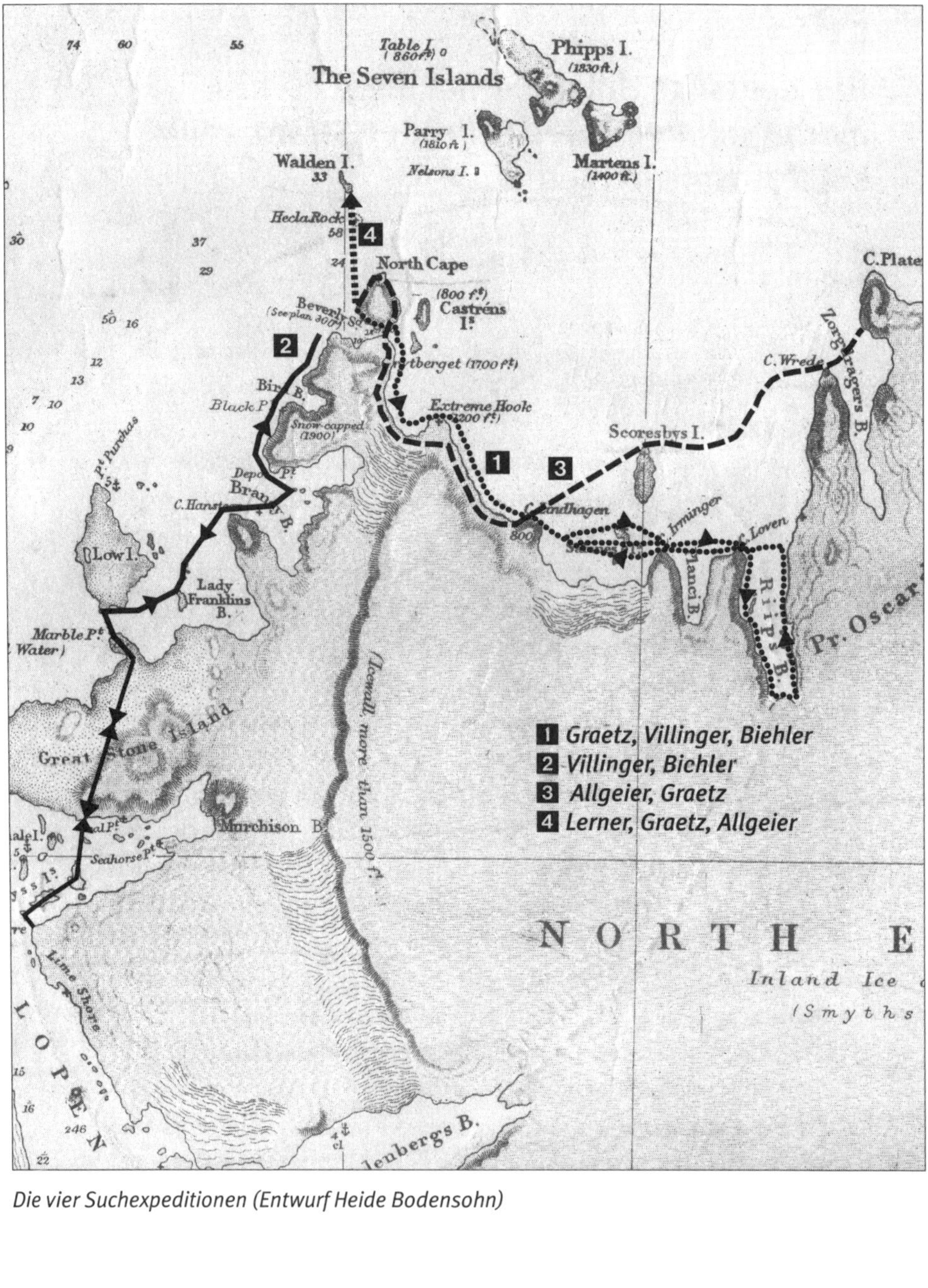

Die vier Suchexpeditionen (Entwurf Heide Bodensohn)

der Treurenberg-Bai, Wijde-Bai, Wood-Bai, Liefde-Bai ebenfalls zur Groß-Bai fahren und die Schlittenexpedition dort erwarten.

Der »Herzog Ernst« wurde aber, da die Jahreszeit schon weit vorgeschritten war, bereits in der Treurenberg-Bai vom Packeis eingeschlossen, weshalb die Expeditionsteilnehmer den Plan faßten, über das Inlandeis Westspitzbergens zur Advent-Bai zu marschieren, um von dort Hilfe zu erlangen.

Der Marsch nach der ersten Schutzhütte in der Mossel-Bai gestaltete sich wegen des vielen Gepäcks sehr langsam und sehr schwierig, was den Zoologen Dr. Detmers und den Botaniker Dr. Moeser veranlaßte, den Marsch nach der Advent-Bai nur zu zweit anzutreten. Die anderen kehrten zur Auffrischung des Proviantes zum Schiff zurück und nahmen dann den Weg aufs neue in Angriff, der sie bis zur Schutzhütte bei Kap Petermann in die Wijde-Bai führte. Hier mußte das jüngste Expeditionsmitglied Dr. Rüdiger wegen erfrorener Füße unter der Obhut des Marinemalers Rave zurückgelassen werden.

Kapitän Ritscher, der Maschinist Eberhardt und zwei Norweger brachen zum Marsch nach der Advent-Bai auf. Schon am anderen Tag war es offensichtlich, daß Eberhardt die Strapazen nicht durchhalten würde, Ritscher schickte ihn in Begleitung der beiden Norweger zur Hütte zurück und trat allein, nur in Begleitung eines Hundes, den Weg durch Nacht und Eis zur Advent-Bai an. Ein Marsch von 120 km Luftlinie bei 30 und mehr Grad Kälte, ohne warmen Schlafsack, ohne hinreichenden Proviant stand ihm bevor.

Unter schweren Anstrengungen und den härtesten Verhältnissen gelangte er schließlich als wankender, irr um sich blickender alter Mann mit erfrorenen Gliedern an das heißersehnte Ziel, von dem er sich Rettung für seine Kameraden versprach.

Als am 7. Januar 1913 die Funkstation Spitzbergens den Hilferuf des Kapitäns Ritscher für die Schröder-Stranz-Leute nach Deutschland hinübersandte, glaubte ich als praktischer Polarfahrer sofort, vor die Front treten zu müssen.[33]

Alle Bedenken zerflossen bei Erinnerung an den heroischen 17tägigen Marsch Ritschers durch die tiefste Polarnacht, an die mir so klar vor Augen stehenden Leiden meiner Landsleute und ihrer norwegischen Hilfskräfte.

In zwei Tagen durchmusterte ich meine Schiffsjournale und Tagebücher – der Plan der Hilfsexpedition war fertig. Unbekümmert um die wie Pilze hervorschießenden Gutachten der Theoretiker vertraute ich auf das, was ich im Laufe von 17 Jahren selbst erlebt und an Erfahrungen gesammelt hatte.

Die Hilfsexpedition mußte sofort vorbereitet und schnell hinaufgesandt werden. Selbst die meiner Expedition skeptisch oder gar feindlich Gegenüberstehenden mußten nach deren Abschluß zugeben, daß mein privates Unternehmen notwendig war.[34] Denn der vom deutschen Reich unterstützten, etwa viermal so kostspieligen Hilfsexpedition, für die man anstatt meiner einen norwegischen Führer wählen zu sollen geglaubt hatte, ist es trotz mehrfacher Versuche nicht gelungen, die gefahrenreiche, Westspitzbergen und Nordostland trennende Hinlopenstraße zu überschreiten, also nach jenen Gegenden zu kommen und sie abzusuchen, wo allein Leutnant Schröder-Stranz und seine drei Kameraden vermutet werden durften. Die offizielle Hilfsexpedition hätte daher die quälende Ungewißheit nicht zu beseitigen vermocht.

Daß meine Expedition die traurige, aber erlösende Gewißheit gebracht hat, bezeugt kein Geringerer als der Führer der offiziellen Hilfsexpedition, Hauptmann Staxrud, denn als er uns von Nordostland zurückkehren sah, erklärte er sofort die Nachforschungen nach Schröder-Stranz für abgeschlossen und beendet.

Ich darf wiederholen, was ich zu Anfang der Expedition erklärte und was ihr Leitstern geblieben ist. Nicht äußerer Ehren und Vorteile wegen, auch nicht neben anderen wissenschaftlichen oder wirtschaftlichen Spitzbergenaufgaben haben wir diese Expedition unternommen, sondern um mit ungeteiltem Interesse und voller Hingabe, ohne Rücksicht auf die wartenden Schwierigkeiten und

Gefahren nach besten Kräften zu helfen. Dies erklärt unseren Erfolg. Daß auch der Wille, das Rettungswerk für deutsche Landsleute nicht ausschließlich den Norwegern zu überlassen, anspornend gewirkt hat, ist selbstverständlich.

Nach intensiver, monatelanger Beschäftigung mit dem Plan war die deutsche Hilfsexpedition in weniger als einer Woche reisefertig. Was fehlte, wurde mit reichlicher Benutzung von Telephon und Telegraph auf schnellstem Wege nach dem letzten Abfahrtshafen Tromsö in Nordnorwegen dirigiert. Jeder Tag war wertvoll, und allzulange hatten Unsachlichkeiten die Expedition bereits verzögert.[35] Wir werden später sehen, daß ein früherer Aufbruch erheblich vorteilhafter gewesen wäre und auch das Expeditionsschiff von seinem traurigen Schicksal zweifellos bewahrt hätte.

Am frühen Morgen des 5. April 1913 sah man die Expeditionsteilnehmer bei ihren zehn vierfüßigen und in ihren Verschlägen laut protestierenden Gefährten, auf einem halben Hundert Proviant und Ausrüstungsgegenstände enthaltenden Kisten, Säcken und Koffern in einem königlich preußischen Viehwagen, der dem Hamburger Frühschnellzuge angehängt worden war, Platz nehmen. Es war ein naßkalter, grauer Morgen. Meine jungen Kameraden hatten bereits Abschied in ihrer Heimat genommen, jedoch waren einige ihrer Frankfurter Freunde an der Bahn erschienen. Mir stand er noch bevor, der Abschied von meiner Frau und ihren alten Eltern, die ich fröstelnd und mit durchwachten Gesichtern vor mir sah. Mein kleines Mädchen lag daheim im süßen Kinderschlaf, als ich mich mit einem leisen Kuß von seinem Bettchen stahl. Sie aber wollte mich durchaus zum Zuge begleiten, und der treuen und unermüdlichen Helferin bei den Vorbereitungen zur Expedition hatte ich nicht das Recht, die Bitte abzuschlagen. Sie versprach aber, tapfer zu sein. Sie war mein guter Genius auf der Fahrt, und genau an ihrem Geburtstage öffnete sich da oben die sehnsüchtig erwartete Rinne im Eise, die uns der Freiheit und der Heimat wiedergeben wollte.

Jetzt – das Abfahrtssignal. Ein letztes Lebewohl, und rasselnd schob sich die schwere Schiebetür bis auf einen handbreiten Spalt zusammen, was ein verstärktes Heulkonzert im Innern des Wagens hervorrief, langsam bewegte sich der Zug aus der Riesenhalle, uns einer ereignisreichen Zukunft entgegenführend.

Die paar Stunden Aufenthalt in Hamburg waren wie im Fluge vergangen, und der Ernst des Lebens trat in der Form von Wachestehen beim Proviant und bei den Hunden zum ersten Mal an die Expeditionsteilnehmer heran. Auch tüchtig mit anfassen und genau das Einladen kontrollieren hieß es, denn ein Versehen oder gar ein Verlust hätte auf einer Expedition wie der unsrigen leicht zu ernsten Folgen führen können.

In der Nacht machte sich der »Kong Erik«, ein kleineres und älteres, zudem bis zur Tiefladelinie belastetes Schiff der Nordenfjeldske Dampskibselskab Trondhjem vom Kai los und fuhr langsam aus dem Freihafen die Elbe hinunter. Am anderen Morgen kam Helgoland, das letzte Bollwerk des lieben Vaterlandes, in Sicht; wir sandten ihm unsere Grüße und weiter ging's, dem über 3000 km nördlich gelegenen Schauplatz der Ereignisse entgegen.

In der Hermetikstadt Stavanger kam zu nachtschlafender Zeit der bekannte Polarschriftsteller und tatkräftige Förderer meines Planes, Oberlehrer Carl Christensen, an Bord, um sich an den Resultaten seiner glänzenden Feder zu erfreuen und uns die Hand zu drücken. Christensen war wie aus den Wolken gefallen, als ihm durch den Telegraphen das Anrücken der nun doch ermöglichten deutschen Hilfsexpedition gemeldet wurde. Nun hatte dem alten Spitzbergenfahrer, dem früheren Redakteur der »Spitzbergen Gazette«, übrigens einer wahren Fundgrube für Polarschriftsteller, die Aufregung keine Ruhe gelassen, und er war stundenlang auf dem Kai auf- und abgewandert, um als erster den »Kong Erik« zu entern.

Von Stavanger fuhren wir weiter zur alten Hanseatenstadt Bergen, wo wir auf den Schnelldampfer »Lyra« der Bergenske

Dampskibselskab umladen mußten und wo uns die Zollrevision erwartete. Mit Schrecken gedachte ich des Zeitverlustes und der unausbleiblichen Scherereien, die uns möglicherweise den Anschluß verpassen lassen konnten; jedoch ging alles ohne längeren Aufenthalt und ohne Schwierigkeiten vonstatten.

Den einzigen Zwischenfall hatten wir noch beim sturmumbrausten Vorgebirge Stad, als die verängstigten Hunde in das Zwischendeck gebracht werden mußten und es einige Blessuren gab. Stramm gingen da die Expeditionsteilnehmer einschließlich des Führers von zwei zu zwei Stunden Wache, und es gehörte eine ordentliche Portion körperliche Kraft und Kaltblütigkeit dazu, um in dem unbeschreiblichen Tohuwabohu Menschen und Tiere vor ernstlichen Beschädigungen zu bewahren.

Am achten Tage erreichten wir Tromsö, wo wir das Expeditionsschiff seeklar vorfinden sollten.

Ein blutjunges Bürschchen drängte sich durch die den Landungssteg belagernde Menge an mich heran, drückte krampfhaft meine Hand und präsentierte sich als Kapitän des »Lövenskiold«. Darauf wies es nach einer Gruppe ebenso junger Leute am Lande hin und sagte nicht ohne Selbstbewußtsein: »Meine Mannschaft.« Ich war sprachlos, wurde aber gleich aus meinen Gedanken, die wider Willen zur Geschichte der Kinderkreuzzüge geeilt waren, durch eine abgrundtiefe Baßstimme aufgeschreckt und folgendermaßen angeredet: »Aber zum Teufel, Lerner, was hast du dir da für ein ›Grünzeug‹ ausgesucht?«

Solch unbefugte Einmischung ließ mich schnell meine Haltung wieder gewinnen und ich erwiderte: »Aber zum Teufel, Ludwig, warum bist du denn nicht dabei?«

»Ja, verdammt, wenn ich nicht da oben in Finmarken einen Feuerwächterposten treten müßte, den ich mir auf dem ›Fram‹ bei Amundsen verdient habe, hätte ich dir längst telegraphiert. Ich fahre gleich mit dem Schnelldampfer, der dich hergebracht hat, weiter nach Finmarken.«

»Na dann leb wohl, lieber Freund, ich werde mich in meinem ›Gemüsegarten‹ schon zurechtfinden.«

»Leb wohl, Lerner, glückliche Reise und komm mir ja mit heiler Haut zurück. Die Tromsöer Eismeerschiffer stehen alle auf deiner Seite.«

»Freut mich sehr, viel Glück zu deinem neuen Amt, auf Wiedersehen!«

Diese Unterredung, der mein Kapitän mit anerkennenswerter Fassung zugehört hatte, führte ich zwischen Schiff und Land mit Ludwig Hansen; sie erneuerte zugleich eine fünfzehnjährige Bekanntschaft aus dem Eismeer und von meiner Überwinterung her. Ludwig und sein Namensvetter Helmer hatten zuletzt auf Amundsens Südpolexpedition ihre Vaterstadt Tromsö ehrenvoll vertreten.

Während es Helmer nach vergeblicher Meldung zur norwegischen Hilfsexpedition für Schröder-Stranz mit dem »Fram« zu neuen Taten lockte, hielt es Ludwig für ratsam, den vielen Blondköpfen kleineren und kleinsten Formats nicht länger den Vater zu entziehen und in der sicheren Stellung eines Leuchtfeuerwärters der geliebten »christlichen Seefahrt« weiter zu dienen.

Am 15. April, also nach drei Tagen, sollte der Motorkutter »Lövenskiold« seeklar sein, und da galt es tüchtig zu arbeiten, um bis dahin selbst fertig zu werden. Wir wurden fertig dank der unermüdlichen und tatkräftigen Hilfe des österreichischen Konsuls Andreas Aagaard, dem fast alle arktischen Polarexpeditionen von Payer und Weyprecht an so viel zu danken haben und den wir, wenn auch in scherzhafter Form, so doch aus voller, dankbarer Überzeugung den »Expeditionskonsul« nannten.

Am Tage vor der planmäßigen Abfahrt sollte die von mir geforderte gründliche Motorprobe sein. Der Krach, mit dem bei der Probe wichtige Betriebsteile des Motors in Stücke sprangen, dröhnte schmerzhaft in meinem Innern wieder. Kostete doch diese Havarie wertvolle sieben Tage unfreiwilligen Wartens. Zudem war gerade das Wetter schön und ein frischer Südwind hätte unsere

Fahrt nur beschleunigt. Meine jungen Kameraden suchten ihre Enttäuschung auf langen Skitouren zu überwinden – mir blieb nichts anderes übrig, als mich bei den Reparaturarbeiten in Permanenz zu erklären. Nebenbei ließ ich mich als unschuldiges Opferlamm bedauern. Aber der für die Indienststellung des »Lövenskiold« verantwortliche Reeder, von dem ich das Schiff bis Ende September gechartert hatte, hörte von der schwer verärgerten, öffentlichen Meinung, die mit meinem Unternehmen sympathisierte, verschiedene durchaus nicht angenehme Wahrheiten. Was mit dem Unglücksmenschen geschehen wäre, wenn man damals in Tromsö geahnt hätte, daß allein seine Nachlässigkeit uns hindern würde, Staxrud zuvorzukommen, zum mindesten mit ihm gleichzeitig in die Treurenberg zu gelangen, wage ich gar nicht auszudenken. Ich erkenne jedoch an, daß er nach dem Unfall Tag und Nacht, ohne Rücksicht auf die Kosten an der Beseitigung des Schadens und an der vorher versäumten gründlichen Überholung des Motors arbeiten ließ.

Abfahrt in Tromsö

Am 21. April abends war der Motor endlich in Ordnung und sofort verließ der »Lövenskiold« mit der deutschen Flagge im Top und der norwegischen am Heck Tromsö, um nach wenigen Stunden in einen richtigen Nordweststurm hineinzufahren, der uns schließlich Hansnaes als Nothafen aufzusuchen zwang. Hier blieben wir zwei Tage. Unterdessen verstauten wir Ladung und Expeditionsausrüstung seegemäß, zurrten die umfangreiche Decklast fest und sorgten, so gut es ging, für den Schutz unserer zehn Hunde gegen Regen und überkommende Sturzseen, denn andauernde Nässe ist ihr stärkster Feind! Die letzten Telegramme wurden an Land gebracht,[36] dann ging es durch den Fluglösund nach Norden, wobei uns die entgegenstehende, noch ziemlich grobe See ausschließlich auf den 40pferdigen Bolinder Rohölmotor anwies. Der Tüchtigkeit des Motormaschinisten schreibe ich es zu, daß der Motor in zwölftägiger, fast unausgesetzter Fahrt bis zum Norden des Nordostlandes uns nicht im Stiche ließ.

Auf der jetzt folgenden Seereise nach Spitzbergen, die einige Ruhetage nach allem Jagen und Hetzen der letzten Wochen brachte, möchte ich einiges über die deutsche Hilfsexpedition und ihre Teilnehmer mitteilen.

Im Gegensatz zum großen, von den vereinigten deutschen Komitees ausgerüsteten, man könnte sagen offiziellen Unternehmen, für das man schließlich den Norweger Staxrud als Führer bestimmte, war die von mir geleitete Expedition von vornherein auf meinen öffentlich verteidigten Plan, daher naturgemäß auch auf meine Person angelegt und eingeschworen. Dasselbe galt von dem weitaus größeren Teil der etwa 27 000 Mark betragenden Gesamtkosten, deren Aufbringung mir nicht nur große Sorge gemacht, sondern obendrein noch Verpflichtungen auferlegt hatte. Zur Erleichterung derselben, aber auch um unanfechtbares Beweismaterial für das, was wir leisten wollten und leisten mußten, mit heimzubringen, war ich mit einem süddeutschen Filmverlag in Verbindung getreten, der sich verpflichtete, einen im Wintersport geübten Operateur mitzusenden. Vorher hatten sich Verhandlungen mit einem großen gleichartigen Institut zerschlagen, weil sämtliche Operateure desselben sich weigerten, an einer solch riskablen Reise teilzunehmen. Alles in allem ein etwas außergewöhnlicher Weg, um eine Hilfsexpedition zustande zu bringen. Ein »Zurück« gab es aber nicht mehr, nachdem ich meine von der allgemeinen Ansicht abweichenden Ideen in die öffentliche Diskussion geworfen und scharfen Widerspruch erfahren hatte.

Ich bin aber großen Dank dem deutschen Skisport schuldig, der hier im Ernstfalle beweisen wollte, was er von seinen norwegischen Lehrmeistern gelernt hatte. Als erster meldete sich cand. med. Bernhard Villinger aus Mannheim, damals Vorstand des akademischen Skiklubs Freiburg i. Br.[37] Ihm folgte sofort sein Freund und Klubkamerad Gerhard Graetz aus Schweinfurt. Der dritte Teilnehmer war ebenfalls Mitglied des akademischen Skiklubs, Dr. Rudolf Biehler aus Freiburg i. Br. Schließlich das Mitglied des Skiklubs »Schwarzwald«, Filmphotograph Josef Allgeier aus Freiburg i. Br., mit seinen 18 Jahren der Benjamin der Expedition.[38]

Bernhard Villinger und Sepp Allgeier

Die norwegische Schiffsbesatzung bestand aus acht Mann. Alle, mit Ausnahme des Maschinisten, stammten aus Tromsö.

Außerdem verließen mit uns zehn Hunde Deutschland und Norwegen, davon vier mehr oder weniger echte Bernhardiner, ein New-Foundländer, vier kräftige Schäferhunde und ein sogenannter Polizeihund, den am Vorabend der Abfahrt ein strammer Frankfurter Schutzmann zum Hauptquartier der Expedition brachte. Leider erfüllte der Polizeihund, auf den wir nach den Versicherungen seines früheren Herrn große Hoffnungen zu setzen berechtigt waren – er sollte unter anderem Gebiete bis zu 1000 Meter Durchmesser tadellos absuchen –, diese insofern nicht, als er, im freien und polizeilosen Lande Spitzbergen angekommen, sich hinlegte und starb. Alle übrigen Hunde hielten aber den größten Teil der Kampagne wacker aus und leisteten im Schlittenziehen, nach nur mehrtägigem, aber harten Probieren, Erfreuliches.

Kapitel 2

Fahrt zur Nordseite Spitzbergens, ein deutsch-norwegischer Rekord. Zusammentreffen mit der offiziellen Hilfsexpedition unter Hauptmann Staxrud. Allgemeines über Nordostland. Passieren der Hinlopenstraße. Vorspiel zur Bärenjagd.

Das erste Treibeis, von meinen jungen Freunden mit begreiflicher Spannung und gefechtsbereiter Kamera erwartet, trafen wir beim Hornsund Westspitzbergens, und so bogen wir westwärts aus, um den bis zum Eisfjord sich hinziehenden Treibeismassen, hinter denen wir das Expeditionsschiff des offiziellen Hilfsunternehmens laut Radiotelegramm von Green Harbour eingeschlossen wußten, auszuweichen. Von Prinz-Karl-Vorland an war kein Eis mehr auf unserem Nordkurse zu entdecken, und schon jetzt durfte ich das Erreichen von Nordwestspitzbergen, was mir in Deutschland so lebhaft bestritten wurde, als sicher annehmen. Wir passierten Königs- und Kreuz-Bai.

Der zum Schauplatz der Andrée- und Wellman-Ballonaufstiege im Virgohafen führende Sund war ebenfalls offen, doch hinderte uns ganz im Innern desselben junges Eis am schnellen Vorwärtskommen. Ich beschloß daher, anstatt durch den Smerenburg-Sund, um die Amsterdaminsel herum sofort nach der Nordseite Spitzbergens zu fahren, wo ein dunkler Wasserhimmel verheißungsvoll lockte. Doch weit dahinter im Norden, fast am Horizont, zeigte sich der helle Eisblink, der Treibeis ankündigte, über das ich erst Klarheit haben mußte, bevor ich mich zur Weiterfahrt nach Osten entschied. Aus dem Westen brauchte ich allen Anzeichen nach nichts zu befürchten; war daher das Eis im Norden passierbar und nicht in der Südwärtsbewegung begriffen, so hatte ich unter allen Umständen meine Rückzugslinie gesichert, wenn ich schweres Eis im Osten antraf.

Der 29. April war ein schöner, fast windstiller Tag, so daß wir auf spiegelglattem Meere dahinfahren konnten. Die Sonne strahlte wärmend vom blauen Himmel und die 4–5 Grad Kälte wurden gar nicht empfunden. Sah man doch einige entblößte, muskulöse Oberkörper sich an Eimern frischgeschöpften Seewassers ergötzen. Das Tierleben zeigte noch nicht den Reichtum und die Mannigfaltigkeit der Arten in Juni und Juli, wenn die arktischen Vögel sich dem Brutgeschäfte widmen und die Seehunde in Scharen mit dem aufgehenden Küsteneise aus den Buchten und Fjorden herkommen. Nur hie und da dehnte sich eine der über zwei Meter langen und bis zehn Zentner schweren Bartrobben schläfrig auf bequemer Eisscholle, auch die fast ebenso schwere, aber viel lebhaftere und manchmal angriffslustige Klappmütze ließ sich zuweilen blicken; am häufigsten trat eine kleinere Seehundsart auf, der possierliche, überaus neugierige Snad, der Humorist des Eismeeres.

Ich fand das Eis gut verteilt und spielend leicht passierbar, im Osten zeigte der Himmel viel offenes Wasser an.

Also nach Osten!

Auf der Höhe der Liefdebai-Mündung begannen weite Strecken eintägigen Jungeises uns lästig zu werden, und wir kamen nur langsam durch die breiige Masse vorwärts. Was hätte ich damals für einen 100pferdigen Dieselmotor, von dem ich mit dazugehörigem, kleinem Polarschiffe seit Jahren träumte, anstatt meines 40pferdigen Bolinders gegeben!

Mehreremale machte der »Lövenskiold« überhaupt keine Fahrt mehr, und es blieb nichts anderes übrig, als aus der gebrochenen Rinne rückwärts herauszufahren und in einer günstigeren Stelle einen neuen Einbruch zu versuchen.

Gefahr war natürlich keine vorhanden, denn eine leichte Brise hätte den ganzen Spuk ohne weiteres verflüchtigt, aber wir hatten so große Eile und meine braven Norweger litten schwer am Rekordfieber. Wußten sie doch aus der Eismeerfangschiffer-Tradition, daß noch niemals vorher ein Schiff so frühzeitig zur Nordseite Spitzbergens gekommen war, und nun befand sich der gute alte »Lövenskiold« bereits beim Eingange der Wijde-Bai, auf deren Ostseite man die Mossel-Bai deutlich erkennen konnte.

Der Weg von der Mossel-Bai zur Treurenberg-Bai, wo der »Herzog Ernst« lag und wo Rüdiger und Rave wieder eingetroffen sein sollten, bedeutete aber nur einen Sprung, etwa 16 Kilometer über Land. Kein Wunder, daß die Stimmung eine erregte war. Die Ausgucktonne wurde jetzt ein beliebter Ausflugsort und unausgesetzt spähten die Falkenaugen des Harpuniers durch das große Top-Fernrohr nach dem ersehnten Ziele hin. Das Jungeis hatte längst aufgehört und mit 6½ Seemeilen Fahrt strebte der »Lövenskiold« vorwärts.

Da ertönt ein wildes unartikuliertes Geschrei von oben, das Fernrohr fliegt in sein Holzfutteral an der Tonne, eine Gestalt gleitet pfeilschnell an den hartbereiften Wanten nieder, nicht achtend der Handschuh- und Hautfetzen, die auf dem Wege verloren gehen. Die um mich Stehenden fliegen zur Seite, und eine Stimme röchelt in mein Ohr:

»Staxrud!«

»Wo?« frage ich laut.

»Er zieht eben mit seinem Rentierschlitten vom Nordenskiöld-Hause die Anhöhe hinauf, wahrscheinlich zur Treurenberg!«

»Den holen wir ein!« schreien die begeisterten Akademiker und stürzen zu ihren Skiern.

»Na, Kinder, wollt ihr nicht wenigstens zu Mittag essen?« frage ich dazwischen.

»Nein, nein, wir sind nicht hungrig.«

»Also, vorerst mal ordentlich essen, und Schokolade in die Rucksäcke. Außerdem Strümpfe und Unterkleider in Reserve und das Gletscherseil mitnehmen.«

Inzwischen war der »Lövenskiold« an den in der Mossel-Bai zusammengetriebenen Eissaum gelangt und hatte sich gegenüber dem Nordenskiöld-Hause an einer soliden Scholle verankert. Die Entfernung vom festen Lande betrug noch etwa zwei Kilometer, und das zerklüftete, von vielen Wasserrinnen durchzogene Eis sah ganz danach aus, als ob es den Feuereifer unserer wackeren Skiläufer einigermaßen dämpfen könnte.

Der südliche Teil der Mossel-Bai wird vom steilen Huk gebildet, das durch die Schröder-Stranz-Tragödie so bekannt geworden ist.

Hier betraten die jungen Gelehrten Dr. Detmers und Dr. Moeser das unsichere Eis der Wijde-Bai, das ihnen zum Verhängnis werden sollte, hier verloren die Norweger auf dem Rückmarsche zum Schiff ihren deutschen Kameraden Eberhardt auf noch unerklärliche Weise in der dunklen Polarnacht.

Dieser Teil der Mossel-Bai war eisfrei, und zwei Tage später ging der »Lövenskiold« ganz nahe am Land vor Anker. Mit dem Schiffsboot war es möglich, sogar das Land selbst zu erreichen. Das ist insofern interessant zu wissen, als der Staxrud-Bericht über die Begegnung mit der deutschen Hilfsexpedition von dem unmöglichen Transport Rüdigers nach dem »Lövenskiold« erzählt, weshalb Staxrud die Heimreise über Land mit seiner Expedition den Deutschen Rave und Rüdiger vorgeschlagen hatte.

Ich gab Villinger, den ich zum Führer der kleinen Abteilung bestimmt hatte, einen Brief an Rave und Rüdiger mit und stellte ihnen den »Lövenskiold« für die Heimreise zur Verfügung. Darauf zog die Landexpedition davon, und bald konnte der zur Ausgucktonne hinaufgeschickte Steuermann melden, daß es drüben die ersten nassen Beine gegeben habe. Diese Erscheinung war noch öfters zu beobachten, aber schließlich doch vorübergehend, denn in einer knappen Stunde sah man die Skiläufer beim Nordenskiöld-Hause und nach einer flüchtigen Inspektion desselben dem langsam mit seinem Rentierschlitten die Anhöhe hinaufziehenden Staxrud nachsausen. Sie holten auch richtig den Schlitten ein – aber Staxrud entpuppte sich als einer seiner mitgenommenen Lappen, der Rentiermoos zur Treurenberg fahren sollte. Staxrud war mit seiner Expedition bereits vor acht Tagen zu Rave und Rüdiger gekommen, und die Motorhavarie in Tromsö trug die Schuld, daß er uns zuvorkam.

Am anderen Morgen kamen zwei Staxrudleute, der Expeditionsarzt Dr. Böckmann und der Geologe Ellingsen, zum »Lövenskiold«. Sie brachten Briefe von Rave und Rüdiger sowie von Hauptmann Staxrud. Erstere schrieben, daß sie zwar gern den bequemen Schiffsweg wählen würden, aber im Interesse meiner Nachforschungen auf Nordostland nach Schröder-Stranz und seinen drei Kameraden hierauf verzichteten. Das war ein Standpunkt, den ich durchaus verstehe und anerkenne. Staxrud wünschte mir Glück zur vollendeten Fahrt, bedauerte, mich nicht persönlich begrüßen zu können, da er sich zur Rückreise nach der Advent-Bai anschicke und das schöne Wetter benutzen müsse.

Seine Begleiter blieben aber vier Stunden bei mir an Bord und besprachen mit mir die Lage. Darauf schrieb ich an Hauptmann Staxrud folgenden Brief:

»Besten Dank für Ihren Glückwunsch zur guten Reise, den ich für Ihren schneidigen Marsch von der Advent-Bai herzlich erwidere. Meine Fahrt sollte ja nur meine vielangefeindete Theorie über die Eisverhältnisse stützen, an und für sich war sie weiter keine große Leistung.

Was ich von Herrn Dr. Böckmann über die anderen Mitglieder

der Schröder-Stranz-Expedition – ausgenommen die Schröder-Stranz-Abteilung – gehört habe, zwingt mich zum traurigen Schlusse, daß da nichts mehr zu machen ist, zumal Ihre Nachforschungen ergebnislos geblieben sind. Es kann sich also nur um die vier Schlittenreisenden noch handeln; eventuell um die Überführung von Dr. Rüdiger zur Advent-Bai. Wenn ich Ihren Absichten nicht zuwiderhandle, würde ich die Schiffsreise, wenigstens für Dr. Rüdiger, Ihnen vorschlagen, falls Sie nicht eine schnelle Reise zur Advent-Bai selbst wünschen. In letzterem Falle könnten Sie entweder eine oder zwei Reisen von je 225 km sparen, die Sie für die Nordostlandtour wohl besser ausnützen würden.

Falls Sie die Schlittenreise nach Nordostland unternehmen, bin ich zur Unterstützung derselben mit dem Schiff gern bereit, und ich will Ihnen meine Ansicht nicht verschweigen, daß nach meiner Kenntnis der dortigen Verhältnisse beide Expeditionen nützlicher sind als eine, ferner daß Ihre Schlittenexpedition größeren Erfolg hat, je früher sie nach Nordostland kommt. Jetzt ist die beste Zeit dafür. Ich stelle also meine Hilfsmittel und mein Schiff der gemeinsamen guten Sache ohne jede Einschränkung zur Verfügung, versichere Sie meines kameradschaftlichen Zusammenarbeitens – auch bezüglich eventueller Berichterstattung, derentwegen hier nicht so zwingenderweise Verpflichtungen bestehen, wie bei meinen früheren Expeditionen – und bitte Sie, Ihre Reise nach der Advent-Bai erst nach einer Besprechung mit mir anzutreten. Selbstverständlich würde ich Sie gern besuchen, aber die wechselnden Eisverhältnisse und die Tatsache, daß meine ganze Ausrüstung und unser Proviant an Bord sind, verbieten, wie Sie zweifellos verstehen werden, mein jetziges Verlassen des Schiffes. – Ich mache Ihnen also den Vorschlag einer Zusammenkunft, eventl. nachdem Sie sich zur Reise fertig gemacht haben, so daß wir unseren Beschlüssen die Tat sofort folgen lassen können.«

Für Dr. Böckmann gab ich die Instruktion mit, entweder mit Staxrud zu kommen oder aber, falls dieser, ohne mit mir zusammentreffen zu können, direkt südwärts wolle, bis abends 10 Uhr wieder an Bord zu sein.

Meine Kameraden kamen auch rechtzeitig zurück und überbrachten mir ein zweites Schreiben von Staxrud, des Inhalts, daß er keinen Augenblick Zeit verlieren dürfe und auf nächstem Wege – das vorgeschlagene Zusammentreffen hätte Staxrud einen Umweg von vielleicht 6–8 km gekostet – zur Advent-Bai müsse. Zugleich sandte mir Staxrud eine Kartenskizze des kritischen Teils von Nordostland und die mich ehrende Erklärung, er vertraue darauf, daß ich das Gebiet vom Nordkap bis zur Rijps-Bai (also das von der Treuenberg-Bai am entferntesten gelegene Drittel der ganzen Strecke) absuchen werde. Die deutsche Hilfsexpedition hat das Vertrauen dadurch gerechtfertigt, daß sie auch den größeren Rest des in Betracht kommenden Nordostlandes absuchte.

Mit dem Zusammenarbeiten war es also nichts! Daher setzten wir allein die Reise fort. Es galt nun, nach Nordostland hinüber zu kommen.

Nordostland hat bereits den rauheren und zugleich einförmigeren Charakter von Franz-Josephs-Land, dessen Formation und Gletscherbildung eine ähnliche ist. Während im Westen und Norden Nordostlands tiefe Baien in das Land einschneiden, bildet der ganze Osten und Süden einen ungeheuren Gletscherabbruch des das Innere schildförmig überziehenden Landeises, das sich bis 500 m über dem Meeresspiegel erhebt. Hier übt der Golfstrom nur noch geringe Wirkung aus, daher ist die Vegetation auf dem vom Eise nicht bedeckten Lande kümmerlich und spärlich, während beispielsweise die Täler auf der Westseite der nahen Wijde-Bai üppigen Gras- und Mooswuchs zeigen.

Die Hinlopenstraße bildet die Grenze zwischen zwei klimatisch verschiedenen Landmassen, und da sie außerdem noch starke Strömungen aufweist, ist es kein Wunder, daß ihre Wetterverhältnisse unstet und unberechenbar sind, daher den Schrecken der Fangschiffer bilden.

Die »Lövenskiold« in offenem Wasser

Treibeis vor Nordspitzbergen

Als wir hineinfuhren, zeigte sie etwa eine Stunde lang ihr unschuldiges Gesicht. Dann bekamen wir einen tüchtigen Südweststurm mit Schneetreiben, und im Nu hatten wir den allerschönsten Seegang, in dem mächtige, aus wer weiß was für Winkeln herkommende Eisschollen in bedrohlicher Nähe des »Lövenskiold« einen wilden Tanz aufführten.

Unter solchen Umständen war an die Weiterfahrt nicht mehr zu denken, wir wendeten und waren froh, als wir in Lee von Verlegen-Huk wieder aufatmen konnten.

Bald hatten wir die Mossel-Bai wieder erreicht und gingen nunmehr an ihrer Südseite vor Anker, wo wir nun an der rundlaufenden Dünung, vor allem aber an dem wie ein Geisterheer über die nahen Bergrücken fegenden Schneesturm merkten, welchem Unwetter wir entronnen waren. Staxrud hatte, wie ich später erfuhr, nur wenige Stunden marschieren können, und der Schneesturm brach los, als er eben auf der Hochebene angelangt war. Auch er machte schleunigst kehrt und schlug in einer geschützten Mulde sein Lager auf, so daß die beiden Expeditionen, ohne es zu wissen, sich weitere zwei Tage auf etwa 10 km nahe waren.

Der Südweststurm schien aber das Meer vom Treibeise gereinigt zu haben, denn als wir sofort nach seinem Aufhören zum zweiten Male ostwärts fuhren, war vom Eise nichts mehr zu sehen. Ungehindert kamen wir zu den der Murchinson-Bai vorgelagerten kleinen Inseln, die durch ebenes und starkes Küsteneis miteinander verbunden waren, und das donnernde neunmalige norwegische Hurrah galt nicht nur dem am 4. Mai erreichten Nordostlande, sondern auch dem ersten am Eisrande entlangspazierenden Polarbären, der sich anscheinend vorgenommen hatte, die Entwicklung der Dinge in aller Ruhe abzuwarten. Na – da wir glücklich auf Nordostland waren, durfte ich einige Stunden Jagd wohl dranwenden, zumal einige, sich im gewöhnlichen Leben nur mit dem menschlichen Korpus beschäftigende Autoritäten dringend dazu rieten, unseren Hunden zur Abwechslung mal frisches Fleisch anstatt, wie bisher, getrockneten Fisch und Hundekuchen zu geben.

Die gehobene Stimme, mit der ich Villinger seine Büchse nehmen und ins Fangboot steigen hieß, dürfte einem feinen Psychologen verraten haben, daß vom Expeditionsführer auf den ersten Eisbären verzichtet worden war. Ich gab Villinger den Harpunier sowie noch einen Matrosen mit, und eilfertig ruderte das Boot dem Lande zu.

Bei der Bärenjagd ist eine große Hauptsache, daß der Ausguck im Top von einem zuverlässigen Manne besetzt wird, der durch verabredete Zeichen der Jagdpartie am Lande die Bewegungen dieser oftmals außer Sicht kommenden Eisbären mitteilt. Hier tat der Ausguck etwas anderes. Ehe noch Villinger zur Eiskante gekommen war, meldete er den zweiten und gleich darauf den dritten Bären, die beide aus dem Süden angerückt kamen. Nun wurde das ganze Schiff mobil gemacht, und das zweite Fangboot schien von selbst ins Wasser zu gleiten.

Kapitel 3

Eisbärenjagd. In der ersten Schutzhütte keine Spur von Schröder-Stranz. Weiterfahrt zum Nordkap. Vom Eise besetzt. Ernste Erwägungen.

Gerhard Graetz, der stets epigrammatisch Redende und bedächtig Handelnde, sollte der zweite Schütze sein. Das war zugleich eine Anerkennung für seine ehrenamtliche Tätigkeit als Expeditionskassierer und eine Belohnung für die vielen Stunden, die er auf der Herfahrt unverdrossen am Ruder gestanden hatte. Jagdliche Erfahrung besaß er zwar noch keine, und mit seinem Drilling lebte er dann und wann auf gespanntem Fuße.

Dem anfangs gemeldeten »Lendsmand« war unterdessen das lebhafte Treiben auf dem höchstens 500 m entfernten »Lövenskiold«, mehr noch das nicht gerade vorsichtig sich nähernde erste Fangboot unheimlich geworden. Nach öfterem »Winden« zur Rechten und zur Linken, sogar aus dem Stande, verließ der Bär mit rechts schwenkt – marsch! die Eiskante, um sich nach dem Innern der Bai zu verziehen. Als aber einige schwerbewaffnete Gestalten mit zweifellos feindseligen Absichten ihm nachstürmten, setzte er sich in einen solchen Trab, daß den Jägern bald der Atem ausging. Das konnte eine lange Jagd werden, denn Villinger war nicht der Mann, der seinen ersten Eisbären so leichten Kaufs davonziehen ließ.

Wie manchmal im Leben kam auch diesmal der Zufall in der Form eines fetten, vor seinem Eisloche friedlich schlummernden Snads zu Hilfe, der das Unglück hatte, das lebhafte Interesse des Lendsmands auf sich zu lenken. Mehrere wilde Galoppsprünge, ein fürchterlicher Schlag mit der Pranke, der den Kopf auseinanderschmetterte, und die Freveltat war geschehen. Indes ließen die aufkommenden Verfolger keine Zeit zum leckeren Schmause und auch das ihnen entgegendröhnende zornige Brüllen des um seine

Beute fürchtenden Bären, der nebenbei eine respektable Größe aufwies, hemmte nicht ihre Eile. – Wer aber glaubt, daß ein hungriger Eisbär einen noch in seinem Blute dampfenden Seehund leichtherzig im Stiche läßt, irrt sich gewaltig. Die ersten Versuche, den Snad maulgerecht zu fassen, führen zu keinem Resultat, da sie am Laufen hindern, und das Anpacken von der Seite läßt bald die Eingeweide hervorquellen, die sich um die Füße wickeln. Nun wird der Lendsmand erst recht wütend, zumal er obendrein noch sehen muß, wie drüben schon jemand sich hinwirft, natürlich um recht ruhig und sicher zu schießen. Es ist aber nur der Harpunier, der in dieser Lage das vom langen Dahinrasen herrührende Seitenstechen loswerden will. Jetzt kommt Villinger in Schußweite und beginnt ernst zu machen. Das merkt auch der Bär. Hastig packt er den Seehund an den Hautfetzen, die noch vom Kopfe übrig sind, und schleift mit seitwärts gebogenem Nacken ihn neben sich her, dadurch auch der Verstrickung durch die Eingeweide entgehend. Der glatte Seehundkörper gleitet gut über den Schnee und die Entfernung zwischen den Parteien scheint nunmehr dieselbe zu bleiben. Von unserem Boote aus können wir wahrnehmen, wie die Jagd sich in einem großen Halbkreise wieder zur Eiskante hinzieht, wir rudern daher aus Leibeskräften, um vorerst dem Seehundmörder, mit dem Villinger sich bereits über eine Stunde abplagt, den Weg abzuschneiden.

Villingers Boot war von dem zurückgebliebenen Matrosen wieder zum »Lövenskiold« hin gerudert worden, hatte dort eine dritte Jagdpartie aufgenommen, die auf dem Eise dem Bären Nr. 3 entgegenmarschieren wollte. Bei ihr befand sich der junge Allgeier, zwar ohne Schießgewehr, aber mit Aufnahmekamera und 300 Meter Film bewaffnet für den Fall, daß ein Bär sich ihm nähern sollte. Allgeier fand diesmal noch keine Gelegenheit, seinen Schneid zu beweisen, er hatte sich aber verschworen, gegebenenfalls die Kurbel seiner Kamera so lange drehen zu wollen, bis der Bär das Stativ umschmeißen werde. Solch todesverachtende Energie schreckte einen älteren norwegischen Kameraden dermaßen, daß er nach Festmachung des Bootes an der Eiskante Allgeier auf einen nahen, hohen Eisblock postierte, wo er zwar einen großartigen Rundblick über das Schlachtfeld hatte, jedoch keinen Platz für seine Kamera fand. Jener gab ihm dann noch den dringenden Rat, im Interesse der Jagd sich still zu verhalten und sich nicht zu rühren, was auch passieren möge, worauf der »treue Ekkehardt« den andern Jägern nacheilte. So wurde Allgeier kaltgestellt.

Nach Vorwegnahme dieses für ein Jägerherz betrüblichen Intermezzos, das aber die Ansicht des Schiffszimmermanns, wir seien auf einen richtigen Bärentanzplatz geraten, bestätigt, kehren wir zum Villinger-Bären zurück, dem seine Ziehlast auf die Dauer recht unbequem wird. Zweimal ließ er sie fahren, um schneller laufen zu können.

Klugerweise stoppt da Villinger sofort ab, und als der Lends-

Der erlegte Eisbär

mand nach 20–30 Sprüngen sich wendet und jenen ruhig auf dem Eise liegen sieht, eilt er zu seiner Beute zurück, worauf sich das Tempo wieder verlangsamt. Allmählich ist der Bär mitsamt dem Seehunde zur Eiskante gelangt, wo es zur Entscheidung kommen muß, weil wir mit dem Fangboote rechtzeitig da sind. Jetzt gilt es das Leben, und keine Zeit ist, an den Hunger zu denken. Mit einem verächtlichen Schwunge fliegt der Snad, der im Tode noch seine Rache nimmt, in den Schnee. Vergebens sucht der seinem Schicksal Verfallene Deckung hinter einigen hier auf Grund stehenden Eisblöcken, zwischen denen kleinere Schollen umhertreiben, vergebens stürzt er sich in das Wasser, um durch möglichst langes Untertauchen irre zu führen. Villinger ist auf dem Posten, und das Fangboot dringt in das Schollengewirr ein, sich dem Bären bis auf einige Meter nähernd. In seiner Not geht dieser wieder aus dem Wasser heraus und klettert eilig auf einen kleinen Eisberg, um nach einem rettenden Ausweg zu spähen. Wie er da oben steht, bietet er ein prachtvolles Ziel. Die Büchse fliegt drüben an die Backe – aufs Blatt getroffen taumelt der Bär von der Höhe und fällt zwischen die Schollen ins Wasser. Villinger ist wie der Wind zur Stelle, und als er den nur eben aus dem Wasser herausragenden Rücken des ziemlich mageren Bären erblickt, fürchtet er sein Untersinken und will ins Wasser springen, um die kostbare, so sauer verdiente Jagdbeute zu bergen. Unsere Zurufe belehren ihn noch rechtzeitig, daß seine Besorgnis grundlos ist, und bald schwimmt der Lendsmand, mit starkem Schlepptau am Achtersteven des Fangbootes befestigt, in Gesellschaft seines Opfers friedlich dem »Lövenskiold« zu, wo der freudestrahlende Schütze mit kräftigem Händeschütteln und neunmaligem Hurra geehrt wird.

Auch der Graetz-Bär kam zur Strecke. Der erste Schuß, der ihm galt, tat ihm nicht wehe, wohl aber riß er 10 Zentimeter vom oberen Kugellaufe, der in den Schnee geraten war, mit sich fort. Graetz feuerte indes unverdrossen weiter und brachte endlich dem Bären eine stark blutende Wunde am linken Oberschenkel bei.

Darauf wandte sich auch dieser Bär dem offenen Wasser zu, verfolgt von uns beiden. Bei der Gelegenheit blieb Allgeier zur Unzeit schweigsam. Schwimmend suchte der Blessierte zu einigen, weit draußen treibenden Eisschollen zu gelangen und war bald aus unserem Gesichtskreis entschwunden. Darauf zog ich den stummen Posten vom Eisblock ein und gab ihm Gelegenheit, durch andauerndes Rudern wieder warm zu werden. Den angeschossenen Bären trafen wir, wie vermutet, auf einer der Schollen sitzend und mit Belecken seiner Wunde beschäftigt. Als ihn aber Graetz mit seinem der Telephonsprache nachgebildeten Lieblingsrufe »Hier da, wer dort?« beehrte, sprang er ins Wasser, um entrüstet ob solcher Sprachverhunzung von dannen zu schwimmen. Wir waren jedoch schneller! Graetz erhielt die Burenbüchse in die Hand gedrückt, die schließlich ihre Schuldigkeit tat.

Die dritte Partie hatte kein Waidmannsheil gehabt, doch führte sie die Verfolgung des Bären bis zur Schutzhütte auf der Ryssinsel, die sie verfallen und halb mit Schnee gefüllt antraf. Solcher Schutzhütten gibt es im ganzen drei auf Nordostland, die in früheren Jahren von überwinternden Fangleuten errichtet worden sind. Auch wenn Staxrud mir es nicht aufgetragen hätte, würde ich als guter Kenner des Nordostlandes keine bei seinen Nachforschungen übergangen haben, da in einer solchen Hütte am ehesten eine Spur von der Schröder-Stranz-Abteilung hätte gefunden werden müssen, vorausgesetzt, daß es ihm gelang, das Festland zu erreichen.

In der Hütte auf der Ryssinsel wurde nichts gefunden, aber Meldung hiervon erinnerte mich daran, daß wir an unsere Aufgaben denken mußten und der Jagd keine weitere Zeit mehr opfern durften. Zweifellos hätten wir aber allein bei der Murchison-Bai in wenigen Tagen ein Dutzend und mehr Bären erlegen können. Ich beschloß, nun an der Westseite des Nordostlandes entlang nordwärts zu steuern, um an einer möglichst in der Mitte des ganzen Untersuchungsgebietes gelegenen, sicheren Stelle mit den deutschen Kameraden an Land zu gehen und mit den Schlittenex-

Hütte auf der Ryssinsel

peditionen zu beginnen. Diese hätten, wenn ich bis zum Nordkap des Nordostlandes, etwa unter 80° 32' nördl. Breite kam, je eine Ausdehnung von 200 bis 250 km haben können, während eine Schlittenexpedition von der Ryssinsel aus angesetzt mindestens den doppelt so langen Weg zur Untersuchung des ganzen Gebietes benötigen würde. Das mußte bei meinen Erwägungen sehr mitsprechen. Erstens möge man sich daran erinnern, daß unsere neun Hunde noch gar nicht die Probe im Schlittenziehen und im Aushalten der noch zu erwartenden Kälte bestanden hatten und daß auch meine deutschen Sportsfreunde übrigens ebenso wie meine Norweger vorerst noch keinerlei Erfahrung im Gebrauch mit Hundeschlitten aufweisen konnten.

Es mußte mir daher darauf ankommen, möglichst kurze, aber häufigere Schlittenexpeditionen, die immer zum Hauptquartier nach 10–14tägiger Abwesenheit zurückkehrten und sich dort erholen konnten, auszusenden, anstatt eine große von 4–6 wöchentlicher Dauer und weit weg.

Blick auf Nordostland

Ich war also geradezu gezwungen, wenn ich in der zur Verfügung stehenden kurzen Zeit das ganze kritische Gebiet von Nordostland absuchen wollte – auf die Mitwirkung Staxruds habe ich nach seiner Absage keinen Augenblick mehr gerechnet –, das Risiko der Weiterfahrt auf mich zu nehmen, was ich unter Beobachtung aller Vorsichtsmaßregeln tat.

Wir fuhren also nordwärts. Auf Steuerbordseite nach der Westküste Nordostlands hin hatten wir den ganzen Weg über eine ununterbrochene Festeiskante von einer Stärke bis zu zwei Metern. Sie zeigte bei der »Niedrigen Insel« eine größere Ausbuchtung, und als wir an dieser vorbeisteuerten, konnten wir beobachten, daß sie aus zusammengetriebenen, aber aneinander gefrorenen Eisschollen bestand, die mit dem mehr landeinwärts liegenden Küsteneise fest zusammenhingen und daher nach menschlichem Ermessen unseren Rückzug nicht gefährden konnten. Das Eis auf Backbord war nicht fest, sondern passierbares Treibeis. Dasselbe lag nach genauen Beobachtungen im Norden von »Verlegen-Huk«, d. h. auf gleicher Breite mit der gegenüberliegenden »Niedrigen Insel«, von dieser 10–12 Seemeilen entfernt und näherte sich der Festeiskante, je weiter wir nördlich kamen. Außerdem wurde es dichter und schwerer. Das offene Wasser, das vollständig eisfrei war, bildete also einen mit der Spitze nach Norden zeigenden Keil. Beim Nordkap des Nordostlandes erreichte dieser Keil sein Ende durch eine solide Eisbarriere, die sich bis zur Waldeninsel hinzog. Wir verankerten, an ihr angekommen, unser Schiff, zwischen Nordkap und dem etwa 10 km südlich gelegenen Beverly-Sund, wo Dr. Biehler schnell noch seinen Bären schoß, und bereiteten uns vor, die Expeditionsausrüstung und den Schlittenproviant nach dem circa 4 km entfernten Festlande beim südlichen Sundeingange, wo wir ebenfalls eine Schutzhütte wußten, hinzuschaffen.

Während wir noch die nächstliegenden Arbeiten besprechen, meldet der Ausguck aus der Tonne, daß von Süden ein mächtiges Eisfeld heranziehe und schon die ganze Wasserrinne ausfülle, dadurch uns den Rückzug nach der eisfreien Nordküste Westspitzbergens versperrend.

Ein Blick aus der Höhe ließ mich erkennen, daß die vorerwähnte, durch Eis gebildete große Ausbuchtung bei der »Niedrigen Insel« aus irgend welchen Ursachen, sei es durch die Gewalt der Gezeitenströmung, sei es durch eine mir unerklärliche Nebenwirkung des kürzlichen Sturmes, sich vom Küsteneise und teilweise vom Lande losgelöst hatte und wie ein Meuchelmörder hinter uns hergeschlichen war. Es bedurfte nur weniger Augenblicke, um mir klar zu werden, daß die deutsche Hilfsexpedition einer schweren Zeit entgegenging. Durch meine Berechnungen wurde ein dicker Strich gezogen, und der »Lövenskiold«, den ich bis zum Spätsommer auf die Westseite Westspitzbergens zurücksenden wollte, war jetzt verurteilt, unser Los zu teilen. Die feste Kante, an der wir lagen und bei der uns das antreibende Eis festhalten würde, erfüllte mich mit schwerer Besorgnis für das Schiff, und die Gewalt der Eisschraubungen hatte ich im Frühjahr nach meiner Überwinterung genügend beobachten können.

Aus allen trüben Gedanken rang sich aber der feste Entschluß empor, trotz des dem Schiffe voraussichtlich bevorstehenden Schicksals die Nachforschungen nach den Schröder-Stranz-Leuten wie geplant durchzuführen und ungesäumt damit zu beginnen.

Kapitel 4

Schlittenreisen auf Nordostland. Brave deutsche Skiläufer. Leben an Bord während der Gefangenschaft.

Wir waren am Ziel! Die Erreichung der Nordspitze des Nordostlandes zu Schiff bereits am 5. Mai bedeutete zweifellos einen weiteren Sieg meiner Theorie. Den ersten hatte sie am 30. April an der Nordseite Westspitzbergens und in der Mossel-Bai erfochten. Aber einen Pyrrhussieg bescherte mir diesmal die launische Göttin. Der Rettungsarbeit für unsere Landsleute gesellte sich die Sorge um das Schiff und die eigene glückliche Heimkehr hinzu. Auch mußte ich an die Unglücksraben in Deutschland denken, die »vom Spiel mit Menschenleben« und anderen schrecklichen Dingen ihre Stimme vernehmen ließen, als ich seinerzeit für die sofortige Fahrt nach der Nordseite Spitzbergens eintrat. Was würden sie erst krächzen, wenn sie sich hier oben in einer richtigen Klemme wüßten.

Doch ein Blick auf meine jungen Kameraden, die mit Eifer an den letzten Hundegeschirren arbeiteten, den Schlitten packten und sich marschbereit machten, die Überzeugung, daß auch für die auf dem »Lövenskiold« zurückbleibenden Norweger wegen der Nähe des sicheren Landes und der bis dorthin ununterbrochenen, festen Eisdecke eine unmittelbare Gefahr nicht zu befürchten war, schließlich die Freude an der Tat jagten alle dummen Gedanken zum Teufel.

Es wurde bereits angedeutet, daß das Nächstliegende und Wichtigste, dem sich alles, sogar das Interesse am Schicksal unseres Expeditionsfahrzeuges, unterordnen mußte, die Schlittenreisen waren, auf denen nach Schröder-Stranz und seinen drei Begleitern Sandleben, Dr. Mayr und Schmidt gesucht werden sollte. Wir zweifelten nicht daran, daß es ihm gelungen sein müßte, an irgendeiner Stelle in der großen Bai an Land zu kommen und, dem Beispiel Nansens und Johansens folgend, sich auf die Überwinterung einzurichten. Einen weiteren Fingerzeig hatten wir durch ein Radiotelegramm Ritschers aus der Advent-Bai nach Tromsö erhalten, als wir eben abfahren wollten. Kapitän Ritscher telegraphierte:

»Schröder-Stranz auf Packeis 80,5 Nordbreite, 22 Ostlänge abgesetzt. Beabsichtigte Richtung Rijps-Bai.«

Daher sollte gleich unsere erste Schlittenexpedition versuchen, bis zur Rijps-Bai vorzudringen und sie genau abzusuchen. Wir hofften, entweder die Schröder-Stranz-Abteilung selbst zu finden oder wenigstens Signalstangen oder »Steinmänner« mit Mitteilungen ihrer weiteren Absichten zu entdecken, wenn sie wirklich die Rijps-Bai erreicht hatte. Bei dieser Sachlage war unsere Ungeduld, möglichst schnell losziehen zu können, wohl begreiflich, und am dritten Tage nach der Einschließung des »Lövenskiold« stand der Vortrupp der ersten Schlittenexpedition fertig zum Abmarsch da. Zur größtmöglichen Sicherung der Teilnehmer an den einzelnen Schlittenreisen wurden den Führern derselben schriftliche Instruktionen mitgegeben, die u. a. den einzuschlagenden Weg wie auch den letzten Termin zur Rückkehr nach dem Schiffe enthielten. Wenn am festgesetzten Termin die Rückkehr nicht erfolgt wäre, hätte eine Reserveexpedition sich sofort auf die Suche gemacht.

Die Vorsichtsmaßregel führten wir so strikte durch, daß eine Reserveexpedition aus Freiwilligen der Schiffsbesatzung gebildet wurde, als einmal zwei Schlittenabteilungen mit allen deutschen Teilnehmern gleichzeitig unterwegs waren. Selbstverständlich hatten wir auch den dritten Langschlitten nebst einer Anzahl Skier, ferner Zelt, Schlafsäcke usw. zur Verfügung. Schlittenproviant bestehend aus Armeekonserven, Trockengemüse, Margarine und Hartbrot war so reichlich vorhanden, daß wir nach Schluß unserer Reise noch eine Kiste an die deutsche Spitzbergenstation abgeben konnten. Diese befand sich bekanntlich in der Kreuz-Bai auf Westspitzbergen und sollte im Interesse der geplanten deutschen arktischen Zeppelin-Luftschiff-Expedition meteorologische Beobachtungen anstellen.

Wir zogen also los, unter den bei Eismeerfangschiffern ziemlich lose sitzenden Hurrahs, und unser Kamerad Villinger fand bald Gelegenheit, sich als Leiter einer Schlittenexpedition zu erproben. Er gelangte bis in den innersten Teil der Rijps-Bai.

Aus Villingers Bericht:

»Am Freitag, den 9. Mai 1913 vormittags verlassen Graetz und ich mit unserem Schlitten und vier Hunden den ›Lövenskiold‹, um einen Tagesmarsch weit voraus den Beverly-Sund und die Gegend bei seinem Ostausgange abzusuchen. Im Beverly-Sund wird uns die Orientierung durch Nebel erschwert, wir halten uns daher nahe der Südseite desselben und überschreiten den Sund nach etwa 5 km, weil wir bei aufhellendem Wetter an der anderen Seite eine aufgerichtete Stange bemerkten, die sich als ein Erinnerungszeichen an die frühere Anwesenheit von norwegischen Fangschiffern erweist. Am Fuße derselben sahen wir vorsorglich nach, entdeckten aber keinerlei Nachrichten von Schröder-Stranz. Darauf überschreiten wir den Sund zum zweiten Male und schlagen an seinem Osteingange im Schutze einer großen Schneeverwehung unser erstes Lager auf. Von dem wie eine Kanzel aufstrebenden Felsen in der Nähe unseres Lagers suche ich mit dem Fernglase die umliegenden Küsten wie auch die gegenüberliegende Castren-Insel langsam ab. Nichts Bemerkenswertes zu sehen. Gegen 4 Uhr (Samstag mittags) kommt der andere Schlitten mit Lerner, Biehler und Allgeier an. In der Nacht von Samstag auf Sonntag Aufbruch nach Extreme Huk. Dort erteilt der Expeditionsführer mir den Auftrag, mit Graetz und

Oben: Das Anschnallen der Schlittenhunde
Unten: Zeltlager bei Extreme Huk

Oben: Eisschraubung in der Rijps-Bai, 13. Mai 1913
Unten: Villinger und Biehler im Zelt

Biehler sowie den 6 besten Hunden zur Rijps-Bai weiter zu marschieren, diese genau abzusuchen und nach einer Woche zum Extreme Huk zurückzukehren, wo wir wieder mit ihm und Allgeier zusammentreffen würden.

Wir zogen also los, und anfangs kamen wir gut voran, da fast keine Eisschraubungen unseren Kurs kreuzten. In der Nähe von Kap Lindhagen beginnen kleine Schwierigkeiten im Eise, die Umwege erfordern.

Beim Kap nach vierstündigem, flotten Marsch angekommen, schlagen wir auf einer zwischen den Felsen liegenden geschützten Schneerinne Lager.

Am Pfingstsonntag beginnt sich eigentlich zum ersten Mal die Kälte bemerkbar zu machen, denn das Thermometer sinkt unter 20 °C. Daher freuen wir uns auf den Schlafsack, den wir mittags um 5 Uhr aufsuchen.

Am Pfingstmontag vormittag 5 Uhr Aufbruch. Bei den drei Sabine-Inseln treffen wir unglaublich viele Bärenfährten, leider keinen »Lendsmand«. Biehler geht zwischen der südlichsten und mittleren, Graetz zwischen der mittleren und der nördlichsten Insel hindurch, während ich mit dem Hundeschlitten im Norden der Insel bleibe und meinen Kurs auf Kap Loven beibehalte. Da die steilen Wände des Kap Loven nirgends Schutz vor dem schneidenden Winde bieten, ziehen wir es vor, weiter in die Rijps-Bai zu marschieren, um im Innern derselben einen guten Lagerplatz zu finden. Diesmal war es im Zelt noch kälter, und die aus Mitleid mit hineingenommenen Hunde erwiesen sich als ausgezeichnete lebende Wärmflaschen.

Pfingstdienstag, den 13. Mai. Unser Marsch führt dicht an der Westseite der Rijps-Bai entlang, um bei dem unsichtigen Wetter alles genau absuchen zu können. Um 12 Uhr mittags sind wir in der westlichen Einbuchtung des Rijps-Bai-Grundes, von wo eine flach aufsteigende Rinne in südwestlicher Richtung zum Inlandeise führt. Da nichts Auffälliges entdeckt wird, marschieren wir zur östlichen Einbuchtung der Rijps-Bai weiter. Gegen 3 Uhr finden wir einen guten Lagerplatz, wo wir sofort das Zelt aufschlagen. Graetz übernimmt die Kocherei, Biehler und ich gehen inzwischen nach einem isoliert stehenden Berge, um von der Höhe bei glänzender Beleuchtung die ganze Bucht nach etwaigen Merkmalen abzusuchen. Irgend etwas Auffallendes, geschweige lebende Wesen, können wir nicht entdecken. Nach 2 Stunden kehren wir zum Zelt zurück, wo uns Graetz mit einem soliden Reisbrei empfängt. Die Hunde sind trotz der 24° Kälte in bester Verfassung.

Mittwoch, den 14. Mai 1913. Abmarsch zur Ostseite der Rijps-Bai. Die Küste wird steiler, je weiter wir aus der Bai herauskommen. Einige Schneerinnen zwischen den Bergen führen zum Inland hinauf; nichts Bemerkenswertes zu sehen. Der westliche Wind wird stärker, neues Schneetreiben, der Barometer fällt andauernd. Daher treten wir die Rückreise über das Kap Loven an. Nach einem sehr anstrengenden Marsch quer über die Rijps-Bai freuen wir uns, bei Kap Loven endlich Lager schlagen zu können.

Donnerstag, den 15. Mai. Weitermarsch nach Kap Irminger, leidliche Skiföre und einigermaßen sichtiges Wetter. Von hier aus aber nur mit Kompaß und Wind als Orientierung weiterzukommen. Wir passieren die Sabine-Inseln und treffen um 5½ Uhr etwa 500 m südöstlich von Kap Lindhagen auf das Festland, wo wir an einer geschützten Stelle Lager schlagen.

Freitag, den 16. Mai. Aufbruch 7½ Uhr. NW Wind mit leichtem Schneefall, so daß wieder der Kompaß in Tätigkeit treten muß. Um 12 Uhr treffen wir mit dem Expeditionsführer zusammen und schlagen unser Zelt neben dem seinigen auf. Bald bekommen wir Gelegenheit, uns von Allgeiers Fortschritten in der arktischen Kochkunst zu überzeugen, und nachher erzählen wir uns bei der dampfenden Pfeife unsere Erlebnisse.

Samstag, den 17. Mai. Aufstehen um 4 Uhr. Abmarsch um 8 Uhr vormittags. Lerner und Allgeier sind schon früher aufgebrochen und aus unseren Augen verschwunden: Gegen 12 Uhr erreichen wir nach flottem Marsche die Hütte beim Westeingang des Beverly-Sundes, wo die frischen Spuren eines Frühstücks uns über das Schicksal von Lerner und Allgeier beruhigen. Um 1 Uhr Ankunft beim ›Lövenskiold‹, der noch ebenso ruhig in seinem starken Eisbette liegt, aber zur Feier des norwegischen Nationalfeiertages sein buntes Festgewand angezogen und über den Top geflaggt hatte.« –

So weit Villingers Bericht.

Während unserer häufigen Abwesenheit vom Schiff hatte die Mehrzahl der Mannschaft in süßem Nichtstun gelebt. Der brave Steuermann machte zwar dreimal am Tage seine Beobachtungen und war auch sonst unablässig beschäftigt. Der Maschinist unternahm fleißig seine leider meist ergebnislosen Jagdtouren in der Umgebung des Schiffes, aber die übrigen Herrschaften, an der Spitze der 21jährige Schiffer, hatten Lenaus Zigeuner nachgeeifert, der sein Leben verrauchte, verschlief, vergeigte und es obendrein dreimal verachtete. Doch was in der Pußta am Platze sein mag, eignet sich nicht für einen kleinen Robbenfänger im Eismeer, der sich dazu

Reparieren der Schutzhütte auf Kap Lövenskiold, die dann als Küche und Wachhaus genutzt wird. Im Hintergrund das Nordkap.

in kritischer Lage befand. Auf eisernen Schiffen hat man das wundervolle Mittel des Rostklopfens, um den durch Müßiggang hervorgerufenen Störungen der Verdauung wie des seelischen Gleichgewichtes zu begegnen. Das ging leider auf dem hölzernen »Lövenskiold« nicht an, daher mußten andere Arbeitsgelegenheiten ersonnen werden.

Gleich anfangs, als wir festkamen, hatte ich ein Depot für 20-tägigen Lebensunterhalt in der 4 km vom Schiff entfernten Schutzhütte niederlegen lassen und den Auftrag gegeben, die Schutzhütte selbst, so gut es mit unseren Hilfsmitteln ging, zu reparieren und wohnlich einzurichten.

Übrigens konnte man auch nicht wissen, was uns alles noch in der Zukunft bevorstand. Daher war die Arbeit, die 4–5 Leuten für Monate eine sichere Zufluchtstätte erschaffte, auch an sich nützlich. Dann galt es, ein genaues Verzeichnis des Proviantes und der Verteilung desselben auf die einzelnen Schiffsboote im Falle einer Total-Havarie herzustellen. Außerdem die seemännische Ausrüstung mit Segel, Tauwerk und dergleichen bereit zu legen bzw. notwendig werdende Ergänzungen und Ausbesserungen vorzunehmen.

Damit waren aber die gewandten Norweger im Nu fertig geworden und hatten seitdem vergebens auf neue Beschäftigung gewartet. Hier versagte Jung-Bottolfsen, der sonst so Erfindungsreiche, total, und da es ihm unmöglich war, eine einigermaßen vernünftige Beschäftigung für die Mannschaft auszudenken, hatte sich derselben eine sehr wechselvolle Stimmung bemächtigt, die von der Wirkung des in Unmengen getrunkenen starken Kaffees und der darauf folgenden Reaktion ebenfalls beeinflußt wurde.

Einen breiten Raum nahmen an Bord die Vermutungen und Erörterungen ein, was schließlich aus uns werden sollte, und es darf nicht verschwiegen werden, daß eine starke Minderheit die Überwinterung kommen sah, was meinen hier oben gemachten Erfahrungen aber durchaus nicht einleuchten wollte.

Grammophonkonzert an Bord

Glücklicherweise erwies sich die Musik als eine Freundin und Trösterin, die deshalb mit wahrer Leidenschaft gepflegt wurde. Da war Bottolfsen in seinem Elemente. Er übernahm die Leitung des fast täglichen Grammophonkonzertes, produzierte sich außerdem als Gitarre- und Mundharmonikaspieler und übte mit der Mannschaft u. a. den vierstimmigen Männerchor: »Auf, Matrosen, die Anker gelichtet«, womit er jedesmal einen unbestrittenen Heiterkeitserfolg erzielte. Villinger, Biehler und Allgeier waren ebenfalls Virtuosen auf verschiedenen Instrumenten, dazu unerschöpflich in lustigen Weisen, die zur richtigen Zeit die schweren Seemannslieder des Schiffszimmermanns und des Matrosen Ström ablösten. Graetz und ich bildeten die rauchende und dankbare Zuhörerschaft.

So ging Woche um Woche dahin.

Wir unternahmen unsere Schlittenreisen, die alle für eine Auffindung von Schröder-Stranz nur in Betracht kommenden Punkte berührten und weit über 60 km Gesamtausdehnung hatten. Die zweite Schlittenreise führte Biehler und Villinger mit fünf Hunden

Bordmusik

an der Westküste des Nordostlandes entlang nach Süden. Die beiden wurden beauftragt, die auf der »Niedrigen Insel« stehende dritte Schutzhütte abzusuchen, obwohl wir nach vergeblicher Durchsuchung der nördlichsten und südlichsten Schutzhütte während der Schiffsreise kaum auf ein günstiges Resultat hoffen durften.

Unsere jüngsten Skiläufer Graetz und Allgeier sollten eine selbständige Schlittenexpedition mit den übrigen vier Hunden ausführen, sich zwei Tagesmärsche lang bei den erfahrenen, älteren Kameraden halten und dann zum Schiff zurückkehren. Nach dieser Probeleistung war ihnen eine schwierigere Aufgabe zugedacht.

Inzwischen konnten die ersten ihren Weg nach Süden bis Kap Sparre fortsetzen. In der Schutzhütte auf der Ryssinsel, die gegenüber der Treurenberg-Bai liegt, ließen sie einen Bericht über unsere bisherigen Ergebnisse und Arbeiten zurück, für den Fall, daß der norwegische Expeditionsführer Staxrud nach seiner Rückkehr von der Advent-Bai über die Hinlopenstraße käme und sich an den allerdings fast schon beendeten Nachforschungen noch beteiligen wollte, was aber bekanntlich nicht eintraf.

Auch diese Expedition verlief ohne Unfall, obwohl das Eis an vielen Stellen von Wasserrinnen durchzogen war und öfters brüchige Stellen den Schlitten gefährdeten.

Wie vorerwähnt, gelangte die erste Schlittenexpedition infolge ungünstiger Verhältnisse weder zur Skoresby-Insel, in deren Nordosten Schröder-Stranz sein Schiff verließ, noch zum gegenüberliegenden Kap Wrede.

Um diese Lücke auf Nordostland zu schließen, traten Graetz und Allgeier am zweiten Tage nach ihrer Rückkehr von der Übungsreise eine glücklich verlaufene und von beiden schneidig durchgeführte Schlittenexpedition an. Graetz hatte die Führung und kehrte auch nicht um, als er einen schweren Anfall von Schneeblindheit bekam und vier Tage lang, mit verbundenen Au-

Zeltlager auf der Schlittenexpedition nach der Ryss-Bai

Am Nordkap

gen auf dem Hundeschlitten sitzend, sich ziehen lassen mußte. Allgeier konnte aber während dieser für ihn gewiß nicht leichten Zeit beweisen, was für ein tüchtiger Kerl er war.

Auf der letzten Reise suchte ich mit Graetz und Allgeier die Waldeninsel ab und schickte sie darauf zum Schiff zurück, um mehr Proviant für den Weitermarsch nach den übrigen »Sieben Inseln« zu holen.

Da jedoch nach ihrem Weggang das Wetter schlecht und das Eis schwer passierbar wurde, so daß die Rückkehr der beiden zur

Waldeninsel vorerst unmöglich war, hielt ich es für ratsam, mich nicht länger der Einsamkeit zu ergeben, sondern mit Zurücklassung des Zeltes und einiger Vorräte schleunigst zum Schiffe heimzukehren.

Für das Absuchen der Küstenstrecken wie aller zur Erreichung von Notsignalen geeigneten Punkte aus der Entfernung waren wir ausgerüstet wie kaum eine arktische Expedition vorher. Nicht allein, daß jedes Expeditionsmitglied ein scharfes Prismenglas besaß, daß wir über ein selten gutes Top-Fernrohr verfügten, auf die Schlittenreisen wurden zwei Fernrohre von je 60facher Vergrößerung mitgenommen, und schließlich stand an Bord auf der Hütte des Achterdecks ein Stativ-Fernrohr von 150facher Vergrößerung.

Diese Hilfsmittel wurden auf der ganzen Reise von Deutschen und Norwegern gewissenhaft benutzt, und mach entzündetes Auge legte Zeugnis ab von bewiesenem löblichen Eifer.

Aber alle Mühen und Anstrengungen waren erfolglos, und weder die Schröder-Stranz-Abteilung noch irgendeine Spur derselben wurde gefunden. Wohl stimmte uns dieses sicher von keinem erwartete Resultat traurig, doch konnten wir solchen Gedanken nicht lange nachhängen, da sich sofort nach Beendigung der Schlittenreisen ein Gegner meldete, der an unsere und der Schiffsmannschaft Nerven die höchsten Anforderungen stellte, daher uns fortan ausschließlich mit uns beschäftigen ließ.

Die Eispressungen begannen.

Kapitel 5

Eispressungen. Schiffbruch. Zeltleben auf Kap Lövenskiold. Bootsfahrt zur Treurenberg-Bai. Staxrud. Heimreise mit dem Schröder-Stranz-Schiff »Herzog Ernst«.

Nicht jede Polarfahrt bringt Eispressungen mit sich, sonst würden die Expeditionen seltener werden. Muß man aber auf Eispressungen gefaßt sein, so kann man sich auf sie einrichten – wenn genügend Zeit übrig ist. Dann überwiegt das stolze Gefühl, daß menschliche Berechnung und Kunst der Naturgewalt Trotz bieten werden, dem unbehaglichen Zustand des Zweifels und der fortwährenden Besorgnis. Nansen trat die berühmt gewordene Reise im festen Glauben an seine Theorie an. Er war überzeugt, daß der stark und zweckmäßig konstruierte »Fram« auch von den fürchterlichsten Pressungen nicht zerdrückt, sondern emporgehoben würde. Der gute »Lövenskiold« stammte aus dem Jahr 1870, war also 22 Jahre älter als der »Fram«. Auch hatte man ihn nicht für gefahrvolle Expeditionen, sondern für gewöhnliche Fangtouren in losem Treibeise gebaut, er galt aber als einer der stärksten Vertreter seiner Gattung. Nicht mit Unrecht, denn der »Lövenskiold« vermochte durch seine Zähigkeit das unausbleibliche Ende wochenlang hinausziehen, und der »Herzog Ernst« der Schröder-Stranz-Expedition konnte sich an Stärke gar nicht mit ihm messen.

Die Eispressungen begannen mit Musik. Eines schönen Nachmittags, als wir gerade friedlich in der Kajüte saßen, hörten wir einen lang anhaltenden, hohen Klangton, etwa vergleichbar mit dem Klang, den der feuchtgemachte Finger auf dem Rande eines Weinglases hervorbringt. Horcht! Eine Storkobbe? Singt, erklärte Jung-Bottolfsen sofort, und eine starke Ähnlichkeit war zweifellos vorhanden. Als aber der Gesang in bestimmten Intervallen sich wiederholte und jedesmal genau dieselbe Zeitdauer aufwies, erhoben sich zweifelnde Stimmen, und besonders der Senior der

Die »Lövenskiold« in der Eispressung

Mannschaft, der redegewaltige Schiffszimmermann Alf, ironisierte ziemlich respektlos die Weisheit seines Schiffers. Während die Debatte noch hin und her ging, verspürten wir plötzlich einen kräftigen Stoß, worauf die »Storkobbe« a tempo ihr Konzert beendigte. Jetzt war auch Bottolfsen überzeugt, daß Verschiebungen im Eise die seltsamen Töne hervorgebracht hatten.

Nach einigen Tagen wurde die Sache weniger spaßhaft. Das ganze Eis um das Schiff herum geriet in Bewegung, die Stöße erfolgten häufiger, der »Lövenskiold« hob und senkte sich, und ein unheimliches Ächzen in seinem Innern zeugte von der Kraft, die auf die Schiffswände und ihre Verbindungen wirkte. Große Stücke brachen von der Eiskante ab und schoben sich teils unter das feste Eis, teils um das Schiff und unter sein Vorderteil. Eine solide Scholle hatte sich hart an das Ruder gelegt und dessen unten ausgeschweiftes Ende dermaßen eingekeilt, daß ein Emporheben des Achterteils nur mit dem Verlust des Ruders möglich gewesen wäre. Was würde ich damals für eine auf Expeditionsschiffen angebrachte Vorrichtung gegeben haben, die das Heraufwinden des Ruders durch ein im Achterende befindliches und bis zum Deck hinaufgehendes Loch leicht und schnell ermöglicht.

Nun war wieder eine Zeitlang Ruhe, die wir benutzten, um die gefährliche Scholle so viel wie möglich zu zerkleinern und das Ruder frei zu bekommen. Böse genug sah es schon aus, und aus den schweren Eisbeschlägen war mancher Bolzen herausgesprungen.

Statt aller jetzt zwecklosen Beruhigungsreden wurde die kalte, rücksichtslose Wahrheit verkündet, daß das Schiff, unser kleines, aber behagliches Heim seit 8 Wochen, voraussichtlich aufgegeben werden müsse und daß wir für die Rückfahrt bis zur Däneninsel, der Anlaufstelle der Touristendampfer, einzig auf unsere Boote angewiesen seien.

Die Strecke bis dort hin, an der Küste entlang, betrage mindestens 350 km, doch hätten wir drei gute Boote, genug Proviant, außerdem Zelte, Schlafsäcke, Decken, kurz alles, was eine solche Reise ohne großes Risiko für Leben und Gesundheit ermöglichen ließe. Von der Däneninsel aus führen wir dann als Passagiere auf einem behaglichen Vergnügungsdampfer nach Tromsö und könnten es uns, um so mehr als die Expeditionsaufgabe erfüllt sei, an Bord recht wohl sein lassen. Besonders die letzte Aussicht stärkte die Herzen und nahm der Zukunft einen Teil ihrer Ungewißheit.

Als wir festkamen, hatten wir den »Lövenskiold« hinter einem überaus massiv aussehenden Vorsprung der Eiskante mit zwei Trossen vertäut, so daß wir in einem toten Winkel lagen und das von Süden herannahende, schwere Eis uns nichts anhaben konnte. Die nächste Eispressung, als Nachwirkung eines starken Weststurmes und zur Zeit der Springflut, brachte aber zu unserem Entsetzen dieses Bollwerk in Bewegung und drückte die sich von ihm losbrechenden Riesenschollen auf uns zu. Das war eine schwere Enttäuschung, aber das Schlimmste war, daß jetzt auch die Geister der Unzufriedenheit sich hervorwagten und daß man nicht nur mit dem Geschick, sondern auch mit dem, der den »Lövenskiold«

Bergung von Proviant

hierher geführt, zu hadern begann. Eine sofortige Ansprache im Volksversammlungston und verschiedene kräftige Bezeichnungen für alle – notabene nicht Anwesende –, die auf einer Hilfsexpedition nichts riskieren wollten, ließen das Wetter am Expeditionsführer vorbeiziehen. Es entlud sich um so heftiger über dem armen, in Tromsö sitzenden Reeder und reinigte von dort aus die Atmosphäre hier oben. Einig und gefaßt sah alles der sich nähernden Gefahr entgegen.

Die eine Trosse war bereits gerissen, noch hielt das armdicke Manilatau an dem nach vorn ausgebrachten zweiten Eisanker. Rechts und links trieben die Schollen in mahlender Bewegung oder in wuchtigem Auf und Nieder am Schiffe entlang, wie ungeheure Reibeisen seine Seiten mit grausig dröhnendem Knarren bearbeitend; vor dem eisenbeschlagenen Bug aber türmten sie sich hoch auf und drohten auf das Vordeck niederzustürzen. Da wurde der

Befehl gegeben, das Manilatau zu kappen, und der »Lövenskiold« trieb rückwärts mit der gleichen Fahrt des Eises, wodurch der Druck sich erheblich verringerte. Wie atmeten wir da alle auf und wie freuten wir uns, daß wir sofort bei Beginn der Pressungen die heulenden und vor der unter ihnen splitternden Eisdecke hin- und herfliehenden Hunde an Bord genommen hatten, wobei Deutsche und Norweger zur Rettung unserer treuen Schicksalsgefährten mutig auf das unsichere Eis gesprungen waren. Nach dieser am gefährlichsten aussehenden Eispressung waren wir wegen der abbröckelnden Kante etwa 100 m näher an das Land und vielleicht 400 m weiter nordwärts getrieben worden.

Trotzdem ich bei der Dichtigkeit des uns umgebenden Eises nicht an einen schnellen Untergang des »Lövenskiold« auch bei noch stärkeren Angriffen glaubte, gebot die Vorsicht anzuordnen, daß jedermann seinen Kleidersack mit dem Notwendigsten versehen und für ein sofortiges Verlassen des Schiffes bereit halten sollte. Wenn es dann so weit war, konnten alle Kräfte sich vorerst ausschließlich dem Bergen der Boote und der Ausrüstung zuwenden, zumal wir ein Proviantdepot in der Schutzhütte an Lande wußten.

Noch öfters waren wir solchen Druckproben unterworfen, ohne daß die beiden Schiffspumpen erheblich mehr Arbeit zu leisten brauchten als beim Anfang derselben, wo wir eine größere Undichtigkeit des Schiffes konstatieren konnten. Die vorletzte Pressung verursachte am Achtersteven ein ziemlich bedeutendes Leck, weil durch starken seitlichen Druck des Eises auf das Ruder sich die »Naht«, d.h. die Verbindung der Seitenplanken mit dem Steven, geöffnet hatte. Doch gelang es uns, dieses Leck vom Schraubentunnel aus zu stopfen, und die plötzlich auf das Fünffache gestiegene Tätigkeit bei den Pumpen wurde wieder normal. Von dieser Zeit an gab es aber keine wohltuende längere Pause mehr, wir befanden uns dauernd im schärfsten Alarmzustand. So nahte Samstag, der 28. Juni, heran, mit fortgesetzten gewaltigen

»Lövenskiold« vor dem Zerbrechen

Pressungen und sich steigernder Arbeit bei den Pumpen. Endlich, kurz nach 7½ Uhr abends, erhielt der »Lövenskiold« den Gnadenstoß, der von allen fast wie eine Befreiung empfunden wurde.

Eben war ich nach meiner Ablösung in die Kajüte gegangen, um mich bei einem norwegischen Schauerroman meines lieben Ingvald Ström eine halbe Stunde zu erholen. Plötzlich höre ich ein verdächtiges Plätschern unter dem Fußboden, und als ich nach der die Kajüte vom Maschinenraum abschließenden Vorderwand hinhorche, ist es gar ein Rauschen wie von einem kleinen Wasserfall. Oben sehe ich den treuen Motormaschinisten Magnus aus der Maschinenluke emportauchen, wild umherblicken und sein unvermeidliches Priemchen auf das Deck spucken, was er sich sonst nie unterstanden hatte. Jetzt wußte ich, woran ich war. Das Wasser umspült bereits den Motor im Motorraum und scheint von zwei Seiten in das Schiff zu dringen. Eine kurze Besprechung mit Bottolfsen, dessen Kaltblütigkeit und Geistesgegenwart bei der Kata-

Sepp Allgeier filmt die Schiffbrüchigen

strophe anerkannt werden muß; dann noch ein vergeblicher Versuch, das Wasser mit allen Pumpen auch nur zum Stillstand zu bringen – der »Lövenskiold« ist total verloren, wie es in der Seemannssprache heißt, wir aber sind Schiffbrüchige! –

Doch diese Auffassung, die das Mitleid mit sich selbst und das Erbarmen der Menschen wachruft, durfte sich nicht Geltung verschaffen, so zutreffend es auch war. Sie konnte bei unserer Lage zu unheilvoller Mutlosigkeit führen und unsere Aussicht auf Rettung sehr verringern.

In dem entstehenden Durcheinander kommandierte ich daher Allgeier mit seiner Filmkamera auf das Eis, während wir übrigen uns an das Bergen der Boote und unserer Habseligkeiten machten. Mehr als alle Lobsprüche verrät die vorzügliche Filmaufnahme, daß der 18jährige Allgeier mit Überlegung und mit all seiner großen Kunst bei der Sache war, trotzdem er mehrfach sich und seine nicht leichte Kamera in eilfertigen Sprüngen vor den Pressungen in Sicherheit bringen mußte. Vor dem scharf beobachtenden, unerbittlichen Objektive aber spannte sich der Mut in der Brust eines jeden, und zur Erziehung von Helden halte ich nach dieser Probe auch den kinematographischen Aufnahmeapparat für hervorragend geeignet. Der »Lövenskiold«, der für seine letzte Reise mit der norwegischen Flagge geschmückt worden war – die deutsche Expeditionsflagge nahm ich mit ans Land –, hatte außer dem großen Leck beim Maschinenraum ein neues beim Achtersteven und durch das Verwringen des Achterstevens ein drittes am Bug erhalten. Das war mehr, als er ertragen konnte.

Den Namen des braven Schiffes, das uns frühzeitig am 5. Mai zum Nordkap des Nordostlandes geführt und dadurch unsere Nachforschungen nach Schröder-Stranz sehr erleichtert hatte, verewigten wir durch das »Kap Lövenskiold«, wo wir uns von jetzt ab ein neues, wenn auch vorübergehendes Heim einrichteten.

Der Weg, den wir mit drei schweren Schiffsbooten, allem Proviant und unserer gesamten Ausrüstung von der Stelle des Schiffsbruches nach dem Lande zurücklegen mußten, stellte an die Kräfte von Menschen und Hunden große Anforderungen, besonders da wir mehrfach sehr unebenes Eis zu passieren hatten. Aber auch das ging vorüber, und zuletzt fühlten wir uns in unseren Zelten recht behaglich. Die Schutzhütte wurde als Küche und Vorratsraum benutzt und diente außerdem den Wachhabenden als Aufenthalt.

Über unsere Zukunft erhoben sich bald große Meinungsverschiedenheiten. Der norwegischen Schiffsbesatzung mußte nach den Seegesetzen beim Verlassen des Schiffes sofort gekündigt werden, sie stand daher ohne Heuer da. An sich war also ihr Begehren, unverzüglich auf dem schnellsten Wege heimzukehren, sehr verständlich. Dieser Weg hätte über das Küsteneis längs der Westseite des Nordostlandes zur Ryssinsel und von dort nach Überschreiten der Hinlopenstraße entweder westwärts zur Däneninsel oder südwärts über das Inlandeis zum Eisfjord führen müssen. Meine Erfahrung, die auch durch Biehlers und Villingers Bericht über den Zustand des Küsteneises bis zur Ryssinsel gestützt wurde, konnte sich mit einem solchen Marsche, auf dem wir wenigstens 2 Boote etwa 70 km weit über das Eis hätten ziehen und deshalb einen großen Teil unserer notwendigsten Ausrüstungsgegenstände hätten zurücklassen müssen, unter keinen Umständen einverstanden erklären. Im allgemeinen Schiffsrate platzten die Meinungen hart aufeinander, und vornehmlich war es wieder Alf, der Schiffszimmermann, der für die Norweger und den sofortigen Abmarsch sprach. Als er mich unbeugsam sah, versuchte er meine deutschen Kameraden zu einer Stellungnahme zu bewegen, ohne daß es ihm aber gelang, deren Schweigen zu brechen. Meine Auslegung, daß diese immer mit ihrem Expeditionsführer übereinstimmten, begegnete absoluter Verständnislosigkeit. Schließlich gab ich folgende Erklärung ab:

»Wenn die Norweger abziehen wollten, könnten sie das auf eigene Gefahr und Verantwortung tun. Alles Eigentum der deutschen Expedition, wie Zelte, Schlafsäcke, Konserven, Schlitten, Schneeschuhe usw., bliebe aber mit den Deutschen hier. Ich sei sicher, daß in höchstens 14 Tagen die Hälfte der Norweger erschöpft und zerschlagen zurückkehren würde, während die andere Hälfte wohl auf der Strecke liegengeblieben sei. Die Heimfahrt müsse auf dem Wasserwege vor sich gehen, und wir wollten ruhig abwarten, bis die zweifellos im Laufe des Sommers erfolgende Verteilung des Eises sie ermögliche. Wenn die Norweger mit meinem Plan einverstanden seien, würde ich die deutsche Expedition durch ihre Einreihung erweitern. Dann sei unsere Ausrüstung, unser Schlittenproviant, kurz, unser ganzes Eigentum zum gemeinsamen Gebrauche bestimmt und alle Unterschiede, auch die bisher durch die Seemannsordnung gewährleisteten, fielen fort. Ein Wille, ein Kommando müsse aber Geltung haben, wie sich das auf einer Expedition gehöre.

Das Unheil auf der Schröder-Stranz-Expedition dürfe sich auf dieser nicht wiederholen. Dann würde ich auch die Heuer bis zum Tage der Rückkehr nach Tromsö garantieren, einerlei, wann er erfolge. Ich behielte mir sogar noch einige Aufbesserungen vor. Die

Oben: Transport des Proviantes auf Schlitten
Unten: Transport der Schiffsboote zum Land, im Hintergrund das Wrack der »Lövenskiold«

Norweger hätten also vollständig freie Wahl, ihre Entscheidung müsse aber klar und unzweideutig sein.«

Ich gebe zu, daß eine solche Alternative starke Anforderungen an das hochentwickelte Selbstgefühl meiner norwegischen Kameraden stellte, trotzdem ich mit meiner Erklärung auf allen Registern gespielt hatte, um ihnen die Wahl zu erleichtern. Sie versprachen dann auch, mitmachen zu wollen, wünschten aber noch zu wissen, wann ich aufzubrechen gedächte.

»Sobald als möglich. Wann es aber möglich sei, habe der Expeditionsführer allein zu bestimmen. Auch ich hätte ein Interesse daran, baldigst heimzukehren, auch ich hätte Weib und Kinder daheim.« Besonders das letzte Argument machte Eindruck auf den Gemütsmenschen Alf und mit bewegter Stimme vertraute er mir an, daß inzwischen bei ihm zu Hause wohl Nummer 6 angekommen sei.

Von Osten her mußte die Erlösung kommen. Während südliche und westliche Winde, die bisher vorherrschend waren, das Eis auf das Land zu pressen und die Bildung der vorausgesagten Wasserrinne nach Süden verhinderten, würden östliche Winde das dichte Treibeis von unserer noch immer ziemlich festen Kante abtreiben, wo für seine Verteilung ein weiter Spielraum vorhanden war. Das geht ja auch aus der Schilderung der Fahrt des »Lövenskiold« klar hervor. Am 21. Juli hatte das zur Aufheiterung veranstaltete Schützenfest mit Villingers und des Maschinisten Sieg geendet, als es tüchtig aus Osten zu blasen begann.

Welch freudige Überraschung das bedeutete, ist nicht zu beschreiben, und noch nie waren die Aneroide so dicht umlagert, wurde so oft nach der deutschen Flagge auf den Zelten und dem Zuge der Wolken geschaut wie jetzt. Die Meteorologie, vorzüglich ihr praktischer Vertreter, der Steuermann, feierte wahre Triumphe und Cirrus, Cirro-Cumulus sowie sonstige fremdartige Ausdrücke schwirrten nur so umher und wurden auch von den größten Banausen fleißig im Munde geführt.

Nach Süden zur Freiheit. Beginn der Fahrt mit den Schiffsbooten über die Hinlopenstraße, auf die durch einstimmigen Beschluß das Grammophon mitgenommen wird. 23. Juli 1913

Alle Augenblicke wanderte eine Partie nach der etwa 1000 Meter entfernten Anhöhe, um durch das dort aufgestellte große Fernrohr das Eis zu beobachten. Hurra! Jetzt öffnet sich schon eine Rinne, zwar nur einige Kilometer lang, aber wenigstens der Anfang.

»Ach, lieber Ostwind, blas noch mehr«, verballhornte einer den großen Bayreuther Meister, und der Ostwind blies drei Tage lang, aus vollen Backen. Immer wieder zog sich die Rinne nach Süden hin, wir konnten sie jetzt bis hinter die 40 km entfernte »Niedrige Insel« verfolgen.

Die Stunde der Heimkehr war da! – Vorerst galt es noch die Boote und unsere Ausrüstung sowie Proviant für einen Monat über das Eis zur Wasserrinne zu transportieren, d. h. eine Strecke von 7 km zurückzulegen. Dies gelang natürlich nicht mit einem Male,

Die Schiffsboote überqueren die Hinlopenstraße

sondern drei- und viermal mußten die einzelnen Etappen zurückgelegt werden. Nach 44stündiger schwerer Arbeit, wobei Menschen und Hunde ihr Letztes hergaben, waren wir am Ziel. Die Frage, ob eine Ruhepause gemacht werden sollte, wurde allseitig verneint, nur vorwärts und die Gelegenheit nutzen. Schwere Sorge machte uns das Unterbringen der Hunde, da die Boote schon an sich schwer beladen waren und wir mit Seegang auf der Fahrt rechnen mußten, trotzdem hier oben in der wenig breiten Rinne das Wasser ruhig war. Dem Drängen der Norweger nachgebend, wurden drei Hunde zum Tode verurteilt, das Urteil aber auch ihre Ankläger zu vollziehen geheißen. Doch Alf war ein wenig geschickter Scharfrichter, und seine sonst so sichere Büchse tat beim armen Fuchs nur schlecht seine Schuldigkeit. Im Tode rettete er die beiden

Kameraden. Denn nach seinem bitteren Ende wurden persönliche Gegenstände und Kleidungsstücke, die eben entbehrt werden konnten, zurückgelassen, um Platz für alle Hunde zu schaffen.

Als Führer des zweiten Bootes bestimmte ich den Steuermann, des dritten den Schiffer, die Führung des ersten Bootes, dem die beiden anderen folgen sollten, behielt ich mir vor. In meinem Boot waren der Maschinist, der jüngste Matrose Ström und die zwei jüngsten Deutschen, Graetz und Allgeier. Nach einem hastigen Mahle stach die Flottille in See, und die hochgemute Stimmung verstieg sich zum Vergleiche mit einer nordischen Wickingerfahrt, an die aber höchstens die Raasegel, besonders ein als Segel dienender blutroter Gummizeltboden, erinnerten. Mit rauhem Winde jagten wir aber, nicht achtend der vielen Spritzer und der im stärker werdenden Seegange um uns tanzenden Eisschollen. Graetz und Allgeier waren unermüdlich mit Ausschöpfen des Wassers beschäftigt, bis letzteren die Seekrankheit zu Boden streckte, die Norweger saßen abwechselnd am Ruder, während mir die Bedienung des Segels und vor allem das Beobachten des Kompasses vorn im Boote zufiel.

Die anderen beiden Boote hielten sich wacker in unserem Kielwasser, auf ihnen ging es ähnlich her. Nach Zurücklegung des halben Weges machten wir auf einer mächtigen Scholle eine mehrstündige Kaffeepause, deren Intensität kaum mehr überboten werden konnte, dann kam das schwerste Stück Arbeit, die Überfahrt über die Hinlopenstraße, auf die sich bald undurchdringlicher Nebel lagerte. Wind und Seegang hatten sich auf der Hinlopenstraße dermaßen verstärkt, daß wir beide Reffe einstecken mußten, trotzdem ging es noch wild genug zu. So verrann Stunde um Stunde, Tabak und Kaffee, der von der letzten Haltestelle in Unmengen mitgenommen war, hielten die Lebensgeister wach, und endlich sahen wir aus dem Nebel Land voraus!

Wir waren auf Westspitzbergen, beim Kap Foster, nur 3 km von dem Hause der schwedischen Gradmessungsexpedition entfernt.

Oben: Ankunft der deutschen Hilfsexpedition bei Kap Foster in der Nähe der Treurenberg-Bai, 25. Juli 1913
Unten: Heimreise der deutschen Hilfsexpedition auf dem »Herzog Ernst«, 15. August 1913

25 Stunden hatten wir zu dieser Sturmfahrt gebraucht – dazu die 44 Stunden beim Kap Lövenskiold. Was Wunder, daß wir der Ruhe bedurften!

Eine Rekognoszierungstour am anderen Tage brachte uns in die Treurenberg-Bai, wo wir zu unserem nicht geringen Erstaunen Staxrud mit vier Hilfskräften, darunter meinen alten Bekannten aus der Mossel-Bai, Ingenieur Ellingsen, antrafen. Bekanntlich durfte von hier aus Staxrud über fünf Wochen lang das gelobte »Nordostland« schauen, das ihm aber die Eisverhältnisse verwehrten zu betreten. Außerdem war noch der Schröder-Stranz-Eislotse Stenerson da, der drei Monate lang seine Residenz auf dem »Herzog Ernst« aufgeschlagen hatte. Nach liebenswürdigster Begrüßung durch den Führer des offiziellen Hilfsunternehmens erbat er sich meine Leute als Besatzung für den »Herzog Ernst«, was ich mit Vergnügen zugab.

So konnten wir uns die Weiterreise mit den Schiffsbooten zur Däneninsel ersparen, denn die Aufgabe, den »Herzog Ernst« durch alle Fährlichkeiten des Treibeises nach Green Harbour und von dort nach Tromsö zu bringen, dünkte uns ebenso interessant und stellte außerdem keine solche Anforderungen an unsere körperliche Kraft und Ausdauer. Schließlich gönnte ich meinen Norwegern den Extraverdienst zu ihrer Heuer von Herzen.

Ich behielt sie zwar noch immer in meiner Hand, stellte sie aber in nautischer Hinsicht unter das Kommando ihres Landsmannes Stenerson, der den »Herzog Ernst« heimführen sollte.

Stenerson hatte den »Herzog Ernst«, begünstigt von guten Eisverhältnissen, mit kräftiger Hilfe der Staxrud-Expedition in wenigen Tagen unbeschädigt vom Sande im Innern der Treurenberg-Bai abbringen können, doch wäre das Schiff in diesem Jahre wohl nicht aus der Treurenberg-Bai herausgekommen, wenn nicht der geschickte Maschinist des ehemaligen »Lövenskiold«, der gerade in der Behandlung des Bolinder-Motors seine Haupterfahrung besaß, die Instandsetzung des Motors übernommen hätte.

Oben: Kapitän Ritscher wieder an Bord seines »Herzog Ernst« in Green Harbour. Neben ihm Theodor Lerner, der das Schiff unbeschädigt aus der Treurenberg-Bai nach Norwegen gebracht hat.
Unten: Funkstation Green Harbour

Staxrud wollte die Heimreise auf dem »Herzog Ernst«, dem er sie für den Spätherbst, wenn überhaupt in diesem Jahre, prophezeit hatte, nicht mitmachen, er wünschte daher an einem der Advent-Bai näher als die Treurenberg-Bai liegenden Punkte der Hinlopenstraße abgesetzt zu werden. Auch für ihn war es Zeit, nach Green Harbour zurückzukehren, wo zwei weitere Teile seiner Expedition sich mit ozeanographischen und wirtschaftspolitischen Arbeiten, letztere vor allem die Kohlenlager Westspitzbergens betreffend, beschäftigten. Die Hilfsexpeditionsangelegenheit war für Staxrud nach unserer Rückkehr nach Nordostland ja abgeschlossen, daher konnte sich der Führer jener vom norwegischen Staate unterstützten Gesamtexpedition für den Rest des Jahres seinen übrigen Aufgaben widmen. Wir brachten die Staxrud-Expedition in die Bismarckstraße, westlich der König-Wilhelms-Insel, an den Eisrand des Gletschers, den ich im Jahre 1898 »Moltkegletscher« getauft hatte, um alle Paladine Kaiser Wilhelms des Ersten zusammenzuhaben, da es in der Bismarckstraße auch eine Rooninsel gab.

Nach Staxruds Abmarsch ging der »Herzog Ernst« mit voller Fahrt aus der Bismarckstraße heraus, um vorerst nach Süden den Durchbruch durch die Olgastraße zu versuchen. Da aber hier viel Nebel herrschte und jeder Tag kostbar war, wurde gewendet und die ziemlich eisfreie Hinlopenstraße in ihrer ganzen Länge nochmals durchfahren. Auf der Nordseite trafen wir zwar schweres Eis bis zum »Willkommen Kap«, doch wurden wir noch mit diesem fertig und kamen in vier Tagen nach Green Harbour, sogar noch anderthalb Tage vor Staxrud. Von Green Harbour aus sandten wir die ersten radiotelegraphischen Nachrichten an unsere Lieben in der Heimat und an den schwergeprüften Kapitän des »Herzog Ernst« Ritscher in das Krankenhaus nach Tromsö. Dieser raffte sich trotz des Abratens seines Arztes sofort auf und konnte mit dem freundlichst angebotenen Schiffe des Engländers Mansfield in wenigen Tagen nach Green Harbour gelangen, wo wir ihm den »Herzog Ernst« unbeschädigt und seeklar übergaben.

Die sofort angetretene Heimreise führte uns nach weiteren vier Tagen nach Tromsö.

Meine wackeren Norweger waren daheim, und nach Deutschland fuhren fünfmal in der Woche schnelle und komfortable Postdampfer.

Die deutsche Hilfsexpedition für Schröder-Stranz war zu Ende.[39]

Kapitel 9

Neue wissenschaftliche Expedition nach Spitzbergen im Jahre 1914

Vom Krieg überrascht. Vorzeitiger Abbruch. Zurück nach Deutschland und ins Feld.

Schon auf der Rückreise meiner 1913 unternommenen Hilfsexpedition war ich mir meiner Aufgabe für den kommenden Sommer voll und ganz bewußt. Die Suche nach den verunglückten Schröder-Stranz-Leuten sowie der Verlust des Schiffes und die Sorge um die glückliche Heimkehr hatte die Forschungsarbeit diesmal gänzlich in den Hintergrund treten lassen.

Aus diesem Grunde bereitete ich im Jahre 1914 eine neue Expedition vor, bei der es sich in erster Linie um die Sammlung von wissenschaftlichem Material für das zoologische Institut der Universität sowie um Schaustücke für das Senckenbergmuseum in Frankfurt am Main handelte.

Herr Professor zur Strassen hatte uns eine vollständige Ausrüstung an Instrumenten, Fangapparaten, Konservierungsmaterial und Transportbehälter zur Verfügung gestellt.[40]

Ferner interessierte sich der Zoologische Garten lebhaft für eine Reihe arktischer Tiere, und der Wunschzettel des Herrn Direktor Dr. Priemel stellte nicht geringe Anforderungen an die Expeditionsleitung, zoologische Teilnehmer und Schiffsbesatzung. Auch die geologische und vor allem die paläontologische Sammlung konnten wichtige und wertvolle Neuheiten ergeben.

Diese Aussichten bewogen den Magistrat der Stadt Frankfurt, einen Zuschuß von 3000 Mark zu beantragen, der laut Beschluß der Stadtverordneten-Versammlung auf 5000 Mark erhöht wurde.

Der treue Hund Sultan der Expedition 1913/1914.

Man kam zwar überein, daß die Unterstützung solcher Expeditionen Sache des Staates sei, aber als nachträgliche Anerkennung meiner geglückten Hilfsexpedition bewilligte man mir den Beitrag aus dem städtischen Fonds für Kunst und Wissenschaft. Vorerst erhielt ich 3000 Mark und bei meiner Rückkehr sollte die Zahlung der weiteren 2000 Mark erfolgen.[41]

Da sich die Vorarbeiten zu meinem Unternehmen diesmal besonders schwierig gestalteten und sehr in die Länge zogen, hatte ich die ungeduldig werdenden Expeditionsmitglieder bereits mit einem Teil meiner Kriegskasse nach dem im nördlichen Norwegen liegenden Svolvaer vorausgeschickt, in dem guten Glauben, in ein paar Tagen nachkommen zu können.

Als ich endlich soweit war und am 28. Juni in Hamburg ankam, erfuhr ich von der Ermordung des österreichischen Thronfolgers, die begreiflicherweise allgemeine große Erregung hervorrief.

Auch in Kiel, wohin ich mich von Hamburg aus wandte, war das Bild plötzlich ein ganz anderes geworden. Der Zauber und das Leben war verschwunden. Der Kaiser und seine Gäste meistens abgereist. Meine verschiedenen Expeditionsgänge, die ich noch vorhatte, waren durch das Unglück überflüssig geworden.

Daher ging es sofort weiter über Göteborg, Oslo nach Svolvaer. Dort traf ich meine sich tüchtig langweilenden Expeditionsmitglieder in mißmutiger Laune an, die aber bald, da wir noch am selben Abend nach Tromsö fuhren, woselbst sie mit Umladen und Verpacken ausgiebige Beschäftigung hatten, einer frohen, erwartungsvollen Stimmung wich. Außerdem waren sie täglich Zeuge, was es heißt, eine Expedition unter so ungünstigen Verhältnissen zum Start zu bringen, so daß die Tage in Tromsö sehr anregend und belehrend für sie verliefen.[42]

Durch Vermittlung des »Expeditionskonsuls Aagaard« hatte ich die »Whitrose« gechartert, einen zweimastigen Segelschooner von etwa 27 m Länge und 6 m Breite.

So viel Platz wie auf diesem Schiffe habe ich noch auf keiner Expedition gehabt, was einzelne Teilnehmer nicht begreifen konnten. Sie meinten, daß zu einem Leben unter so bescheidenen und unbequemen Verhältnissen, wie sie früher gewesen sein müßten, eine seltene Begeisterung für die Sache gehöre.

Nach einigen Tagen war alles so weit, daß die Expedition in ihr neues Heim einziehen und die Fahrt über Tromsö und die Bäreninsel nach Spitzbergen angetreten werden konnte.

Als wir am 11. August in der Kings-Bai eintrafen, hatten wir schon eine reiche Ausbeute an Vögeln, Süßwasser- und Meerestieren und zahllosen Versteinerungen aufzuweisen.

Bei unserer Ankunft ereilte uns die Nachricht vom Ausbruch des Krieges, der uns alle sehr bewegte und erschütterte. Es blieb nichts anderes übrig, als die wissenschaftlich so aussichtsreiche Expedition abzubrechen, wenn wir noch nach der Heimat zurückkehren und einer vielleicht jahrelangen Internierung aus dem Wege gehen wollten.

Nach 14tägiger Fahrt, die uns mindestens dreimal so lang erschienen war, kam am 30. August die norwegische Küste in Sicht. Bei Fuglö ruderte ich an Land, um etwas Proviant, Tabak und vor allem Zeitungen zu holen, die begierig umlagert wurden.

Aus den vielen unglaublichen Gerüchten ging wenigstens das hervor, daß die Verbindung zwischen den neutralen Ländern Norwegen, Schweden, Dänemark und Deutschland ungestört war, worüber wir von ganzem Herzen froh waren.

Nun blieb mir noch die Sorge, womit ich die Expeditionskosten decken sollte. Wertvollen Fang mitzubringen, wie ich es ursprünglich vorhatte, war mir durch den jähen Abbruch der Expedition nicht möglich gewesen, und so setzte ich meine einzige Hoffnung auf den versprochenen Zuschuß der Stadt Frankfurt.

Ich fuhr noch am selben Abend im Motorboot voraus nach Tromsö, um nachfolgendes Telegramm an Prof. zur Strassen aufzugeben: »Abreise möglich, falls außer Zurücklassung meines gesamten Eigentums 2000 Mark Stadtzuschuß telegraphisch überwiesen werden. 450 zoologische Nummern. Geld erforderlich für Mannschaftsheuer. Lerner.«[43]

Auf mein Gesuch an zur Strassen erhielt ich die Mitteilung, daß der Stadtzuschuß des Krieges wegen verweigert, jede Geldsendung zur Zeit unmöglich und zur Strassen eingerückt sei.

Ich mußte daher meine gesamte Expeditionsausrüstung, den Fang, das wertvolle zoologische Material, ja selbst meinen treuen Neufundländerhund »Sultan« in Tromsö verpfänden und kehrte mit dem Resultat + 0 nach Frankfurt zurück.

Diesmal hatte ich doch sicher gehofft, aus dem Erlös meiner Expedition wenigstens ein halbwegs sorgenfreies Jahr mit meiner Familie verleben zu können. Aber das Schicksal hatte einen Strich durch die Rechnung gemacht.

Als ich dann nach vier Jahren Kriegsdienst im November 1918 von der Front nach Hause zurückkehrte, wollte sich niemand mehr für Spitzbergen begeistern und mit meinen Fahrten in die Arktis war es vorbei.

> Mir blieb nur noch die Erinnerung an das herrliche,
> freie und abenteuerliche Leben zwischen Gletschern
> und riesigen Schneehalden – der Kampf um das tägliche
> Brot aber trat jetzt an die Stelle des Kampfes mit dem
> ewigen Eise.

Theodor Lerner zu Hause bei Frau und Kind

Anhang

Nachwort

»Theodor Lerner – Polarfahrer« ist auf einem Grab des Frankfurter Hauptfriedhofs, unweit der letzten Ruhestätten von Arthur Schopenhauer, Theodor W. Adorno, Amschel Mayer Rothschild und Friedrich Stoltze, zu lesen.

Siebenmal war Theodor Lerner zwischen 1896 und 1914 im hohen Norden. Seine Motive waren vielfältig: Es ging ihm um journalistische Berichterstattung, um die Rettung von Menschen, den Abbau von Steinkohle, den Aufbau des Tourismus und um wissenschaftliche Forschung. Seine Erlebnisse schrieb er 1930 in einem Manuskript nieder; dies ist der Text des vorliegenden Buchs. Die Abbildungen stammen von Lerner selbst, denn die Glasnegative haben sich bis heute erhalten.

Der gesamte Nachlaß Theodor Lerners einschließlich der kostbaren goldenen Uhr der geretteten Passagiere der »Isle de France« (siehe S. 98) ist Eigentum von Heide Bodensohn und Dr. Marita Bodensohn, den in Frankfurt wohnenden Enkelinnen des Polarfahrers. Für Rat und Hilfe bei der Entstehung und Kommentierung des Buches ist Frau Heide Bodensohn sowie Prof. Dr. Dieter Rebentisch und Tobias Picard (Institut für Stadtgeschichte, Frankfurt), Dr. Konrad Klemmer (Senckenbergische Naturforschende Gesellschaft), Prof. Dr. Hans Fricke (Max-Planck-Institut, Seewiesen), Hakan Jorikson (Andrée-Museum, Grenna), Ulrich Freund (Historisches Museum Frankfurt) und Dr. Hans Graetz (Schweinfurt) sehr zu danken.

Frankfurt, im November 2004 — Frank Berger

Biographie Theodor Lerners

Kindheit und Jugend

Theodor Eduard Julius Lerner kam am 10. April 1866 in Antweiler an der Ahr als Sohn des dortigen Bürgermeisters Julius Lerner und seiner Frau Maria Magdalena geb. Mengelbier zur Welt. 1870 wurde der Vater in Linz am Rhein zum Bürgermeister gewählt, wo der Sohn in der Folge die Volksschule besuchte und – sehr zum Mißfallen der Lehrer und Erzieher – tiefe Freundschaft mit Rheinschiffern und Steuerleuten schloß. Im Winter schwamm er zwischen Eisschollen herum, einmal rettete er sogar einen Jungen vor dem Ertrinken.

Das Gymnasium besuchte Theodor in Düsseldorf.

Studium und erste Reisen

Zunächst nahm Lerner in Würzburg das Studium der Rechte auf und wurde Mitglied der Burschenschaft »Cimbria«. Dann setzte er das Studium in Bonn mit Vorlesungen in Nationalökonomie, Medizin und Jura fort. Schließlich beendete er das Studium ohne Abschluß, woraufhin ihn sein Vater als Volontär in der Linzer Bürgermeisterei beschäftigte.

Da ihm dies wenig Freude bereitete, ging er nach Bremen, um zur See zu fahren. Als Zahlmeisterassistent fuhr er nach England, Spanien und Südamerika.

Nach einjährigem Militärdienst im 75. Infanterieregiment in Bremen folgte ein mehrjähriger Aufenthalt in den USA, wo er als Journalist, dann als Tellerwäscher und Flaschenreiniger und am Ende als Brauerei-Vertreter für das Würzburger Hofbräu arbeitete. Die Rückreise nach Deutschland verbrachte er auf einem Dampfer als Kohlentrimmer, angeblich aufgrund einer Wette. In Kontakt mit der Arktis kam Lerner bei anschließenden Fahrten auf Fischdampfern der norwegischen Westaalen-Gesellschaft, die ihn nach Norwegen und Island führten.

Ballonflüge zum Nordpol

In einem Café in Hannover las Lerner 1896 erstmals in der Zeitung von dem geplanten Ballon-Polflug des Schweden Salomon Andrée. Um Augenzeuge dieses Aufstiegs zu werden, ging er nach Norwegen, wo ihn Direktor Witt von der Westaalen-Dampfschiffgesellschaft engagierte. Mit deren kleinem Dampfer »Expres« besuchte er Andrée, begleitet von mehreren Engländern. Da Andrée 1896 nicht aufsteigen konnte, wurde die Aktion in das nächste Jahr verlegt. Auch 1897 war Lerner wieder bei Andrée und unterstützte ihn beim Aufstieg. Ein Jahr darauf leitete er eine wissenschaftliche Expedition mit dem Schiff »Helgoland«, die auch der – vergeblichen – Suche nach dem verschollenen Andrée diente. 1899 kümmerte sich Lerner um den Kohlenbergbau auf der Bäreninsel, wobei er sich seinen Ehrennamen »Nebelfürst« einhandelte.

Die Sommer 1906 und 1907 verbrachte er wiederum auf der Däneninsel, diesmal, um die Fahrten des lenkbaren Luftschiffs des Amerikaners Walter Wellman journalistisch und auch fachlich zu begleiten. Im Herbst 1907 lernte er Hjalmar Johansen kennen, den berühmten Begleiter Nansens auf dessen Weg zum Nordpol. Lerner und Johansen überwinterten in einer Hütte an Kap Boheman und überquerten anschließend zu Fuß das Inlandseis Westspitzbergens.

Liebe und Heirat mit Lydia Stoltze

Im Sommer 1908 bei der Rückkehr an die Küste der Insel lernte Lerner die Frankfurterin Lydia Stoltze (21. 7. 1873–10. 7. 1954) kennen. Sie war das jüngste von acht Kindern aus der 59jährigen Ehe des Dichters Adolf Stoltze. Lydia Stoltze hatte im August eine Reise mit dem Dampfer Thalia vom Österreichischen Lloyd unternommen. Auf der Stelle verliebte sie sich in den Polarfahrer, obwohl er in einem eher verwahrlosten Zustand vor ihre Augen getreten war. Die beiden verlobten sich sofort unter dem 80. Breitengrad – die Eltern in Frankfurt waren entsetzt. »Der un kein annerer«, sagte jedoch Lydia Stoltze. Im Spätsommer, zurück in Frankfurt, nahm der sorgende Vater Adolf Stoltze den Polarfahrer, der immerhin der Sohn des Bürgermeisters von Linz am Rhein war, mit zum Apfelwein nach Sachsenhausen. Beim vierten Schoppen und vielen Erzählungen kamen sich die beiden Herren näher. Nach dem achten Schoppen akzeptierte der Vater den neuen Schwiegersohn in spe. Das Paar heiratete im Februar 1909. Die Eheleute wohnten zunächst in Berlin-Charlottenburg, dann weilten sie von Juli bis Dezember 1910 in Norwegen. Anfang 1911 zogen sie nach Frankfurt, wo am 9.10.1911 ihre Tochter Luise Magdalena Lydiastochter geboren wurde.

Noch im Sommer des Jahres 1909 hatte das Paar geplant, nach Spitzbergen zu fahren, wo Lydia als erste Frau der Welt zu überwintern gedachte. Sie fuhr schon einmal für einige Wochen nach Berlin, um sich die Ausrüstung zu kaufen. Doch bald drauf depeschierte sie nach Hause: »Überwinterung aufgegeben – Theodor plant mit Zeppelin eine Nordpolexpedition – Lydia«

Parseval und Zeppelin

Der Luftschiffbauer August von Parseval trug sich im Herbst 1908 mit dem Gedanken, ein Pol-Luftschiff zu bauen. Es kam zum Gedankenaustausch und zur Zusammenarbeit mit Lerner in dieser Sache. Am 25. Mai des folgenden Jahres wurde in Frankfurt am Main die »Internationale Luftfahrt-Ausstellung« eröffnet. An diesem Tag erzählte Lerner, empfohlen von H. Hergesell, dem Grafen Zeppelin von seinem Gedanken eines Polflugs. Zeppelin zeigte sich interessiert, worauf Lerner im Juli 1909 seinen Vertrag mit Parseval löste, der ja ähnlichen Zielen diente. Theodor Lerner wurde Generalsekretär der Deutschen Arktischen Luftschiff-Expedition unter Zeppelin.

Im Frühjahr 1910 teilte Zeppelin Lerner jedoch dessen Entlassung mit. Ihm, Zeppelin, seien von verschiedensten Seiten Mitteilungen über die Vergangenheit Lerners zu Ohren gekommen, in denen von ehrenrührigen Handlungen die Rede sei. Lerner forderte die Herausgabe der Namen der Verleumder, doch Zeppelin lehnte dies ab. So kam es zu einer Duellforderung Zeppelins gegen Lerner, die Lerner annahm. Schließlich klärte eine Ehrenkommission die Angelegenheit und stellte fest, daß Lerner Unrecht widerfahren sei. Zeppelin erklärte sich für schuldig, worauf Lerner seine Forderung zurückzog – gerichtlich wäre Zeppelin zur Mitnahme Lerners bei einer Expedition verpflichtet gewesen. (Auch der Zivilprozeß endete mit einem Sieg für Lerner. Die darin festgelegte Entschädigungssumme wurde ihm aber nicht ausgezahlt, da Zeppelin in Berufung ging.)

So unternahm Ferdinand Graf Zeppelin im Sommer 1910 ohne Lerner eine Expeditionsreise nach Spitzbergen zur Erkundung eines möglichen Polflugs. Das Schiff der Reise war Lloyd-Dampfer »Mainz« unter Kapitän Max Dietrich (27.11.1870 Angermünde – 27.11.1916 Hartlepool). Weitere Teilnehmer waren Prinz Heinrich von Preußen und der Polarforscher Erich von Drygalski (1865–1949). Vor Ort kamen die Teilnehmer der

Reise freilich zu der Meinung, daß eine Erreichung des Pols mit dem Zeppelin nicht in Angriff genommen werden sollte.

Krieg und Frieden

Im Frühsommer 1913 leitete Lerner eine eigene Expedition zur Rettung von Leutnant Schröder-Stranz und seinen Leuten; im Juli/August 1914 führte er eine weitere, von der Stadt Frankfurt und der Senckenbergischen Naturforschenden Gesellschaft geförderte Reise durch, die er wegen des Kriegsausbruchs allerdings vorzeitig abbrechen mußte.

Zunächst diente Lerner vor Toul im Schützengraben als Landwehr-Offiziersstellvertreter und im Argonnerwald. Im November des Jahres lag er mit dem 81. Infanterieregiment in vorderster Feuerlinie im Priesterwald. Hier avancierte er zum Leutnant, wurde Führer der 3. Kompagnie und erhielt im Dezember das Eiserne Kreuz 2. Klasse. Späterhin wurde er sogar zum Ritter des Eisernen Kreuzes befördert. Im November 1918 kehrte Lerner zu seiner Familie zurück.

Er wurde Mitglied der Kriegerkameradschaft Frankfurt und stand politisch der Deutschnationalen Volkspartei nahe, die er 1924 auch finanziell unterstützte.

Letzte Jahre

Im Jahr 1926 plante Lerner zusammen mit russischen Stellen eine Flugbootexpedition mit Dornier-Flugbooten. Die Anstrengungen der Planung zehrten aber an seinen Kräften, so daß er, schwer herzkrank, den Plan aufgab.

Theodor Lerner starb 65jährig, zwei Tage nach einem Schlaganfall, am 12. Mai 1931 im Grüneburgweg 95 in Frankfurt. Er war gerade damit beschäftigt, seine 25jährige Polarfahrertätigkeit in seinem Buch *Im Banne der Arktis* niederzuschreiben, als ihn der Tod ereilte. Sieben Polarfahrten hatte er unternommen, eine Inselgruppe in der Liefde-Bai und ein Kap am König-Karls-Land in Spitzbergen wurden nach Lerner benannt.

Sein Grab befindet sich auf dem Frankfurter Hauptfriedhof links am alten Hauptportal.

Textkommentar: Im Banne der Arktis

Kapitel 1

Die Ballonfahrt des Schweden Andrée zum Nordpol (1896/1897)

1 1896/97 war Theodor Lerner Presseberichterstatter für den Berliner August-Scherl-Verlag (»Die Woche«). Sein Auftrag war es, über die Ballon-Expedition von Salomon Andrée zu berichten, der von Spitzbergen aus den Nordpol erreichen wollte.

2 Am 23. Juni 1896 ankert das Schiff »Virgo« in einer Bucht vor der Däneninsel in Spitzbergen. Die Ballonfahrer sind neben Salomon August Andrée als Leiter Dr. Nils Ekholm als Meteorologe und Astronom und Nils Strindberg als Physiker und Fotograf.

3 1897 wurde ein erneuter Anlauf unternommen. An Stelle von Ekholm, der zunehmend skeptisch hinsichtlich der Leistungsfähigkeit des Ballons war, nahm Ingenieur Knut Fraenkel die dritte Stelle ein.

4 Am 11. Juli 1897 herrschte auf der Däneninsel günstiger Südwind, und der Ballon hob um 13.46 Uhr nachmittags ab.

5 Um 14.24 kühlte der Ballon in einer Nebelwolke ab und sank aufs Wasser. Um 15.12 wurde die erste Flasche Bier an Bord getrunken. Gegen 15.30 notierte Strindberg: »Vergebens nach dem Dampfboot ausgeschaut.« Er meinte damit Lerners »Expres«, der auf den Siebeninseln ein Vorratslager anlegen sollte. Gegen 17.30 verschwand Spitzbergen aus dem Sichtfeld der Ballonfahrer. In den folgenden Tagen vereiste der Ballon immer mehr und gewann kaum je Höhe. Immer wieder stieß er auf dem Eis auf.

6 Am 14. Juli resignierte die Besatzung und landete um 7.19 morgens auf dem Eis. Die drei Ballonfahrer versuchten zunächst 12 Tage lang, Franz-Joseph-Land zu erreichen. Doch die Drift des Eises ging in südwestliche Richtung. Die nächsten 40 Tage nahmen sie Kurs auf die Siebeninseln vor dem Norden Spitzbergens, wo Lerners Depot zu erwarten war. Am Vormittag des 17. September kam die Insel Vitö (Nor-

wegisch: Kvitoya = Weiße Insel) in Sicht. Obwohl sie sich weiter südwärts treiben lassen wollten, mußten sie am 5. Oktober nach Vitö »umziehen« und versuchen, hier zu überwintern. Der letzte Tagebucheintrag Strindbergs datiert vom 17. Oktober um 7.05 Uhr vormittags.

In Romanform hat der schwedische Schriftsteller Per Olof Sundman (*1922) im Jahr 1967 das Ballonabenteuer verarbeitet, wofür er mehrere Literaturpreise zugesprochen bekam.

Kapitel 2
Die deutsche Forschungsreise der »Helgoland« rund um Spitzbergen (Juni–August 1898)

7 Im Sommer 1898 organisierte Lerner die deutsche naturwissenschaftliche Helgoland-Expedition, so genannt nach dem Schiff der Teilnehmer. Leitung und Vorbereitung geschah durch Prof. Friedrich Römer, den späteren Direktor des Frankfurter Senckenberg-Museums. Mit von der Partie war auch der Berliner Zoologe Fritz Schaudinn. Schiffsarzt war Dr. Ludwig Brühl, seitdem der ärgste Feind Lerners. Das Schiff fuhr rund um Spitzbergen und unternahm unter Korvettenkapitän Hugo Rüdiger (*1851) einen bemerkenswerten Vorstoß zum König-Karl-Land, einer kleineren Inselgruppe östlich vor Spitzbergen. Diese drei Inseln wurden erkundet und erstmals exakt vermessen. Auf der östlichsten Insel, der Abel-Insel, verzeichnet eine Kartenskizze Lerners zu den Ereignissen des Jahres 1913 ein »Kap Lerner«. Im Norden erreichte die Expedition in diesem außergewöhnlich milden Sommer eine Höhe von 81 Grad 32 Minuten.

8 Lerner bezieht sich in seiner Schilderung oft auf die Spitzbergenunternehmungen des Zoologen Willy Kükenthal (4. 8. 1861 Weißenfels – 20. 8. 1922 Berlin). Die erste Expedition Kükenthals erfolgte 1886 auf dem Schiff »Hvidfisken« mit dessen Besitzer, dem Waljäger Morton Ingebrigtsen. Im Jahr 1889 strandete Kükenthal mit seinem Schiff »Berentine« auf den König-Ludwigs-Inseln. Ein zufällig vorbeifahrendes Fangschiff rettete ihn und seinen Reisegenossen Walter von diesem öden Felsen. In der *Allgemeinen Länderkunde* behandelte er später das Kapitel »Polargebiete«. Im Auftrag der Senckenbergischen Naturforschenden Gesellschaft in Frankfurt bereiste Kükenthal 1894 Malaysia und die Molukken.

9 Im Sommer 1930 startete die Norges Svalbard- og Ishavsundersökelser unter Leitung des Geologen Dr. Gunnar Horn mit dem gecharterten Robbenfänger »Bratvaag« in Richtung Franz-Joseph-Land. Bei gutem Wetter und unbeschwert durch Treibeis wurde am 5. August Vitö angesteuert. Horn ließ anlegen, und eine Wanderung mit dem Gesteinshammer folgte. Am 6. August entdeckten die Robbenjäger Olaf Salen und Karl Tusvik unweit der Küste ein Segeltuchboot Andrées. Am 1. September kam die »Bratvaag« mit zwei der Leichen in Tromsö an, und die Nachricht von der Entdeckung Andrées ging um die Welt.

Theodor Lerner, der acht Monate später verstarb, hatte offensichtlich noch Kenntnis von der Auffindung Andrées und seiner Gefährten bekommen und kam auch noch dazu, dies in seine ersten Kapitel einzuarbeiten.

10 Dank der günstigen Eisverhältnisse des Jahres konnten an 51 Stellen auf Spitzbergen Jagd- und Landexkursionen durchgeführt werden. Als weitere Erfolge sind zahlreiche Tiefenlotungen, die Aufnahme des König-Karl-Landes und die erste Umfahrung des Nordost-Landes von Süden und Osten nach Westen zu nennen. Die naturwissenschaftliche Ausbeute wurde in dem bedeutenden vielbändigen Monumentalwerk *Fauna Arctica* niedergelegt. Die 38 Seiten Einleitung des ersten Bandes dieser Reihe, erschienen 1900, stellen eine Parallelüberlieferung des hier vorliegenden Kapitels dar, aber nüchterner erzählt aus der Sicht der Zoologen. Die Route der »Helgoland« ist dort auf zwei ausgezeichneten Karten im Anhang eingetragen, worin auch die neue Lokalisierung von König-Karls-Land und der Great-Insel verzeichnet ist.

Kapitel 3
Pionierarbeit für den Kohlenbergbau auf Spitzbergen und der Bäreninsel (1898/1899)

11 Kapitän Wilhelm Bade, auf der »Hansa«-Expedition 1869/1870 Steuermann und in den 1890er Jahren Unternehmer von Touristenfahrten ins Nordmeer, hatte 1892 die Idee einer deutschen Beteiligung an der Ausbeutung von Bodenschätzen im nördlichen Eismeer. Mit einem Kapital von 200 000 Mark gründete er die »Nordische Hochseefischerei-Gesellschaft«. Ihr Zweck war unter anderem, den natür-

lichen Hafen auf der Südseite der Bäreninsel auszubauen und dort Kohle zu gewinnen.

12 Mit der »Helgoland«-Expedition war Lerner 1898 zum ersten Mal auf der Bäreninsel gewesen. Es ging ihm um die Erschließung der Insel und vor allem um den Abbau der auch von ihm festgestellten umfangreichen Kohlenflöze. Zum Zwecke der Landnahme stellte er Pfähle mit den deutschen Farben auf, zog einen Zaun und erklärte das Land zum Grundbesitz von Theodor Lerner und Hugo Rüdiger per Tafel vom 13. Juni 1898.

13 Gleichzeitig mit der »Helgoland«-Expedition weilte 1898 das deutsche Kriegsschiff »Olga« unter Kapitän zur See a. D. A. Dittmer in den Gewässern um Spitzbergen. An Bord war eine Kommission des Deutschen Seefischerei-Vereins, welche die Ausbeutung der Fischgründe zwischen Norwegen und dem 81. Breitengrad untersuchen wollte. Von Juni bis September 1898 wurde westlich Spitzbergens und auf der Spitzbergenbank bis zur Bäreninsel mit Grundschleppnetz gefischt und wurden wissenschaftliche Beobachtungen gemacht.

14 Im Jahr 1899 schickte der Deutsche Seefischerei-Verein eine aus zwei Fischdampfern und einem Schoner bestehende Expedition unter Hafenmeister Duge nach der Bäreninsel.

15 Im Juni 1899 kam Lerner nach Spitzbergen und der Bäreninsel zurück, um den größeren südlichen Teil der Insel in Besitz zu nehmen.

16 Im nördlichen Teil der Insel wurde am sog. Herwighafen ein solides Stationsgebäude angelegt. Ein Ziel der Unternehmungen war der Aufbau einer Versorgungsbasis für die deutsche Fischereiflotte mit der örtlichen Kohle. Der Markscheider J. Keßler führte bergmännische und kartographische Arbeiten auf der Nordseite durch. Er stellte bedeutende Kohlevorkommen fest, deren Abbau freilich problematisch sei. So gab es im Sommer 1899 das kuriose Phänomen, daß sich zwei konkurrierende deutsche Konsortien mit dem Abbau von Kohle auf der Bäreninsel beschäftigten.

17 Die Begegnung mit der »Svetlana« vor der Bäreninsel könnte staatsrechtlich zur Folge gehabt haben, daß Lerner die Bäreninsel, wenn schon nicht für Deutschland, dann doch für Norwegen gesichert hat.

18 Im Winter 1899/1900 löste sich Lerners Konsortium auf, und dessen Nachfolgegesellschaft, die »Bäreninsel-Gesellschaft Hamburg« der Firma Knöhr und Burchard Nfl., unternahm im Sommer 1900 zusammen mit dem »Deutschen Seefischerei-Verein« eine ausführliche Er-

kundung der Häreninsel hinsichtlich von Abbau und Transport der Kohle, aber auch der Wasser, Eis- und Nebelverhältnisse. Damit fanden diese Bestrebungen zunächst ihr Ende. Weitere Expeditionen des »Deutschen Seefischerei-Vereins« folgten erst 1912 und 1924.

Präsident des »Deutschen Seefischerei-Vereins« war Walther Herwig (1838–1912). Herwig war ursprünglich Jurist im preußischen Staatsdienst. Er machte sich verdient um die soziale Absicherung der Fangfischer und ihrer Familien sowie um die Marine und Seefischereiforschung. Mit den nordeuropäischen Ländern gründete er den übernationalen Zentralausschuß für internationale Meeresforschung, deren erster Leiter er wurde.

Kapitel 4
Das Wellman-Abenteuer, erster Teil (Juni/Juli 1906)

19 Der amerikanische Journalist Walter Wellman (1858 Mentor/Ohio – 1934) hatte sich zum Ziel gesetzt, den Nordpol zu erreichen.

Bei seiner ersten Spitzbergen-Unternehmung im Jahre 1894 charterte Wellman das norwegische Dampfschiff »Ragnvald Jarl«. Vom 7. bis zum 10. Mai weilte er auf der Däneninsel und bewohnte die Hütte des Briten Arnold Pike, der hier 1889 überwintert hatte. Am 14. Mai erreichte Wellman die Siebeninseln. Vor Walden-Island wurde das Schiff vom Eis eingeschlossen und sank bald darauf. Mit den Beibooten konnte sich Wellman zur Däneninsel retten und nach Norwegen zurückfahren.

Im Sommer 1898 unternahm Wellman mit dem Eisdampfer »Frithjof« eine Expedition nach Franz-Joseph-Land. Er besichtigte das Hauptquartier der Jackson-Harmsworth-Expedition bei Cap Flora auf der Hall-Insel, wo Nansen und Johansen nach ihrem Marsch zum Pol ankamen, und legte am 30. Juli bei Cap Tegethoff auf der Hall-Insel ein eigenes Quartier an, »Harmsworth House« genannt. Nach drei Tagen legte die »Frithjof« ab, und die Crew überwinterte hier, bis sie im Juli 1899 wieder abgeholt wurde. Ein Vormarsch gen Norden erreichte Kap Heller bei knapp 81 Grad Nord. Bei der gesamten Unternehmung brach sich Wellman ein Bein, als er auf dem Eis ausglitt, der Norweger Bernt Bentzen verstarb an Fieber.

20 Im Sommer 1906 errichtete Wellman eine große Ballonhalle auf der Däneninsel. Am 23. Juli telegraphierte er an Präsident Roosevelt, daß er bei gutem Wetter zum Polflug abheben werde. Doch konnten die Vorbereitungen nicht rechtzeitig abgeschlossen werden.

Kapitel 5
Rettung des französischen Touristendampfers »Isle de France« (Juli/August 1906)

21 Die »Isle de France« sollte planmäßig ihre 31. Kreuzfahrt vom 8. Juli bis zum 6. August 1906 ins Nordmeer und nach Spitzbergen unternehmen. Der Conférencier der Kreuzfahrt war Nils Otto Nordenskjöld. Die dreiköpfige Direktion bestand des weiteren aus Louis Olivier, dem Direktor der *Revue Générale des Sciences,* und L. Roullet, dem Generalsekretär dieser Zeitschrift. An Bord der »Isle de France«, deren komplette Passagierliste im Frankfurter Stadtarchiv überliefert ist, befanden sich einige recht bekannte Persönlichkeiten:

René Bazin (26. 12. 1853 Angers – 20. 7. 1932 Paris)
Französischer Schriftsteller und Professor für Jura an der katholischen Universität Angers. Im Jahr 1903 wurde er Mitglied der Académie Française.

Graf Theodor Zichy, Mitglied des österreichischen Abgeordnetenhauses.

Nils Otto Nordenskjöld (1869–1928)
Neffe des Naturforschers Adolf Erik Nordenskjöld. Lehre der Mineralogie und Geologie an der Universität Uppsala. 1895–1897 Leiter einer Expedition nach Patagonien und Feuerland. Er segelte ab Oktober 1901 von Göteborg mit der »Antarctic« in die Antarktis, wo er im Februar eine Forschungsstation auf Snow Hill Island an der Graham-Küste einrichtete. Hier überwinterte er mit fünf Gefährten. Sein Schiff, das den Sommer über vor South Georgia ankerte, wurde beim Versuch, die Forscher abzuholen, im Februar 1903 im Packeis zerstört. Nach einer weiteren Überwinterung rettete das argentinische Schiff »Uruguay« ihn im November 1903. Nordenskjöld wurde 1905 Professor für Geographie und 1923 der erste Rektor der Wirtschaftsuniversität von Göteborg.

Kapitel 6
Das Wellman-Abenteuer, zweiter Teil (Sommer 1907)

22 Mit der »Frithjof« kehrte Wellman Ende Juni nach Virgohafen zurück. Bald war das Luftschiff startbereit, doch das Wetter war erheblich kälter und schlechter als im Vorjahr.

23 Am 2. September 1907 wurde mit Hilfe Theodor Lerners und des »Expres« der erste Flug von 15 Meilen Distanz durchgeführt, wie Lerner eindrucksvoll beschreibt.

24 1909 führte Wellman seinen zweiten, letzten und in gewisser Weise erfolgreichsten Polarflug durch. Er konnte am 15. August von der Däneninsel 40 Meilen nordwärts fliegen. Der Verlust an Hydrogen zwang ihn zur Aufgabe, und die Mannschaft stieg auf das zufällig in der Nähe befindliche norwegische Schiff »Farm« um.

Seine Erlebnisse publizierte Wellman 1911 in dem Buch *The Aerial Age*. Noch heute sind umfangreiche Reste seiner Unternehmung in Virgohamnar zu sehen. Sie waren Gegenstand einer archäologischen Untersuchung durch Peter Joseph Capelotti (*1960).

Kapitel 7
Eine unvorbereitete Überwinterung (Oktober 1907–August 1908)

25 Hjalmar Johansen (1867–1913) war ein hochberühmter Nordlandreisender. Er war 1893–1896 mit Nansen auf der Fram unterwegs. Zu zweit versuchten sie 1895, den Pol zu erreichen. Bei 86 Grad 14 Minuten nördlicher Breite gaben sie auf. Auf dem Rückweg erreichten sie das Franz-Joseph-Land und überwinterten dort. Ihre glückliche Rückkehr gelang ab Mai 1896.

26 Ende April brachen die beiden Männer mit den sechs Hunden Richtung Gletscher auf. Die Tour sollte über den Nordfjord und den Dickinsonfjord führen.

27 Am 15. Mai 1908 gelangten Lerner und Johansen über den Monaco-Gletscher zum Liefdefjord. Von hier ging es in den Raudfjord und entlang der Küste zum Virgohafen auf Danskoya.

28 Kritisch beschreibt Hermann Rüdiger 1912 die ganze Unternehmung: »Der Journalist Theodor Lerner plante 1907 eine deutsche Polarexpedition nach dem sagenhaften, vermutlich nordöstlich von Spitz-

bergen gelegenen Gillisland mit der Vorexpedition im Jahre 1907 und der Hauptexpedition im folgenden Jahre. Dieses Projekt schien Projekt geblieben zu sein, bis vier Jahre später Petermanns Mitteilungen eine Notiz brachten, nach der Lerner zusammen mit dem Norweger Hj. Johansen, dem bekannten Begleiter Nansens, die nordwestliche Halbinsel Spitzbergens, am 24. April 1908 von Kap Boheman aufbrechend, in etwa vier Wochen durchquert hatte. Dieses Unternehmen scheint mit dem obigen Plan identisch zu sein ... Das Ganze ist aber außerordentlich bezeichnend für die Art und die geographische Bedeutung solcher Durchquerungen. Den Titel ›Deutsche Polarexpedition‹ verdienen sie jedenfalls nicht.«

29 Johansen schilderte die letzten Tage der gemeinsamen Überwinterung in seinem Tagebuch anders: Tief zerstritten hätten die beiden Männer mehrere Hundert Meter auseinander gelagert und auf Schiffe gewartet, um den Ort getrennt zu verlassen. Er fällte ein negatives Urteil über die menschlichen Qualitäten Lerners: Dieser sei anmaßend, egoistisch und rücksichtslos. Außerdem habe er, Johansen, keine rote Öre an Lohn bekommen.

30 Mit Amundsen war Johansen 1911 zum Südpol unterwegs. Es kam zu Auseinandersetzungen zwischen den beiden, wobei Johansen von der Teilnahme am Marsch zum Pol ausgeschlossen wurde.

31 Hjalmar Johansen, zutiefst verletzt, verschuldet und dem Alkohol zugetan, beging am 9. 1. 1913 Selbstmord.

Kapitel 8
Das deutsche Hilfsunternehmen für die verunglückten Schröder-Stranz-Leute auf Nordspitzbergen. (April–August 1913)

32 Im August 1912, viel zu spät im Jahr, verließ eine schlecht organisierte Expedition mit dem Schiff »Herzog Ernst« den norwegischen Hafen Tromsö. Leiter war Herbert Schröder-Stranz (*1884). Am 14. August wurde eine Schlittenabteilung aufs Eis gesetzt und danach nie wieder gesehen. Im September wurde das Schiff absichtlich auf Land in Spitzbergen gefahren, und die Besatzung versuchte zu Fuß, andere Menschen, seien es Schiffe oder Lager, zu erreichen. Sieben der zehn deutschen Teilnehmer starben, zwei weitere wurden zu Invaliden.

33 Am 7. Januar 1913 gelangte ein alarmierender Funkspruch von Spitz-

bergen nach Deutschland: Die Expedition des Leutnants Herbert Schröder-Stranz war verschollen.

Zur Rettung dieser Expedition gründeten sich umgehend zwei Hilfskomitees. Das Berliner Komitee stand unter der Leitung von Geheimrat A. Miethe. Weitere führende Mitglieder waren Hofmarschall von Breitenbach (Altenburg), Prof. Brauer (Berlin), Geheimrat Prof. Hergesell (Straßburg) und Arthur von Gwinner (Berlin). Inspiriert von Lerner, gründete sich am 26. Januar ein Frankfurter Hilfskomitee, dem auch sein Schwiegervater Adolf Stoltze angehörte. Die Wortführer waren Prof. Otto zur Strassen, der Direktor der Senckenbergischen Naturforschenden Gesellschaft, Prof. Wachsmut vom Physikalischen Verein und Apotheker Richard Szamatolski, der zunächst die Geschäftsführung innehatte.

Die wichtigsten Personen beider Komitees trafen sich am 7. Februar in Berlin zum gemeinsamen Vorgehen. Als geeigneter Leiter der Rettungsexpedition kam nach Ansicht zur Strassens nur eine Person in Frage: Theodor Lerner. Zur Strassen hatte eine hohe persönliche und vor allem fachliche Meinung von Lerner als Expeditionsführer und trat immer wieder als Förderer und Fürsprecher Lerners in Erscheinung.

34 Lerner wurde als Leiter aus Berlin kategorisch abgelehnt. Die Ablehnung, ja der Haß auf Lerner begründete sich auf einen Berg von Verleumdungen, Halbwahrheiten und Intrigen. Lerner war in den letzten 15 Jahren zu oft Berliner Unternehmungen in die Quere gekommen. Lerners Feinde brachten an allen erreichbaren Stellen gegen ihn Beschuldigungen vor. Generell behaupteten seine Gegner, Lerner sei ein unehrenhafter Mann. Er habe Schulden in Tromsö und sei dort verhaftet worden. Dies war ebenso unwahr wie die Behauptung, Lerner habe nie auf Spitzbergen überwintert.

Lerner gab nicht auf und warb um eine zweite, ihm unterstellte Hilfsexpedition. In Frankfurt bildete sich für ihn ein Hilfskomitee. Lerners wichtigste Helfer wurden drei junge Sportler des Akademischen Freiburger Ski-Clubs aus dem Schwarzwald. Bernhard Villinger, Dr. Rudolf Biehler und Gerhard Graetz sowie der Filmfotograf der Freiburger Expressfilmkompanie, der 18jährige Sepp Allgeier, ließen sich von Lerner begeistern. Die jungen Leute fanden sogar zwei Gönner, Herrn Dr. Deetjen in Heidelberg und Herrn Kalbfleisch in Mannheim, die die Fahrt finanzierten.

35 Aus einem vertraulichen Brief zur Strassens vom 13. Dez. 1913 geht hervor, daß es bei der Aufstellung der Expedition durch Lerner eine unangenehme Affäre gab. Lerner wollte Biehler nicht auf seiner Expedition dabei haben. Schließlich nahm er ihn nur unter Protest mit und unter der Bedingung, daß Biehler erst an dritter Stelle hinter Villinger und Graetz rangieren sollte, obwohl er deutlich älter und promoviert war. Biehler habe dann versucht, Villinger als ersten Anwärter bei der Leitung von Expeditionen dadurch zu verdrängen, daß er Lerner mitteilte, Villinger sei lungenkrank und müßte geschont werden. Diese falsche Angabe wurde wider besseres Wissen gemacht, doch vermieden alle Beteiligten darüber einen öffentlichen Krach.

36 Lerner legte von Norwegen ab, nicht ohne telegraphiert zu haben, daß er im Notfalle auch die konkurrierende Expedition von Hauptmann Staxrud retten werde. Diese Mitteilung, so zur Strassen in einem Brief an den Kommitéesekretär Szamatolski, »ist echt Lerner«. Der Senckenberg-Direktor meint, daß »die Energie und der Mut, mit dem er seine Sache durchgefochten hat, doch aufrichtige Anerkennung verdienen, und wenn ich ihm einen bedeutenden Erfolg seines Unternehmens wünsche, so ist dies nicht nur im Interesse der Vermißten und seinem eigenen, sondern auch ein wenig aus Freude über die damit verbundene Enttäuschung seiner grimmigen Gegner in Berlin.«

37 Bernhard Villinger hielt seine Erfahrungen über diese Expedition später in Buchform fest: In *Die Arktis ruft* von 1930 gibt er eine gute Parallelschilderung zu Lerners Erzählung. Hier finden die Konkurrenz zwischen den beiden Expeditionen ebenso ihre Darstellung wie die Schilderung der alltäglichen menschlichen Verhältnisse zwischen den Teilnehmern solcher Expeditionen. Gerne wurden solche Reibereien in späteren Darstellung weggelassen. Lerner selbst, so läßt Villinger erkennen, hat jedoch die Fähigkeit, Begeisterung zu entfachen, und seine Planungen erweisen sich meistens als fundiert und umsichtig.

Villinger unternahm vom März bis Oktober 1926 eine Grönland-Expedition zum Zwecke von Filmaufnahmen für die UFA. 1931 war er Mitglied der Crew des amerikanischen U-Bootes »Nautilus«.

38 Sepp Allgeier (6. 2. 1895 Freiburg – 11. 3. 1968 Freiburg) gilt als Erfinder des Berg- und Schneefilms. Als erster drehte er in der Luft, im Schnee und in der Arktis. Sein filmisches Werk ist hochberühmt, sind doch darunter Filme wie *Wunder des Schneeschuhs* (1921/22, Arnold Fanck, mit Hannes Schneider und Bernhard Villinger), *Kampf ums*

Matterhorn (1928, mit Luis Trenker), *Die weiße Hölle vom Piz Palü* (1929, G. W. Pabst/Arnold Fanck, mit Ernst Udet), *Über den Wolken* (1930, Arnold Fanck/Leni Riefenstahl, mit Ernst Udet), *Tagebuch einer Verlorenen* (1929, G. W. Pabst) und *Triumph des Willens* (1934/35, Leni Riefenstahl).

Von dem seinerzeit 18jährigen Kameramann stammt eine zweite Parallelschilderung.

39 Die Express-Film Co. bot am 24. Dezember 1913 den Film *Mit der Kamera im ewigen Eis* über die Lerner-Expedition an. Aus 3 km Rohfilm hatte Sepp Allgeier 935 Filmmeter zusammengestellt, die ein Verkaufsschlager der Firma wurden. Lerner präsentierte den Film am 23. Oktober 1913 im Festsaal des Kaufmännischen Vereins in Frankfurt, begleitet von einem ausführlichen Vortrag. Die örtliche Presse berichtete darüber ausführlich.

Nach dem Abschluß beider Expeditionen bot sich in Berlin und Frankfurt ein Vergleich beider Leistungen an. Hier schnitt Lerner erheblich besser ab. Deutlich wurde dies bei einer Nebensache, der geplanten Verleihung von Medaillen an die Teilnehmer der Berliner Rettungsexpedition, wovon Lerner ausgeschlossen werden sollte. Otto zur Strassen war empört. Er schrieb an Miethe, daß er Lerner als selbstlosen und taktvollen Menschen kennengelernt habe, und daß Geheimrat Miethe beim Studium bestimmter Korrespondenz zu der Meinung kommen würde, daß »das berüchtigte Polar-Rauhbein Lerner doch sehr viel besser sei als sein Ruf«. Miethe scheint dies in gewisser Weise eingesehen zu haben. Er stimmte zur Strassens Bitte, die überschüssigen Gelder des Berliner Kommitées an Lerner zwecks Bezahlung von dessen Expeditionsschulden zu überweisen, zu. Am 25. Mai 1914 sprang Miethe über seinen eigenen Schatten. Er überwies das Restgeld in Höhe von 650 Mark an Lerners Rechtsanwalt, um damit »der ewigen Seeschlange endlich ein Ende zu machen«.

Kapitel 9
Neue wissenschaftliche Expedition nach Spitzbergen im Jahre 1914

40 »Der unruhige Geist macht [...] diesen Sommer schon wieder eine Spitzbergenexpedition zu wissenschaftlichen Zwecken«, schrieb Otto zur Strassen im Mai 1914 an Geheimrat Miethe in Berlin. Schon am

23. Februar 1914 hatte Lerner einen zweiseitigen Plan einer Spitzbergenexpedition vorgelegt. Zweck der Reise sollte die Gewinnung von zoologischen Präparaten, Erstellung fotografischer Aufnahmen sowie kartographische Vermessungen sein, verbunden mit geographischer Namengebung. Bei einem Etat von 20 000 Mark sollten in der Grönlandsee, bei Spitzbergen und in der Barentssee geforscht werden.

Für die Durchführung der Expedition wurde am 12. Mai 1914 in Frankfurt ein notariell beglaubigter Vertrag zwischen Lerner und den Teilnehmern Architekt Carl Knabenschuh in Frankfurt und Dr. Albert Koch vom Zoologischen Institut der Universität Münster geschlossen. Ein weiterer Teilnehmer war der Präparator Christian Kopp vom Senckenberg-Museum.

41 Der Frankfurter Magistrat hatte am 12. Juni 1914 einen Betrag von 5000,– Mark für die Expedition bewilligt. Davon gab es 3000 Mark sofort; weitere 2000 Mark wurden in Aussicht gestellt, wenn Lerner für die SNG eine gute wissenschaftliche Ausbeute mitbrächte. Dieser Betrag stand später kriegsbedingt nicht mehr zur Verfügung.

42 Am 7. Juli schreibt Lerner aus Tromsö an zur Strassen, das ihm sämtliche Geldquellen abhanden gekommen sind und er für die Expedition mindestens noch 5000 Mark als Fehlbetrag sieht, die er nach Ende der Reise zunächst als persönliche Verbindlichkeiten hätte.

43 Kapitän Pedersen standen noch unbezahlte Frachtkosten in Höhe von 4850 Kronen zu, für die er die Expeditionsgegenstände als Pfand zurückbehielt. Diese galten als Lernersche Privatschulden.

Literatur und Quellen

Allgeier, Sepp: *Die Jagd nach dem Bild. 18 Jahre als Kameramann in Arktis und Hochgebirge.* Stuttgart 1931, 160 Seiten

Andrée, Salomon A.: *Dem Pol entgegen.* Auf Grund der während Andrées Polarexpedition 1897 geführten und 1930 auf Vitö gefundenen Tagebücher S. A. Andrées, N. Strindbergs und R. Fraenkels herausgegeben von der Schwedischen Gesellschaft für Anthropologie und Geographie. 278 Seiten, 122 Tafelabb., 5 Karten, Leipzig (Brockhaus) 1930.

Barr, W.: »The Helgoland Expedition to Svalbard: Die Deutsche Expedition in das Nördliche Eismeer 1898.« In: *Arctic 41,* 3. Sept. 1988, S. 203–214 mit Karte und Abbildungen

Capelotti, P. J.: *By Airship to the North Pole. An archaeology of human exploration.* New Brunswick (NJ), Rutgers University Press 1999

Capelotti, P. J.: *The Wellman Polar Airship expeditions at Virgohamna, Danskoya, Svalbard.* Oslo o. J.

Dittmer, R.: *Das Nord-Polarmeer.* Nach Tagebüchern und Aufnahmen während der Reise mit SMS »Olga«. Hannover/Leipzig 1901

Ewers, Hanns Heinz: »Andrée. Die Tragödie des ersten Fluges zum Nordpol.« In: *Die Woche,* 13. September 1930, Nr. 37

Franz, Eckart G.: *Hessische Entdecker. Forschungsreisen in fünf Erdteilen.* Ausstellungskatalog. Darmstadt 1981

Johansen, Hjalmar: *Nansen und ich auf 86 Grad 14´.* Leipzig 1897

Johansen, Hjalmar: *Dagboken fra Spitzbergen 1907/1908.* Oslo 1999.

Kükenthal, Willy: »Skizzen aus dem hohen Borden.« In: *Globus* 58, 1890, S. 1–7 und 24–28 und eine Karte von Spitzbergen.

Kvam, Ragnar: *Im Schatten.* Berlin 2000

Lachambre, Henri/Machuron, Alexis: *Andrée. Im Ballon zum Nordpol.* Leipzig, o. J. (1898), 246 Seiten, 50 Ill., eine Karte 1:40 000

Lerner, Theodor: »Die Rettung der Isle de France«, in: *Die Woche* 40, Berlin 1906

Lerner, Theodor: »Wellmans Flugversuch«, in: *Die Woche* 39, Berlin 1907

Lerner-Stoltze, Lydia: *Adolf Stoltze. Ein Dichterleben für Frankfurt.* Bearb. von Luise Bodensohn. Frankfurt (W. Kramer) 1983

Miethe, Adolf (Hg.): *Die Expedition zur Rettung von Schröder-Stranz und seinen Begleitern. Geschildert von ihren Führern Hauptmann A. Staxrud und Dr. K. Wegener.* Berlin (Dietrich Reimer) 1914, XIV und 101 Seiten

Miethe, Adolf/Hergesell, H.: Mit Zeppelin nach Spitzbergen. Berlin/Leipzig 1911, 296 Seiten

Mohr, Adrian/Borchgrevink, Carsten/Gran, Tryggve/Svedenborg, G.V.E./Sverdrup, Otto: *33 Jahre verschollen im Packeis. Die arktische Freiballon-Expedition des Schweden Salomon August André.* Leipzig 1930, 160 Seiten, 22 Abb., eine Karte

Nansen, Fridtjof: *Die norwegische Polarexpedition 1893–1896.* 3 Bände, Leipzig 1897/1898

Rave, Christopher: *Im Eise verirrt.* Tagebuch des Marinemalers Christopher Rave von der verunglückten Schröder-Stranz-Expedition, 1926. Bericht eines Überlebenden der Expedition

Römer, Fritz/Schaudinn, Fritz: *Fauna Arctica. Eine Zusammenstellung der arktischen Tierformen mit besonderer Berücksichtigung des Spitzbergen-Gebietes auf Grund der Ergebnisse der Deutschen Expedition in das Nördliche Eismeer im Jahre 1898.* 7 Bde., Jena 1900–1933

Rüdiger, Hermann: *Die Sorge-Bai. Aus den Schicksalstagen der Schröder-Stranz-Expedition.* Bericht eines Überlebenden der Expedition. Berlin 1913, 216 Seiten

Rüdiger, Hermann: »Deutschlands Anteil an der Lösung der polaren Probleme«, Diss. Erlangen 1912. In: *Mitteilungen der geographischen Gesellschaft in München* 7, 1912, Heft 4, 455–586

Rüdiger, Hugo: »Vortrag.« In: *Verhandlungen der Gesellschaft für Erdkunde,* XXV. Berlin 1898, S. 430–448

Straub, Heinz: *Verschollen in der Arktis – Die schicksalhafte Ballonfahrt der Andree-Expedition.* Frankfurt (Societätsverlag) 1988, 212 Seiten

Sundman, Per Olof: *Ingenieur Andrées Luftfahrt.* Berlin 1972, 448 Seiten

Villinger, Bernhard: *Die Arktis ruft.* Freiburg 1929, 150 Seiten

Wegener, Georg: *Zum ewigen Eise. Eine Sommerfahrt ins nördliche Polarmeer und Begegnung mit Andrée und Nansen.* Berlin 1897, 360 Seiten

Wellman, Walter: *The Aerial Age.* New York 1911

Archivalische Quellen

Institut für Stadtgeschichte, Signatur S1/69 (= 8 Kästen)
Akten der Senckenbergischen Naturforschenden Gesellschaft, Akte Nr. 231 »Spitzbergen-Expedition Lerner«.